荒野のコトブキ飛行隊

設定資料集＆モデリングガイドブック

モデルグラフィックス編集部／編

大日本絵画

120〜175

『荒野のコトブキ飛行隊 大空のテイクオフガールズ！』編

キャラクター＆機体設定資料集

立体物アーカイブ

目次

004～119
『荒野のコトブキ飛行隊』・『荒野のコトブキ飛行隊 完全版』編

キャラクター&機体設定資料集

立体物アーカイブ

美術・プロップ設定資料集

こだわりの飛行機描写アーカイブ

『コトブキ』見どころアーカイブ

一面荒野が広がる世界、“イジツ”——。ある日、世界の底が抜け、色々なものが降ってきた。中でも“ユーハング”がもたらしたものの影響は大きく、とりわけ飛行機の存在によって人々の生活は激変。以降、世界の潮流は空へと移っていった。時は流れ——、空には商船とその用心棒、荒くれ者の空賊など、さまざまな人々が飛び交っていた。オウニ商会の雇われ用心棒“コトブキ飛行隊”は、空を飛ぶことが大好きな、女の子だけのスゴ腕パイロット集団。彼女たちはお客様の大事な積み荷を守るため、今日も隼とともに大空を翔けてゆく。自由に飛ぶことが好きなキリエたちコトブキ飛行隊はやがて“穴”（世界の底が抜けた、の正体である空間の穴）をめぐり、そこから得られる利益を独占し、すべてを自らの管理化に起きたいブユウ商事のイサオ率いる陣営と対立する……というのが『荒野のコトブキ飛行隊』のストーリーだ。コトブキ飛行隊を中心とする群像劇、そして3DCGをフル活用し、ときに風に乗り、ときに風を切り裂き震え、きしみながら飛ぶ飛行機の描写にも注目のアニメである。

STAFF

監督・音響監督：水島努／シリーズ構成：横手美智子／メインキャラクター原案：左／キャラクターデザイン：菅井翔／ミリタリー監修：二宮茂幸／ミリタリー設定：中野哲也、菊地秀行、時浜次郎／設定協力：白土晴一／副監督：神戸洋行／3D監督：江川久志／総作画監督：中村統子／作画監督：上野翔太／美術監督：小倉一男／音楽：浜口史郎／音響効果：小山恭正／サウンドミキサー：山口貴之／制作：デジタル・フロンティア／アニメーション制作：GEMBA

隼一型（キリエ機）

コトブキ飛行隊
キリエ

監督・水島努氏×シリーズ構成・横手美智子氏
異世界「イジツ」を飛ぶ飛行機と美少女用心棒たちの物語

ミリタリー監修
二宮茂幸氏 インタビュー

※本インタビューは『月刊モデルグラフィックス』'19年3月号に掲載されたものです

『荒野のコトブキ飛行隊』でミリタリー監修を務めるのは、『月刊モデルグラフィックス』で長く活躍するモデラー、二宮氏。「ミリタリー監修」のお仕事内容、そして本作のこだわりについて聞いた。

『ガールズ&パンツァー 劇場版』のミリタリー監修に呼ばれたときに、水島努監督から「レシプロ機しか飛ぶことができない世界って、どういう理屈だったら成立し得ると思う?」という相談を受けたのが、この作品に関わるいちばん最初のきっかけだったかと思います。4年ぐらい前でしょうか。そのときはこのコトブキ飛行隊の具体的な話は何も聞かなくて、「監督はいったい何をたくらんでいるんだろうな〜」なんて思ったものですが（笑）。それ以降も監修で監督に会うたびにその話をして、わたしも技術レベル的な都合だとか燃料の都合だとかいろいろな案を出したんですがどれも決定打にはならず、あるときその相談にこの作品で設定のお仕事をされている白土晴一さんが加わって、もっとダイナミックな案を提示していただいたんです。それでコトブキ飛行隊の世界設定の概要が決まっていったんですね。

『荒野のコトブキ飛行隊』という作品を作ることになって、まず「飛行機が飛ぶ」とはいったいどういうことなのかを理解するために、水島監督と3DCG制作のチーフの方とわたしで岡山に行って、アクロバット飛行チームの「ウイスキーパパ」に、体験搭乗をさせていただくことになりました。水島監督とチーフの方はアクロ機に搭乗させてもらって、実際にぐるんぐるん回してもらったりもしていたんですが、水島監督は3回も乗ってたのに降りてきてもケロっとしていたのはすごいなと思いましたね。そのときはわたしは随伴のセスナに乗って動画撮影をしたんですが、ずーっとファインダーを覗いてたこともあってゲロゲロに酔っちゃって……。

ウイスキーパパの内海昌浩さんには「特殊飛行アドバイザー」という肩書きでいまも多くの場面でこの作品に協力してもらっていて、たとえば「このシーンってどういうことですか?」っていう質問をすると「こうです」って、実際に飛んで録画した動画をたくさん送ってくれたりするんですよ。機外からの映像だけじゃなく、コクピット内からの映像も送ってくれたりするんですごくありがたいですよね。ほかにも内海さんからは各種飛行についての意見や見解をもらったり、航空機に関する技術や理論を改めて基礎から教えてもらったりしています。

●

実際にアニメの制作がはじまると、3DCG制作班の方々が作ってきてくれたCGモデルのチェックや動画の確認を行なっていくのですが……制作初期のころのものはわたし個人としては満足のできるものではありませんでした。CG制作の方々が飛行機のことをわかっていなかったというのもあるんですが、どこまでのクオリティを要求できるものなのか、わたし自身もわからなかったんです。過去、多くのアニメで飛行機が描かれてきましたが、実際の飛行機が飛んでいるかのように描かれた作品はじつはほとんどありません。飛行機描写をウリにしていた作品でもそうです。旋回するときに多少動翼が動く描写はあるけども、たいていはフラットターンになっちゃってます。交戦するにしてもいつもヘッドオン。だからわたし自身もアニメに登場する飛行機というのはそういうものだし、そういうレベルでの監修作業をするのだと思い込んでいました。ところが水島監督は飛行機のことをすごくよく勉強していて、「飛行機ってこうは飛ばないよね?」と。飛行機の描写に関しては過去に例がないまったく新しいアニメ作品を作ろうとしていたんです。

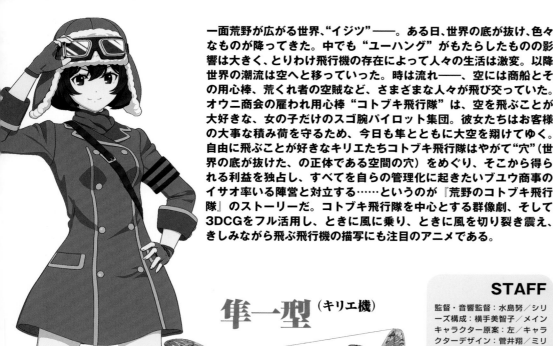

そこからはいろいろなことが大きく変わりました。3DCGを制作する方々に飛行機が飛ぶ理屈、3軸の説明から各種動翼の役割、飛行姿勢等々、航空機に関することをイチからすべて教えながら作っていくことになりました。いちばんの基礎的なことでいえば、「飛行機はなんでもワンテンポおくれて反応する」んですよね。たとえば第1話の発進の場面でも、初期の映像ではキリエがスロットルを開けると、まるで自動車のように瞬間的に走りはじめちゃっていたんですよ。でも実際はそうじゃない。プロペラが空気をつかんで徐々に力がかかっていってじわーっと加速していく。飛行していてもそうです。操縦桿を動かして、翼が空気を押し上げて機体に動きが出るまでにはわずかながらの反応のズレがある。そういったことをこまかく指示してやってもらいました。3DCGをやってる方は理系の方が多いのか、どうしてそうなるのか原理を説明したらすぐに理解して作品に反映してくれたのでありがたかったですね。

わたし自身はというと、飛行機のことをわかっていても、アニメのことがわからないのでずいぶん苦労しました。「こうしてもらいたい」ということがあっても、現場の方にどういう言葉

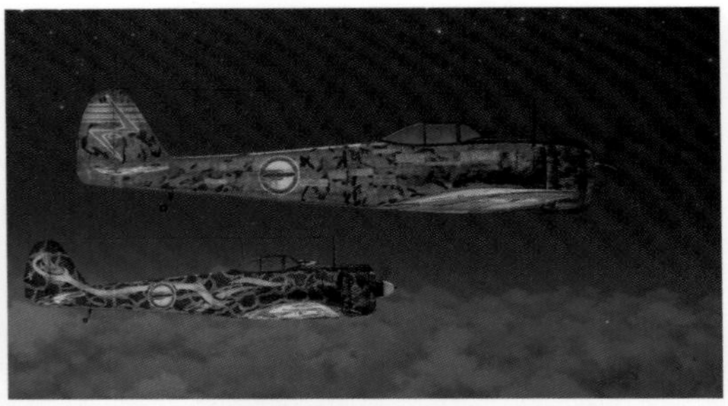

で説明したらいいのかさっぱりわからなかったんです。でもそこは水島監督の指示を見てマネしながら少しずつ覚えていきました。

ガルパンでアニメーションにおける3DCGの進化を見させていただいてるところから判断すると、いまこの時点でこれだけのレベルの3DCGをTVアニメで動かすのって、とんでもない挑戦でもあると思うんです。最初のガルパンのTV放送から6年ですか。6年前だったらまちがいなくこの作品はできなかったと思います。それ以降のコンピュータの進化であったり、アニメ業界における3DCGの人的リソースだったり、ようやくその水準がクリアできて挑戦に打って出ることができたんでしょうね。

そんな大変さを感じてはいるけども、第1話は半年間、各カット10テイクぐらい修正作業をくり返したりしましたね。CG制作班の方々は本当に大変だったと思います……いまも制作は続いてるんで過去形じゃないんですけどね。

3DCGスタッフのなかに飛行機好きの方がどうもいるようで、最近、指示してないのにものすごい描写だったりディテール再現をしてくる人がいるんですよねぇ。監修一発OKどころか、「これどうやって作ったの!?」って逆に聞きたくなるようなシーンが上がってきたりもしているんです。監督の意思が現場の隅々まで行き渡ると、ガルパンのときもそうでしたが勝手にクオリティを上げていっちゃう人が現れるんですよねえ!(笑)

余談にはなりますが、TAMASHII NATION 2018用に約1／1スケールの隼一型を秋葉原に展示していただいたことがあるんですが、製作してくれた「デザインココ」のスタッフさんのなかにも飛行機好きな人がいて、この人も「勝手にクオリティを上げていっちゃう人」でしたね。当初はその予定がなかったのに二重になった星形エンジンを再現してくれたり、機体表面の約1万個のリベットは最初アタマが半球状になった押しピンをぷすぷす刺して再現していく予定だったのに、「隼は枕頭鋲の機体だからそれじゃダメだ!」と小さな円盤を買ってきて貼り付けてくれたり。その方はずいぶんと古くからの本誌読者さんだそうで、ぼくの作った1／144 Zplus D型の作例も知ってくれていましたよ。

●

ミリタリー監修というのはフィクションである作品に本物らしさを加味させて厚みを出すための作業にすぎないんですよね。作っているのはあくまでもエンターテイメント作品であって、戦史研究をやっているわけではないんです。「本物はこうじゃない」「あそこが違う」というところで勝負をするつもりはありません。実物と違うことをわかっていてもそのままにしている箇所もあるし、あえて現実と違う表現をしているところもたくさんあるわけです。

むろん「本物らしさ」を加味するために呼ばれているんで、出されてきたものに対して、「OK」「ダメ」「こうしたらよくなる」とか判断したりいろいろ意見を言ったりするんですが、いつだったか、水島監督からあるシーンの案を相談されて、それがいくらなんでも航空機の常識的に荒唐無稽すぎるものだったんで「絶対ムリ! ありえない! ダメ!」って拒否したんですよ。以降、水島監督に会うたびにそのシーンの帰結について議論をして、私もいくつも案を出したわけですが、水島監督は「じゃあこっちとこっちの案だったらどっちがいい?」とやってくるわけですよ。「その2択だったら……こっちかなぁ?」なんてやりながら1ヵ月後ぐらいにようやくそのシーンの落としどころが決まったんですが、「あれ? この方法って……水島監督が最初に提示した荒唐無稽な案そのものではないか?」と。水島監督は策士ですね。まんまと誘導されちゃいました。

飛行機に詳しい人はアニメーションを見て、紫電にしろ鍾馗にしろ「この機体だったらもっとこうやって戦ったほうがいいのでは?」とか考えると思います。でも機体ごとの特徴を活かした戦い方をすべきかどうかというのはTVアニメ作品ではじつは相当に悩ましい問題で、そういった戦い方はだいたい上下方向の展開になるんですよ。いまのTV画面が極端な横長だということもあって縦方向の展開を描くのが難しかったり……縦方向に展開していく機体をカメラで追っていくとなると、画面のなかで機体が小っちゃくなっちゃうんですよね。空戦の迫力が削がれていっちゃいます。しかも実際の機体の動きを考えてもらえればわかると思いますが、縦方向への動きというのは時間もかかるんで(P29参照)テンポも悪くなっちゃう。第1話ではインメルマンターンを描きましたし、まったくやらないわけじゃないんですけどもね。

●

そういえばずいぶん「なんで隼なの? なんで零戦じゃないの?」という質問を受けましたが、わたし自身はその答えを水島監督から聞いたことはありません。もちろん隼がかっこいい戦闘機だからというのが大前提なんでしょうけど、ガルパンの主人公戦車がⅣ号だったあたりで、水島ファンにとっては「ですよね~」というものだとは思うんですけどね。隼ってすごい過渡期の戦闘機で、とくに一型なんかはほとんど手作りのような代物だったそうです。ある機体の部品が、他の個体には取り付けることができなかったとかいうこともあったそうですが、そういうようなエピソードを水島監督が気に入ったとか……あとは隼の一型は特徴的な2翅ペラだからじゃないですかね? 個人的にはそう思います。■

キリエ

KYLIE

CV：鈴代 紗弓

正確な操縦技術と空間把握能力に長けていて、機体の性能をきっちりと引き出すことができるパイロット。ただ頭に血が上りやすい性格で、戦闘では先走った行動をとっては、あとでレオナに怒られている

■汎用キャラクター
イラスト

■パーソナルマーク

■2D設定画

■2D設定画／表情集

帽子あり

帽子なし

■2D設定画／インナー

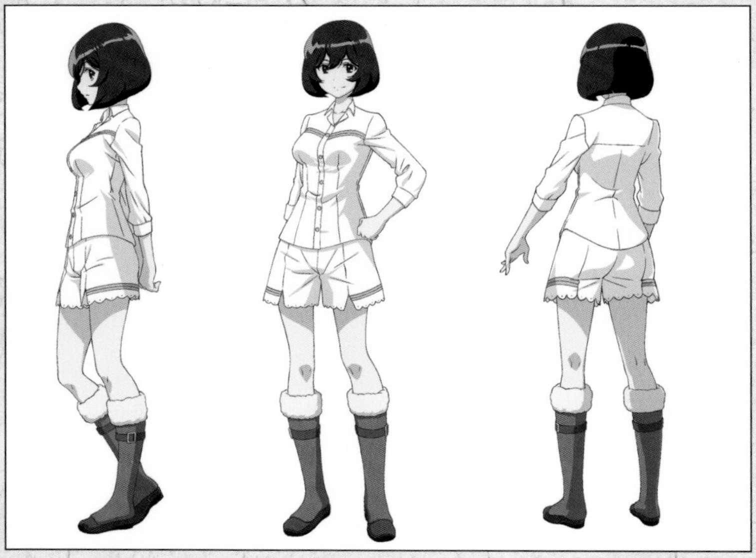

■2D設定画／表情集 幼少期

■2D設定画／幼少期

■SDイラスト

■原案／インナー

■原案

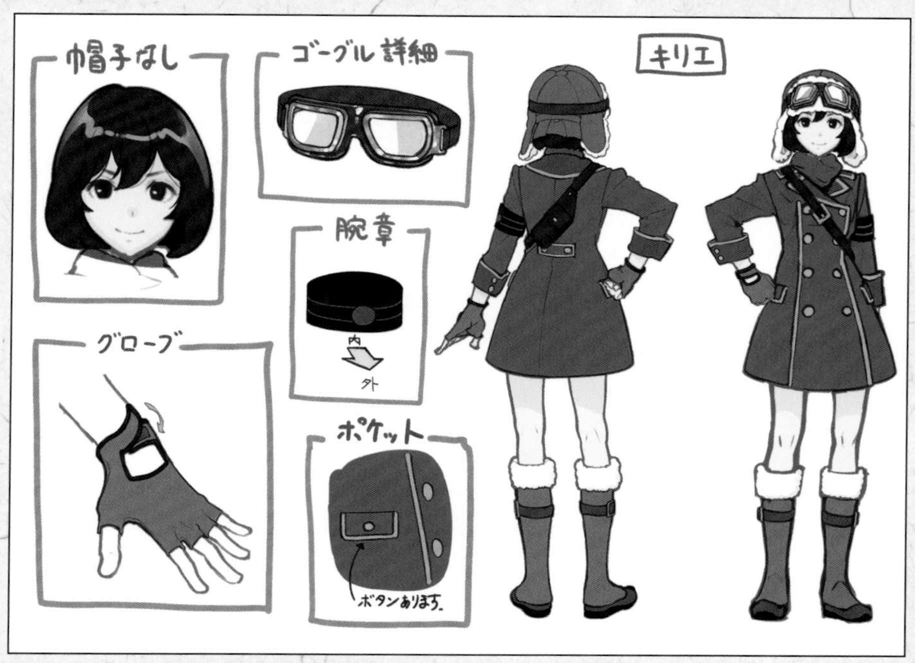

■原案／表情集

■原案／幼少期

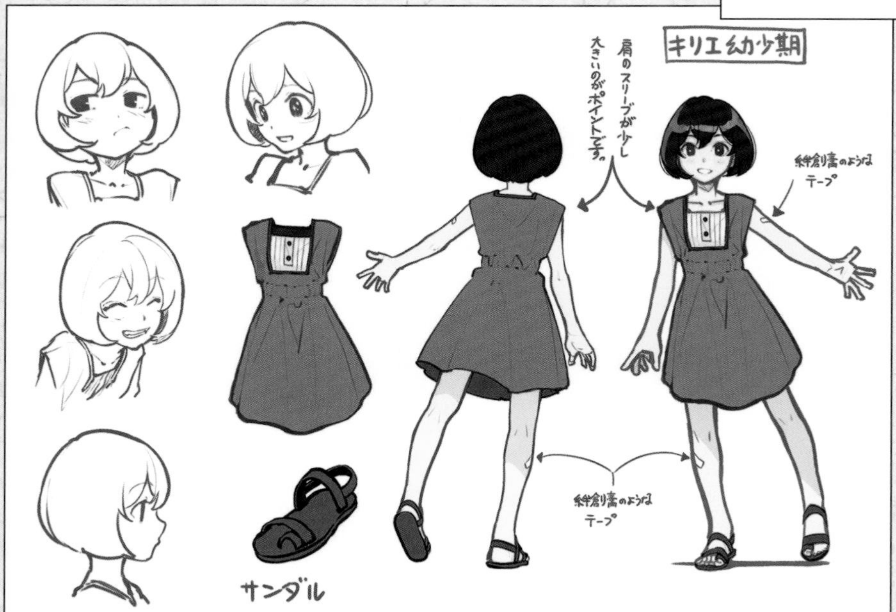

■『荒野のコトブキ飛行隊 完全版』 2D設定画、表情集／少女期のキリエ

■『荒野のコトブキ飛行隊 完全版』 原案／少女期のキリエ

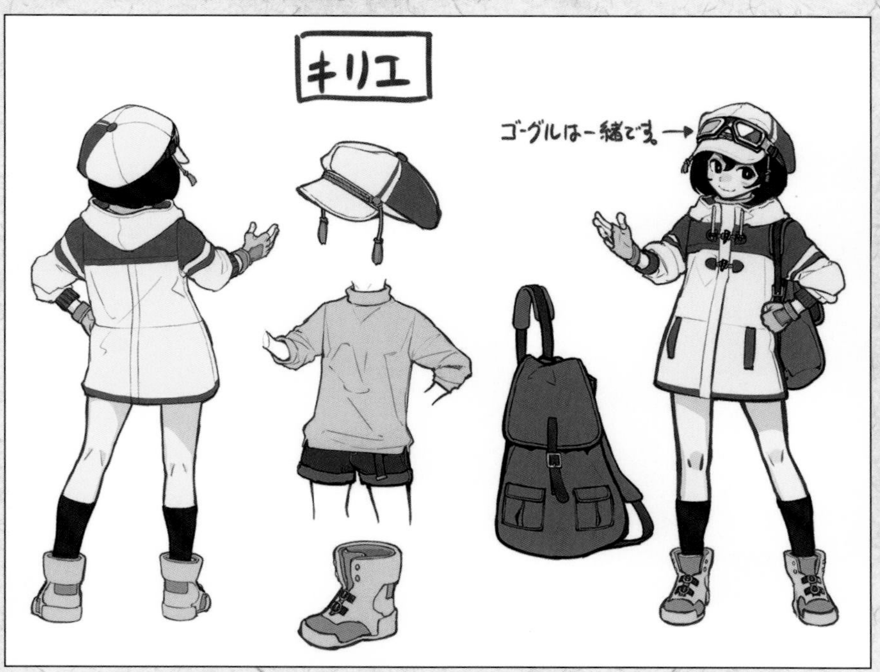

コトブキ飛行隊 初期案

コトブキ飛行隊の最初期案では、それぞれのキャラクターデザインは大きく変わらないものの「キリエ」が現在のレオナで、「レオナ」がキリエと設定されていた。よく見ると赤いコートの「レオナ」は現在のキリエよりもすこし大人っぽい。エンマも丈の長いワンピースドレスを着ている

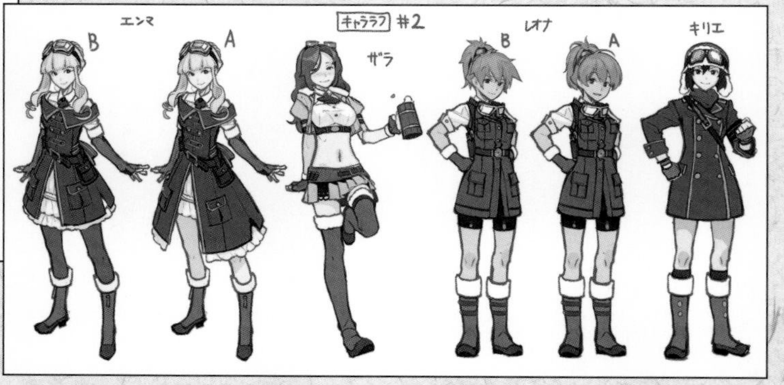

隼一型
一式戦闘機一型
キリエ仕様

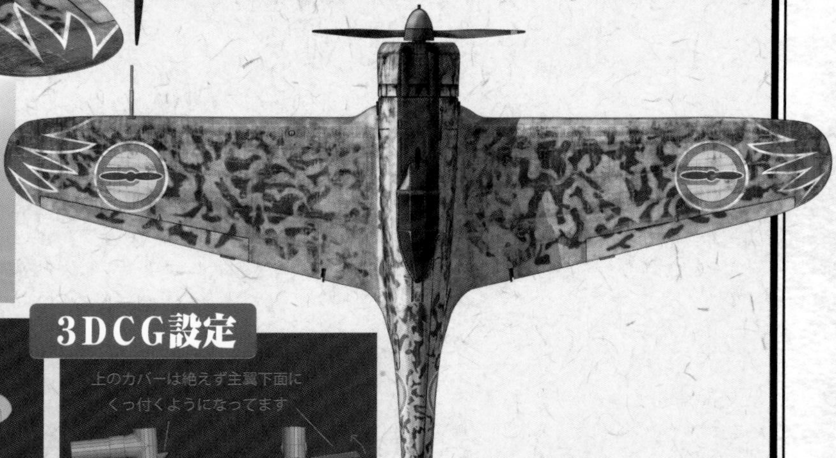

3DCG設定

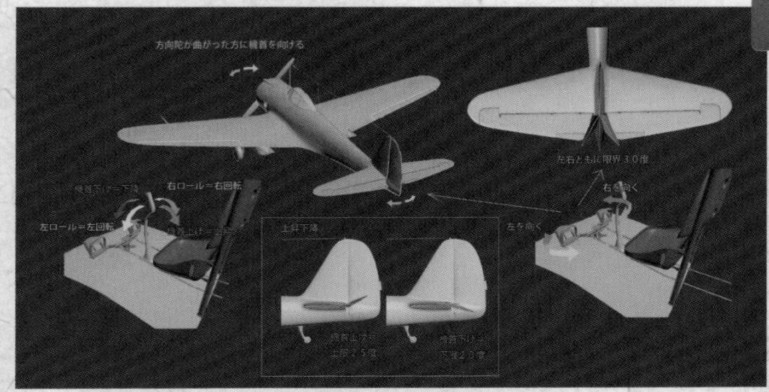
方向舵が曲がった方に機首を向ける
右ロール＝右回転
左ロール＝左回転
上昇下降
左右ともに限界3.0度
右を向く
左を向く

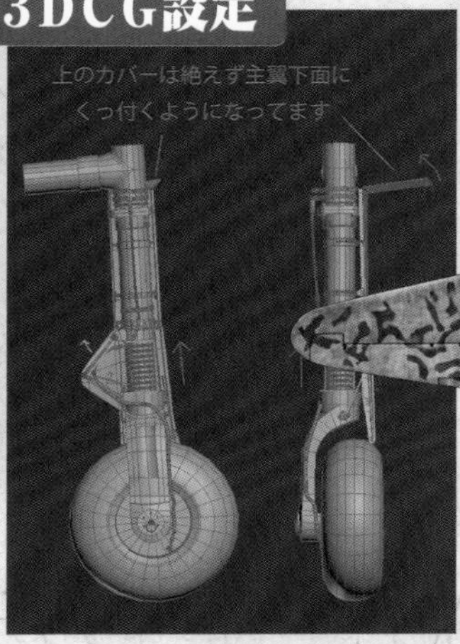
上のカバーは絶えず主翼下面に
くっ付くようになってます

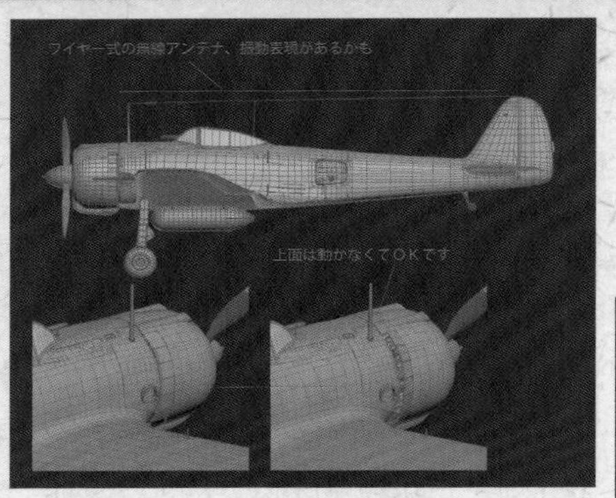
ワイヤー式の無線アンテナ、振動表現があるかも
上面は動かなくてOKです

▲隼一型の3DCGモデル一例。登場する飛行機たちは、形を再現するだけでなく、機体各部がどう動くかに至るまで考え尽くされている

レティクル

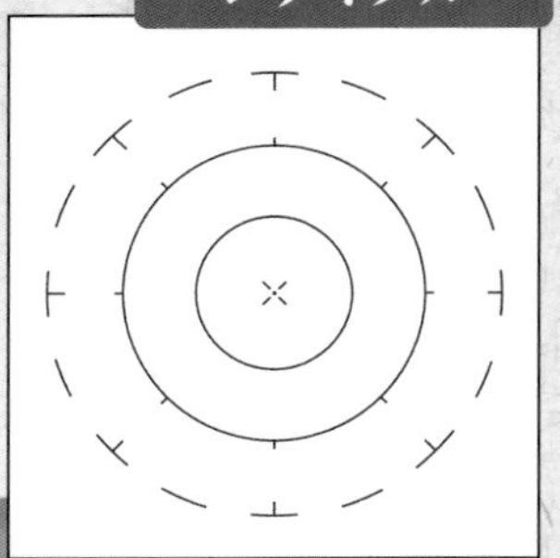

ダメージモデル

▶TVシリーズ第６話で、ナオミの零戦三二型に撃墜されてしまったキリエの隼一型。エンジン部の損傷と、オイルが飛び散った様子を３DCGによるダメージモデルで再現し、劇中映像に反映している

■キリエ仕様

コトブキ飛行隊 機体ペイント初期案

現在の設定の原型となった、コトブキ飛行隊の初期ペイント案。コトブキ飛行隊のマークや、それぞれのパーソナルマークの入り方が現在と少しずつ違っている。チカの機体にはいくつかある案のなかでイナズマのようなデザイン案が採用されたようだ

■エンマ仕様

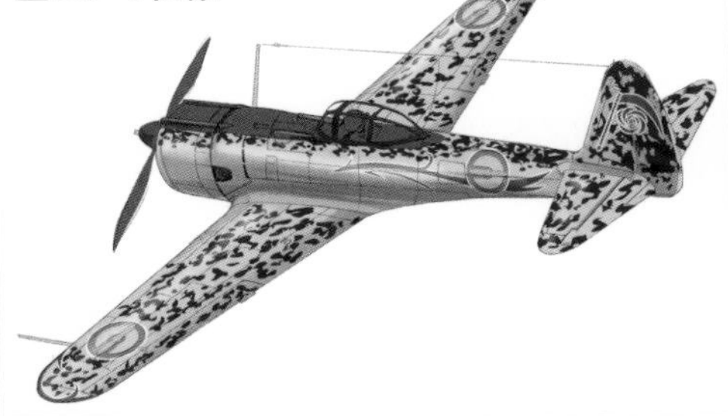

■チカ仕様

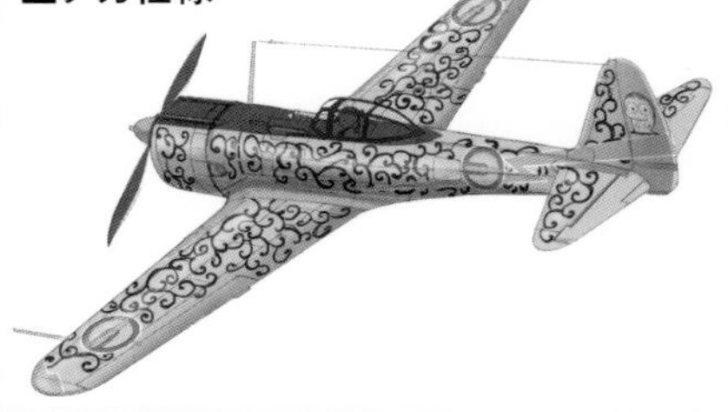

■チカ仕様

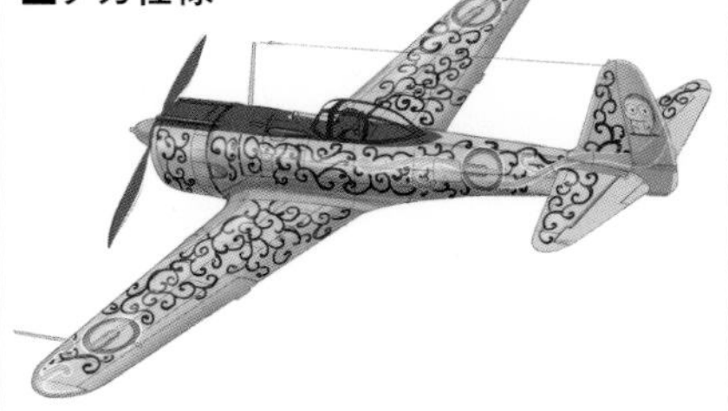

■ケイト仕様

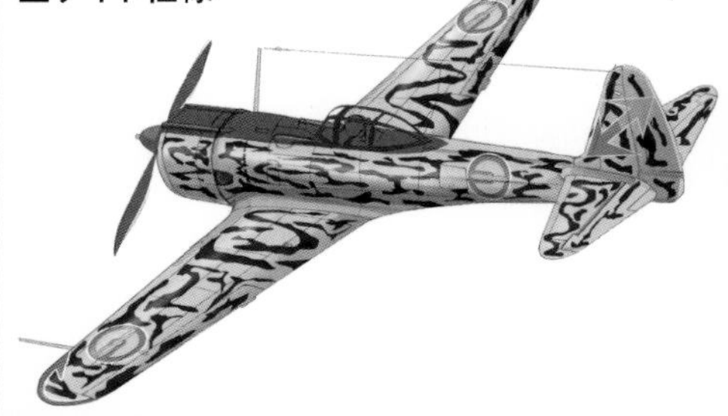

■ザラ仕様

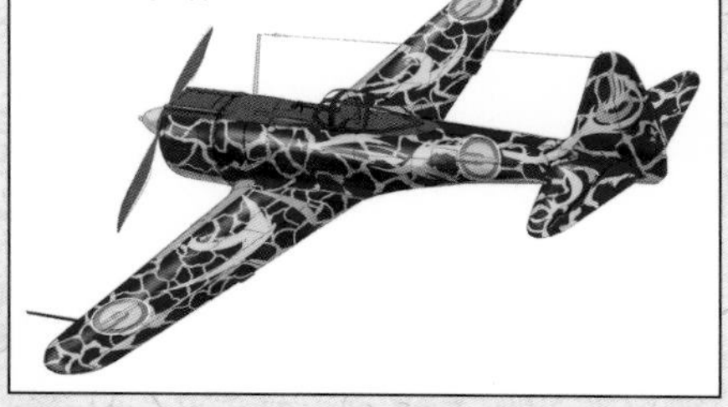

■レオナ仕様

赤とんぼ
九五式一型練習機
トンボ便仕様

■翼の文字

■とんぼ便マーク

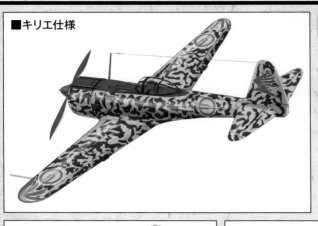

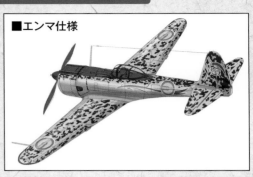

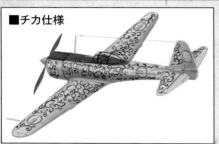

エンマ

EMMA

CV：幸村 恵理

元々は貴族だったため丁寧な言葉遣いで話すが、実は超毒舌。
両親が悪党に騙され没落してしまったため、現在は家族のために
用心棒でお金を稼いでいる。キリエとは幼なじみ

■汎用キャラクターイラスト

■パーソナルマーク

エンマのパーソナルマークは白薔薇（機体用）、青薔薇の２種類

■2D設定画

■2D設定画／表情集

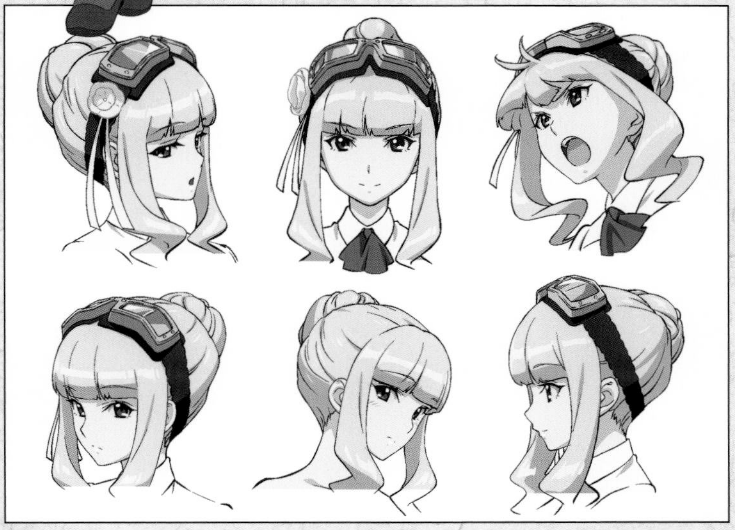

■原案／表情集

■原案

■SDイラスト

■『荒野のコトブキ飛行隊 完全版』 2D設定画、表情集／少女期のエンマ

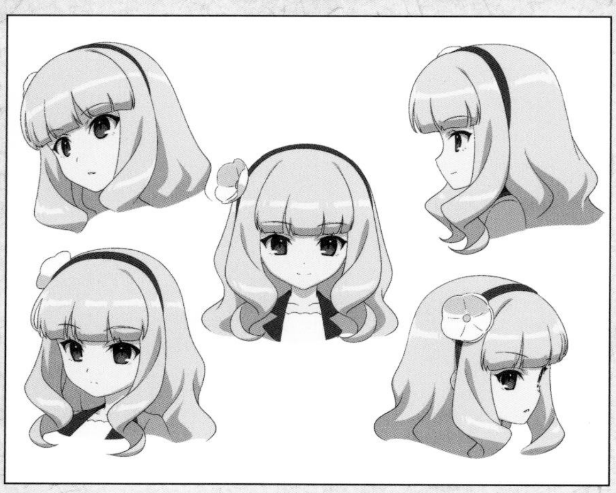

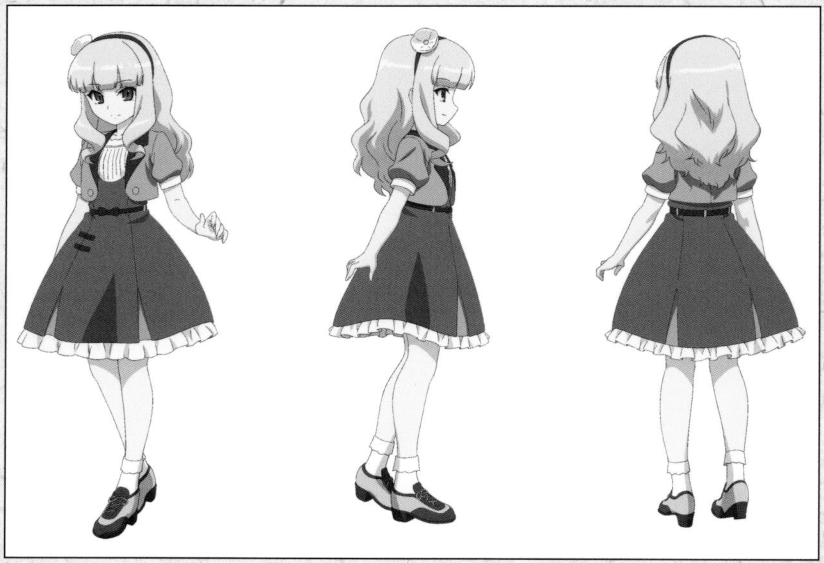

■『荒野のコトブキ飛行隊 完全版』 原案／少女期のエンマ

■『荒野のコトブキ飛行隊 完全版』／少女期のキリエ＆エンマ 初期案

『荒野のコトブキ飛行隊 完全版』エンマとタミルの制服

『荒野のコトブキ飛行隊 完全版』では、用心棒として働くために学校を離れるエンマと、別れを惜しむタミルの姿が描かれた。二人は学校に通っていたようだが、そのときに着ていた制服はアプリゲーム『荒野のコトブキ飛行隊 大空のテイクオフガールズ！』に登場する「怪盗団アカツキ」のストーリー用にデザインされていたものが原型となっている。モアがロイグの母校に潜入した時のもので、世界観の繋がりを感じさせる

隼一型
一式戦闘機一型
エンマ仕様

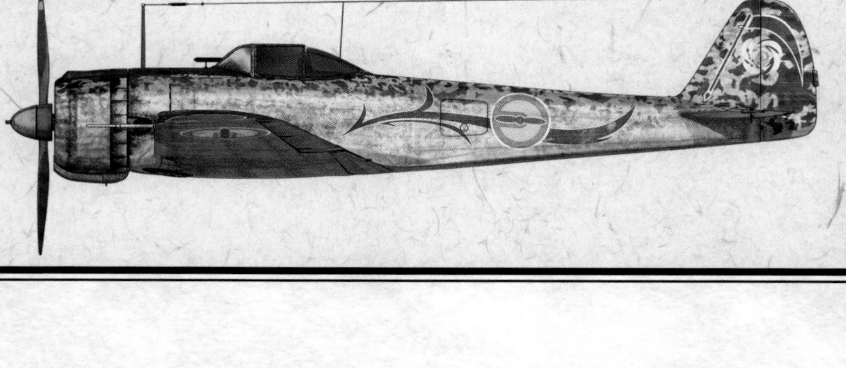

ケイト

KATE

CV：仲谷 明香

常人には不可能な、トリッキーな操縦を淡々とやってのけ、機械のように正確に敵を撃墜していく天才パイロット。理詰めな性格で、普段は寡黙で感情を表に出さず、仲間との会話でも客観的事実だけを話す

■汎用キャラクターイラスト

■2D設定画

■原案／表情集

■2D設定画／表情集

■原案

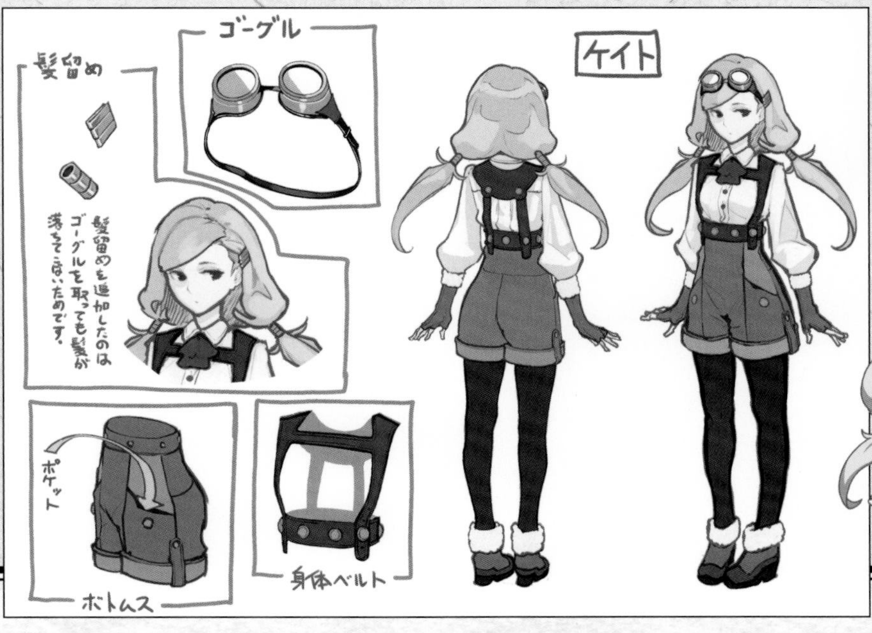

■SDイラスト

■パーソナルマーク

隼一型

一式戦闘機一型

ケイト仕様

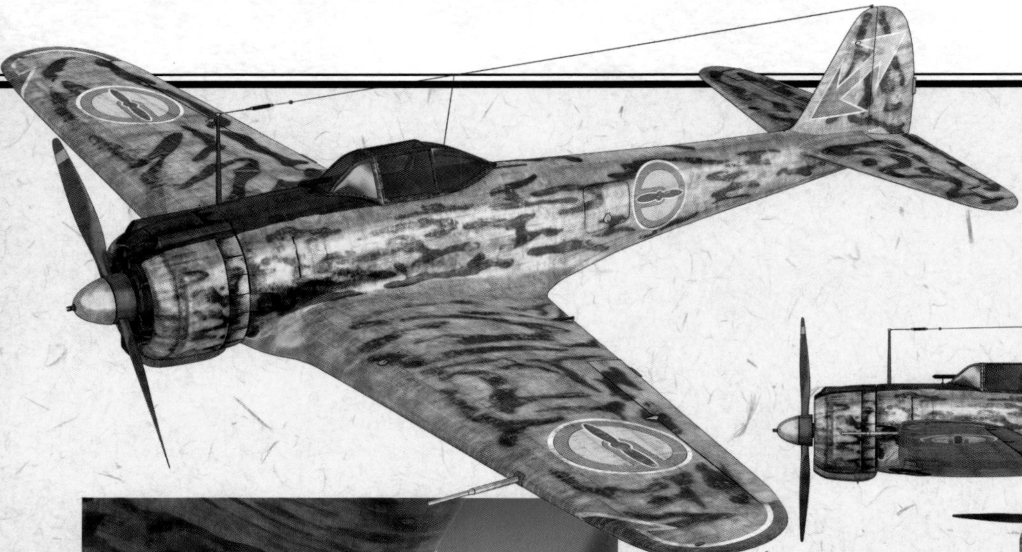

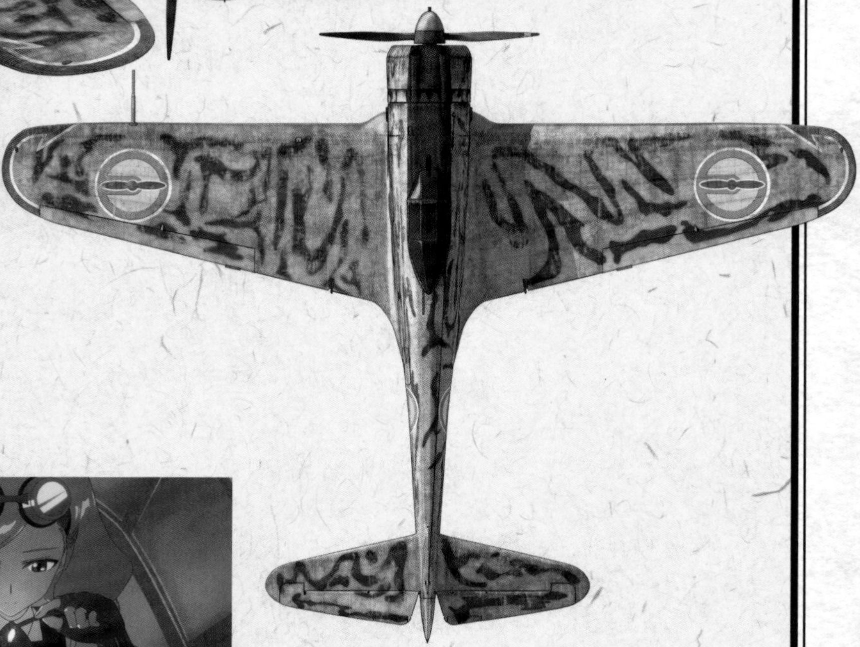

ケイトの爆弾消火作戦と彗星

TVシリーズ第７話では、ガソリンを販売するナンコーの石油精製会社が爆撃により炎上。高品質なガソリンの供給先を守りたいコトブキ飛行隊は、ナサリン飛行隊とともにケイトの立案した爆弾消火作戦へと挑む……

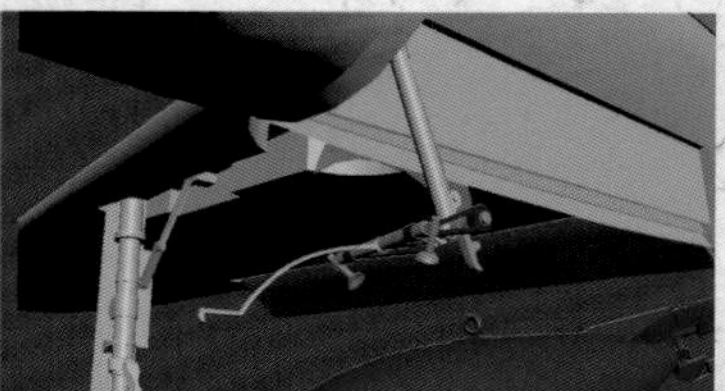

爆弾による消火を計画したケイトは、エリート興業から彗星を借用。劇中では、炎に包まれたナンコーへ投下される爆弾が描かれている。このシーン、画面に映ることはなかったものの、じつは爆弾投下用のアームと、投下ギミックまできっちりと設定されていた

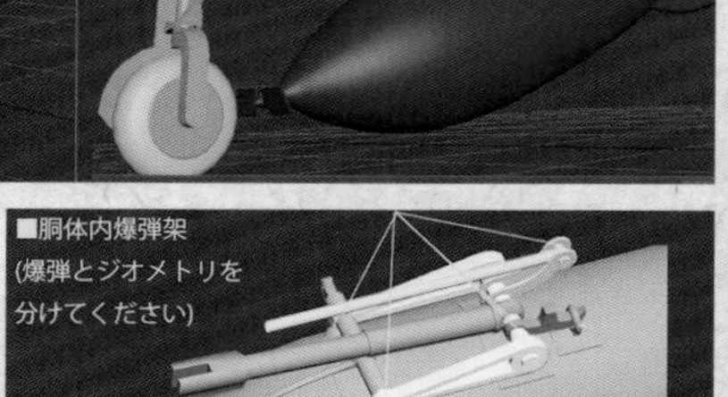
色分けした部分で
各パーツをそれぞれ別オブジェクトとし
可動基点を入れてください

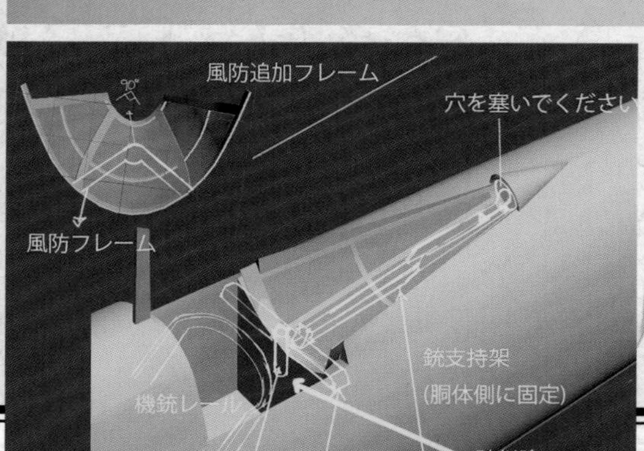
壁削除

アレン

ALLEN

CV：山本 和臣

飛行中に撃墜され歩けなくなり、今は入院生活を送っているケイトの兄。ユーハングがやってきた穴について研究している

■2D設定画

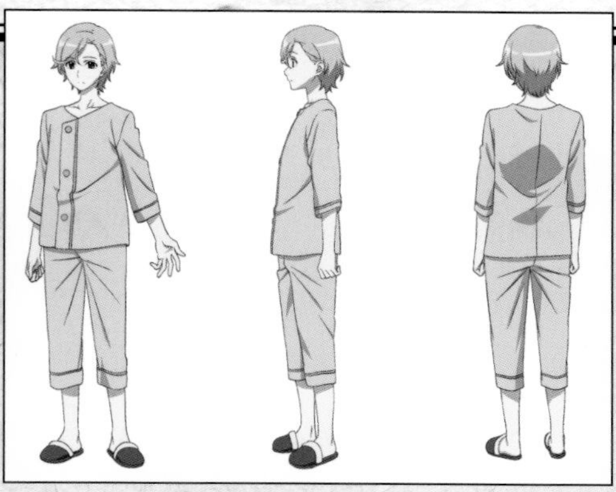

■原案／表情集

■2D設定画／表情集

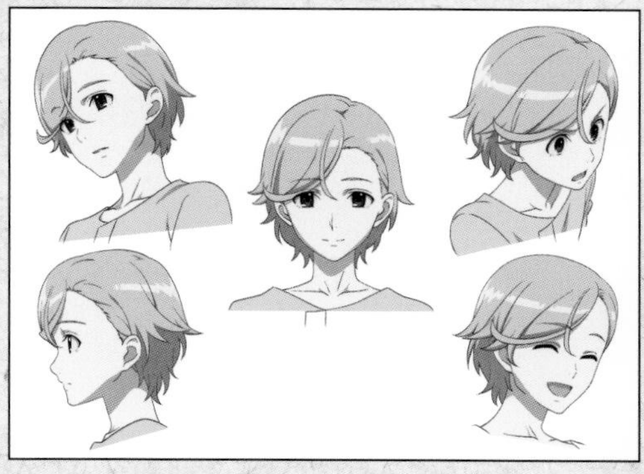

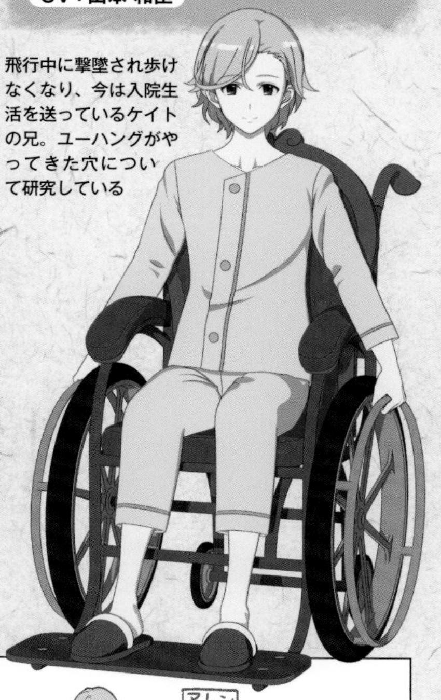

■原案

九七式

九七式戦闘機

アレン仕様

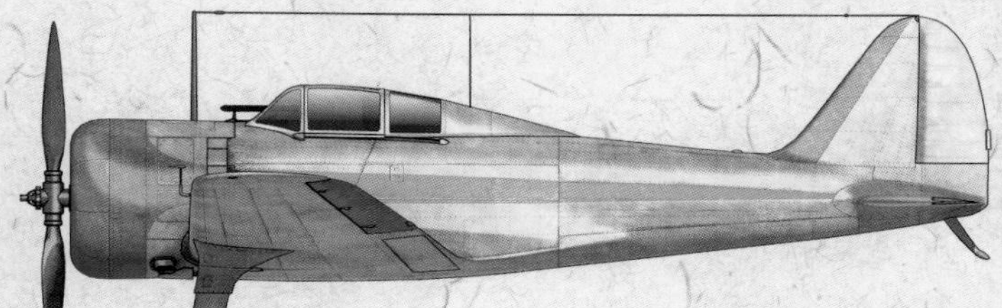

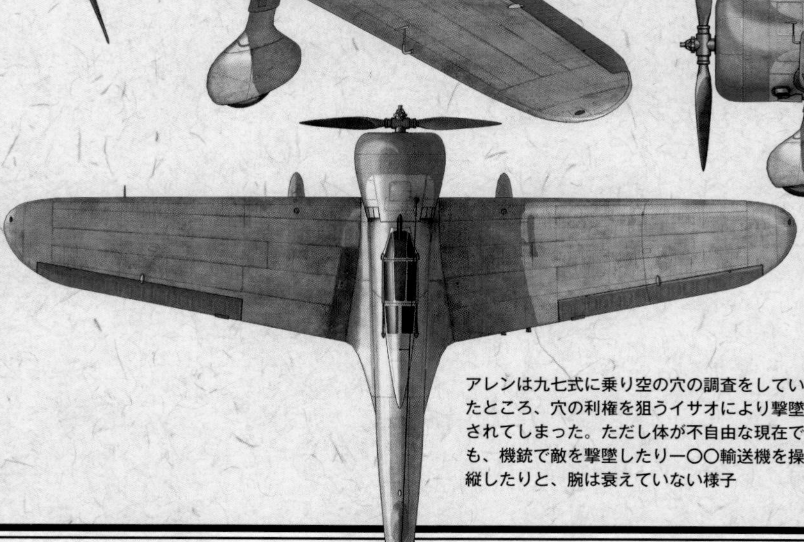

アレンは九七式に乗り空の穴の調査をしていたところ、穴の利権を狙うイサオにより撃墜されてしまった。ただし体が不自由な現在でも、機銃で敵を撃墜したり一〇〇輸送機を操縦したりと、腕は衰えていない様子

レオナ

REONA

CV：瀬戸 麻沙美

冷静沈着かつ経験豊富な、コトブキ飛行隊の頼れる隊長。隊の中ではパイロットのキャリアが最も長く、メンバーからの信頼も厚い。基本に忠実な戦い方をし、戦闘では常に複数の事態を想定しながら飛んでいる

■汎用キャラクターイラスト

■パーソナルマーク

■2D設定画

■原案／表情集

■2D設定画／表情集

■原案

■SDイラスト

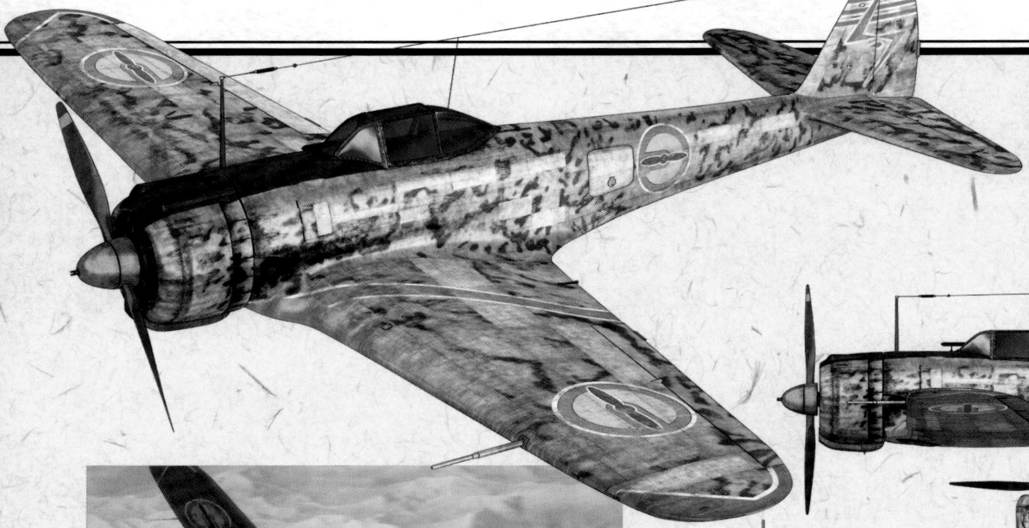

隼一型

一式戦闘機一型

レオナ仕様

九七式

九七式戦闘機

レオナ仕様（リノウチ空戦時）

■当時のパーソナルマーク

コトブキ飛行隊 羽衣丸での生活

劇中ではたびたび羽衣丸の居住区での様子も描かれる。レオナとザラは同室で、コトブキ飛行隊をまとめる二人らしく部屋も整頓されているよう（部屋の隅の酒瓶はザラのものだろうか……）。一方、キリエやチカたちの部屋は散らかっていて生活感にあふれ、個人の趣味が現れる小物などもたくさん置かれているようだ

■レオナとザラの部屋

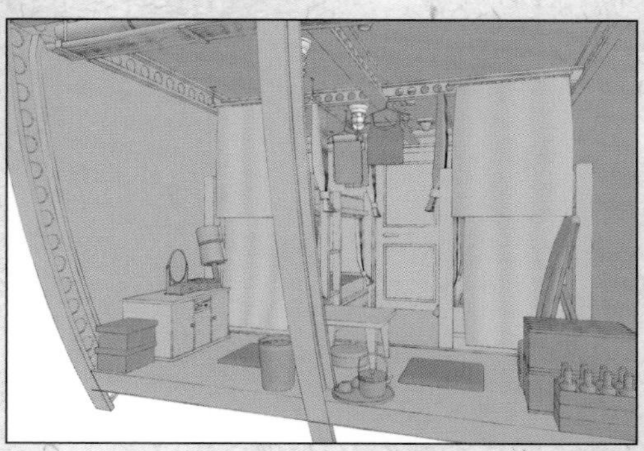

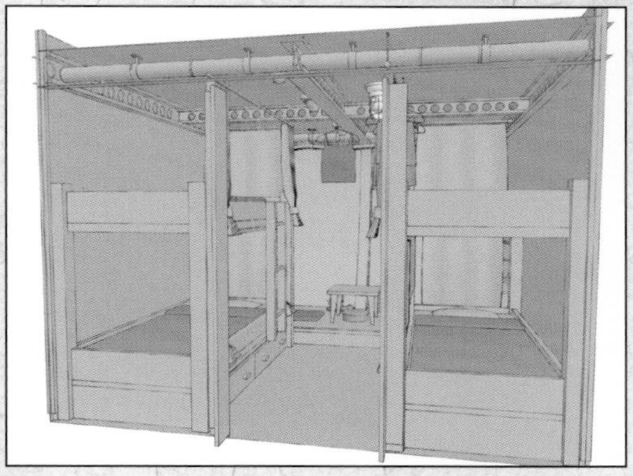

■レオナとザラの部屋

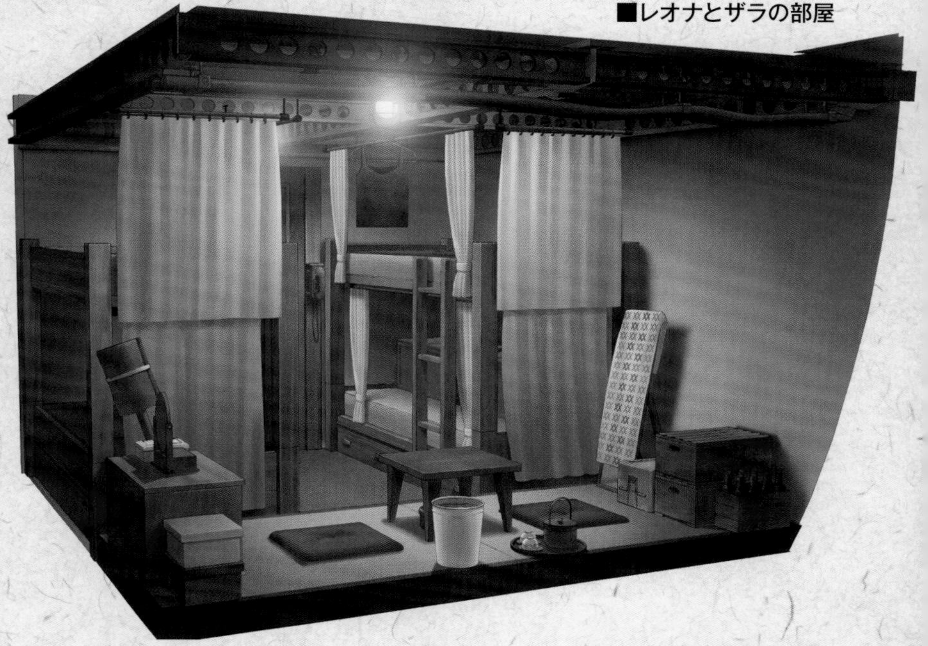

■キリエ、エンマ、ケイト、チカの部屋

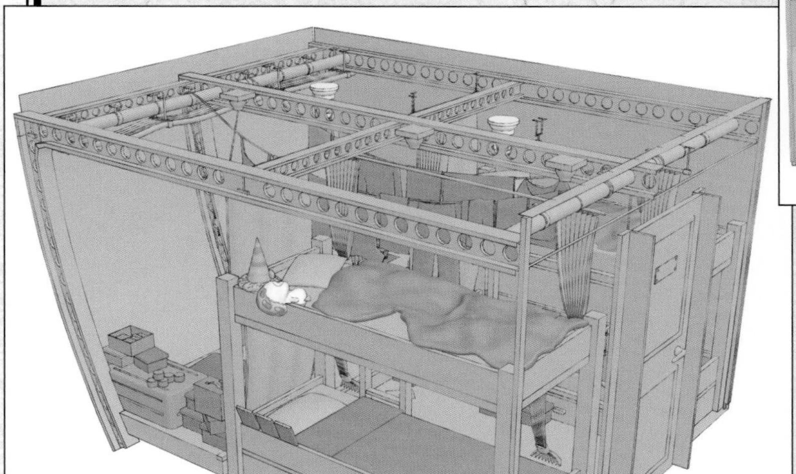

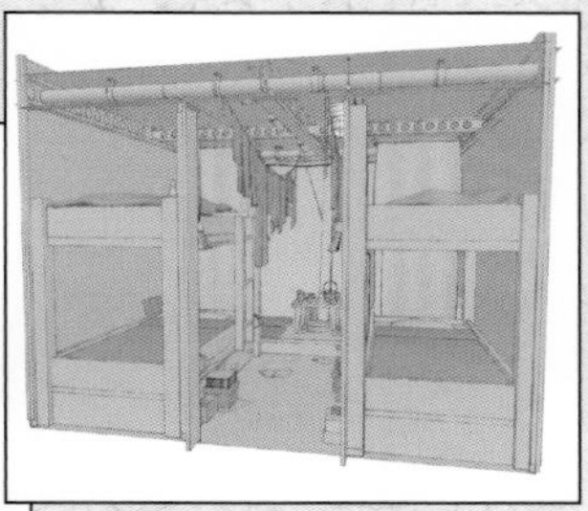

■羽衣丸の通路

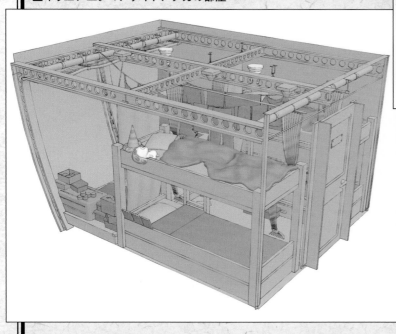

ザラ

ZARA

CV：山村 響

お酒が大好きな、コトブキ飛行隊の副隊長。一歩引いた視点からチームを見守るお姉さん的存在で、戦闘時は広い視野を活かして戦況の把握を行い、味方に指示を出している。レオナとは昔からの仲で、いいコンビ

■汎用キャラクターイラスト

■パーソナルマーク

■2D設定画

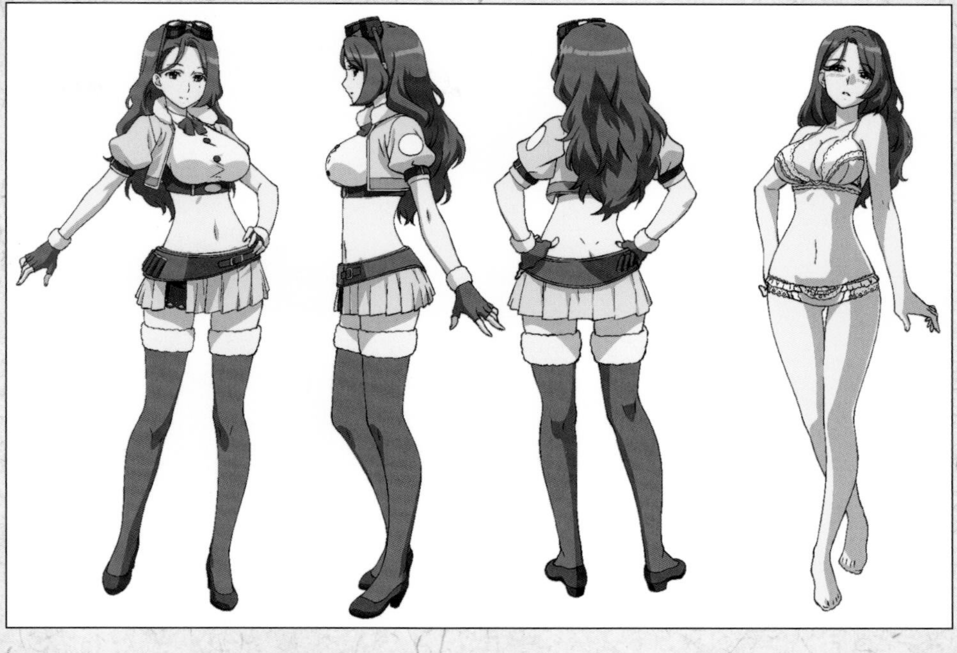

■2D設定画／表情集

■原案／表情集

顔を傾けると左右にできる細い房が
顔にかかるのが特徴です。

■原案

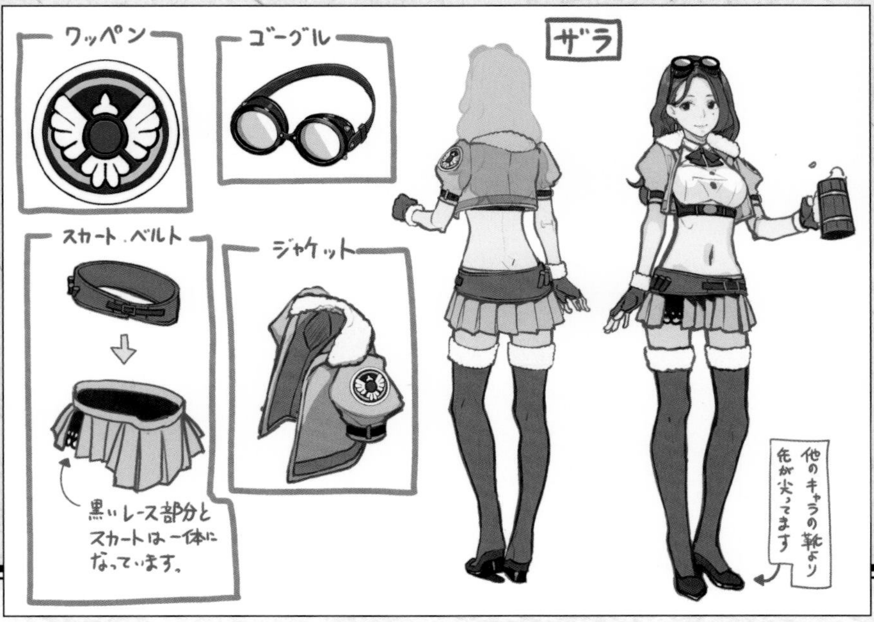
ワッペン
ゴーグル
スカート.ベルト
ジャケット
黒いレース部分と
スカートは一体に
なっています。
ザラ
他のキャラの靴より
先が尖ってます

■SDイラスト

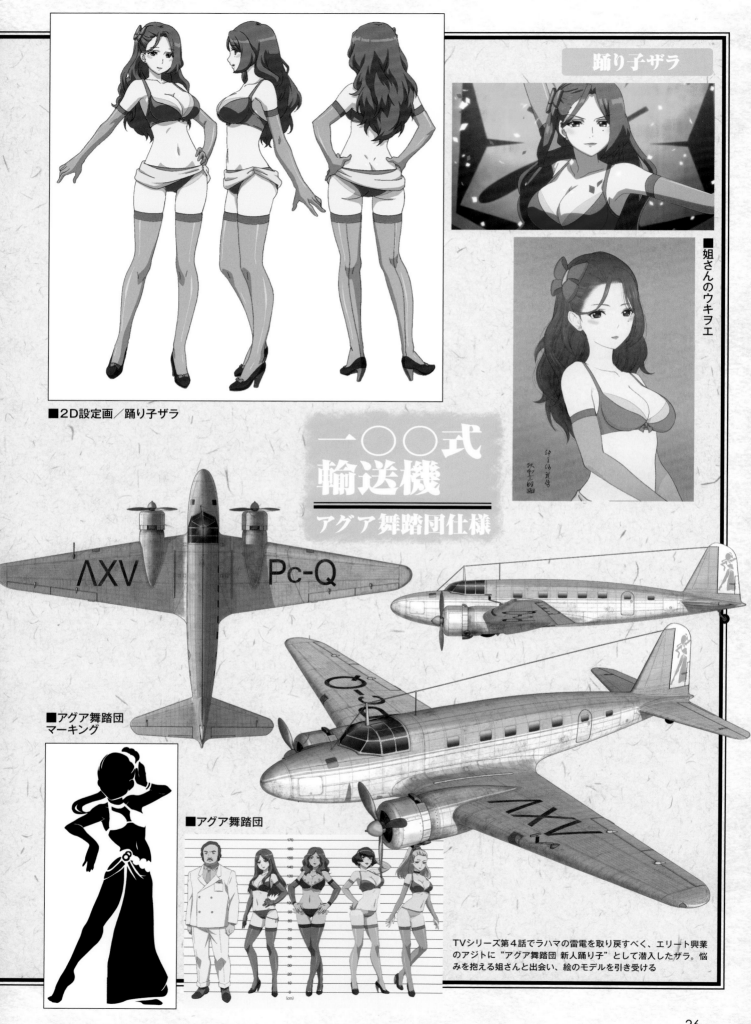

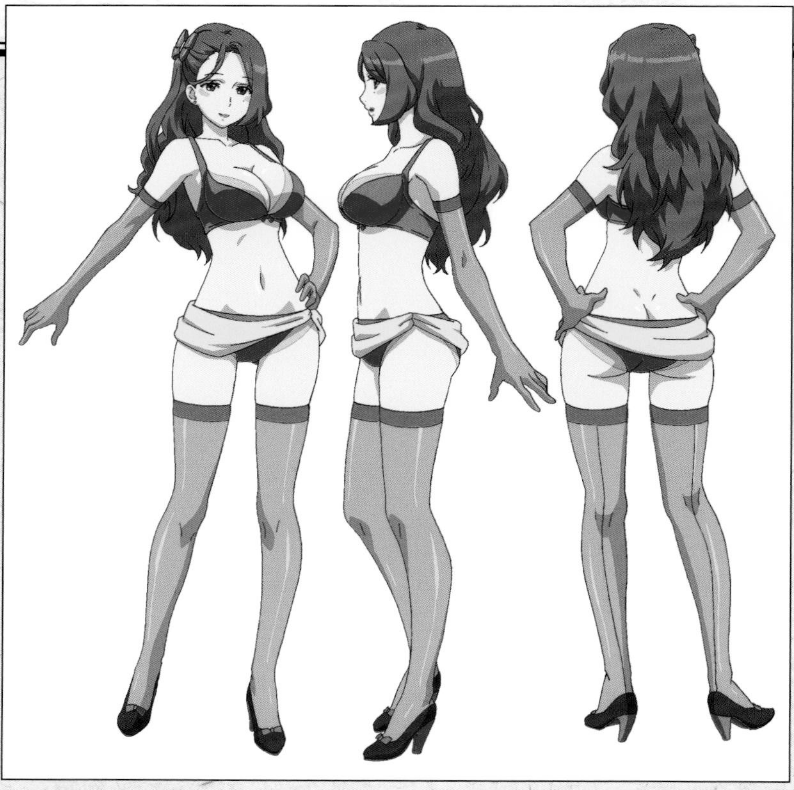

■2D設定画／踊り子ザラ

踊り子ザラ

■姐さんのウキヨエ

一〇〇式輸送機
アグア舞踏団仕様

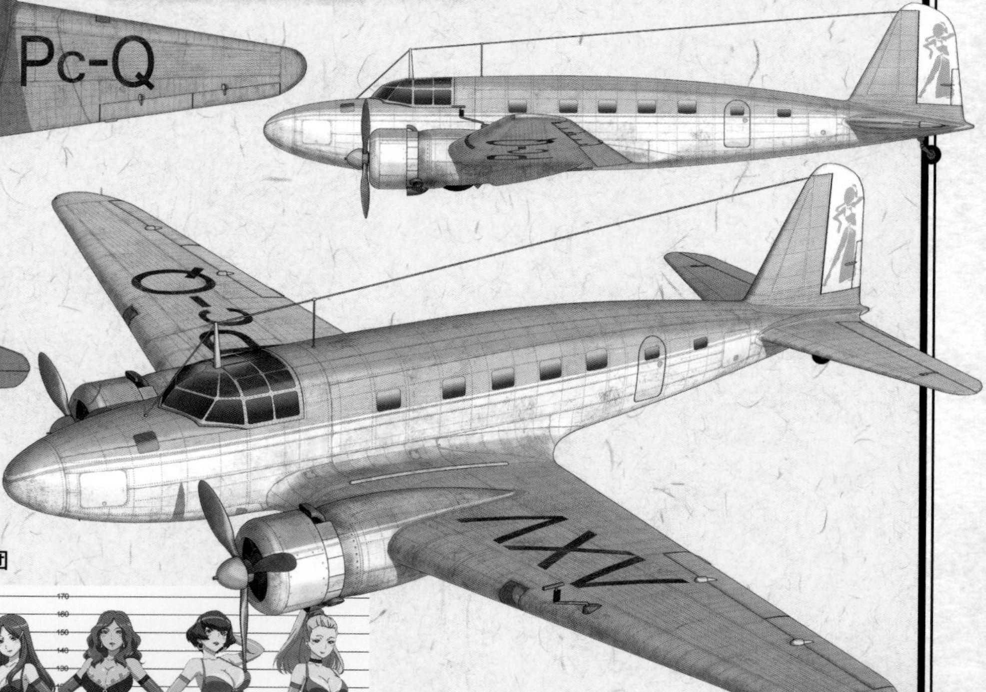

■アグア舞踏団マーキング

■アグア舞踏団

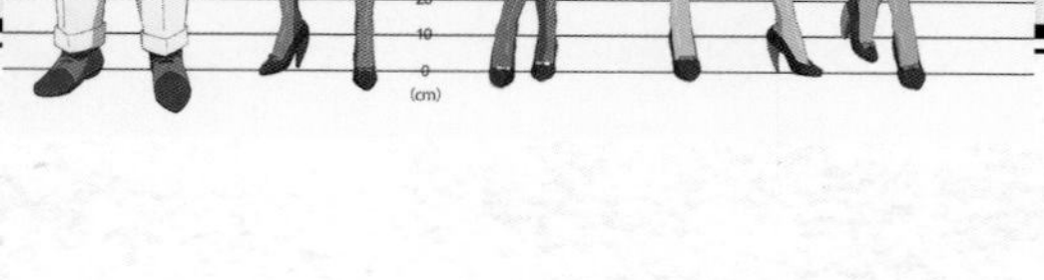

TVシリーズ第４話でラハマの雷電を取り戻すべく、エリート興業のアジトに“アグア舞踏団 新人踊り子”として潜入したザラ。悩みを抱える姐さんと出会い、絵のモデルを引き受ける

隼一型
一式戦闘機一型
ザラ仕様

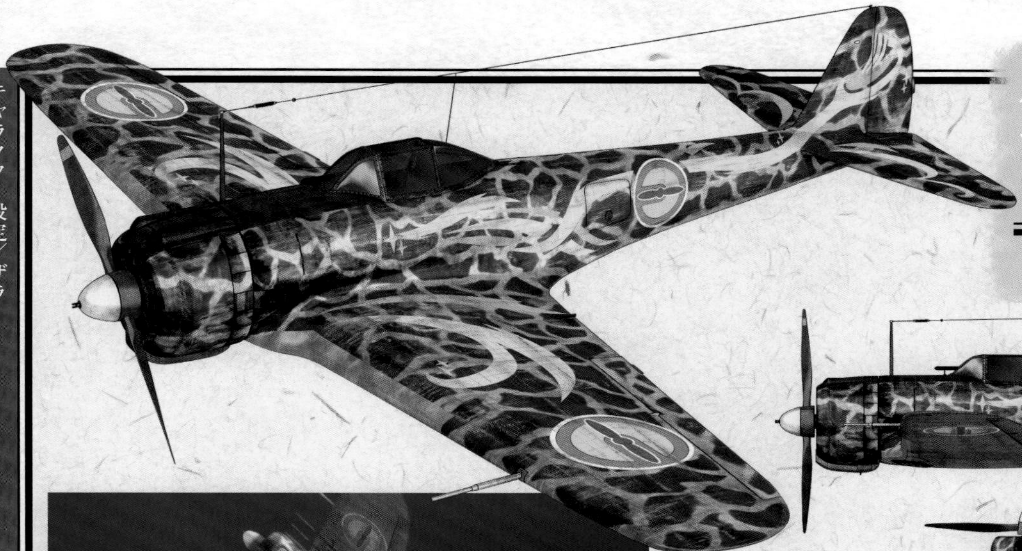

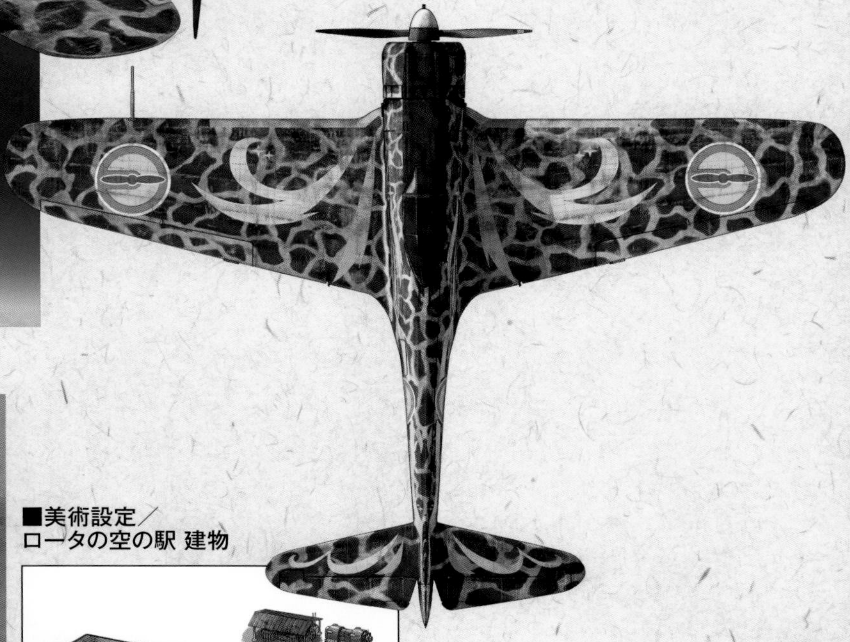

ロータの空の駅

2017/11/27
大宇宙企画

■美術設定／ロータの空の駅 全景

■美術設定／
ロータの空の駅 建物

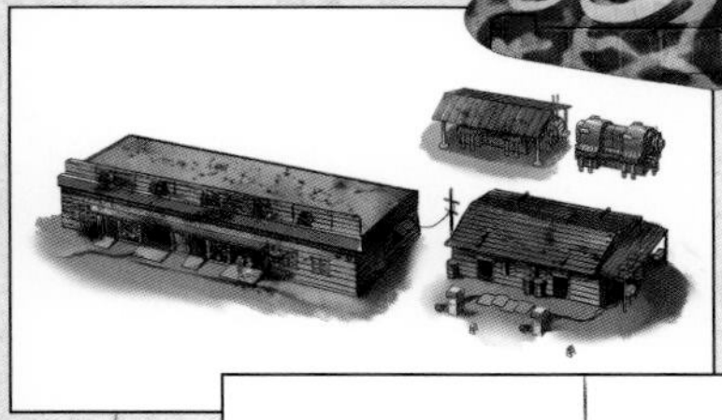

■美術設定／ロータの空の駅 食堂

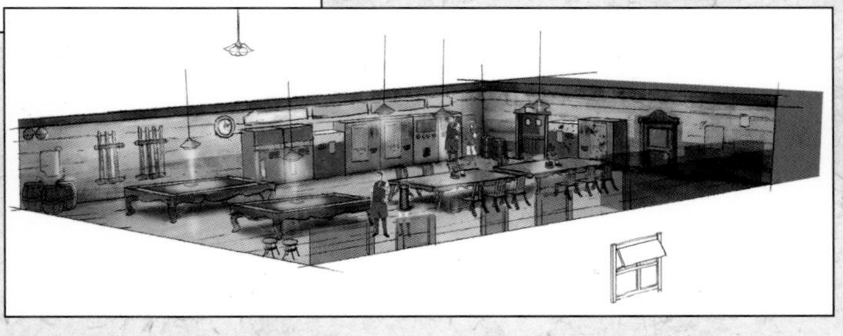

■美術ボード／自動販売機（被弾）

■ハンブルクサンドの
パッケージ
（『荒野のコトブキ飛行隊
完全版』）

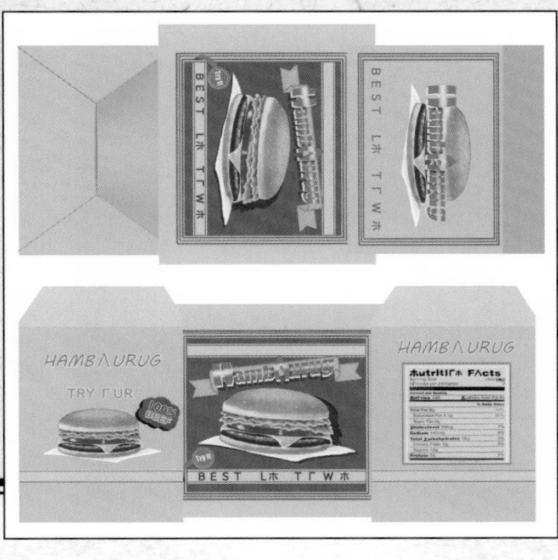

チカ

CHIKA

CV：富田 美憂

超がつくほど元気なコトブキ飛行隊の最年少。頭で考えるより先に身体が動き、意表を突いた攻撃で敵を翻弄する。鼻っ柱が強く、よくキリエと子供のような言い合いをしては、レオナにたしなめられている

■汎用
キャラクター
イラスト

■2D設定画

■2D設定画／表情集

■原案／表情集

■原案

■SDイラスト

■パーソナルマーク

■TVシリーズ第7話より

チカと『海のウーミ』

チカお気に入りのキャラクター、ウーミ。イジツでは誰もが幼い頃に読むという童話『海のウーミ』シリーズに登場する、まるいフォルムがかわいらしい孤独なフグだ。絵本を読んだことがないというケイトに、「おはなしは心のごちそう」と教えるチカ。絵本を読んだケイトは、どんな表情を見せてたのだろうか

■TVシリーズ第9話より

隼一型はもちろん、『荒野のコトブキ飛行隊 完全版』で空賊時代に乗っていた鍾馗にもウーミをペイントしていたチカ。『完全版』では、羽衣丸のチカのベッド横の壁にまでウーミが描かれていることも判明！それほどにチカとウーミ、そして絵本を読んでくれたチト兄との思い出がチカの支えとなっている

■『完全版』新規カット

アノマロカリス

▶TVシリーズ第5話、アレシマでチカが手に入れたアノマロカリスのリュック（価格はエンマもびっくりの“498ポンドと98銭”）。チカは「マロちゃん」と呼んでかわいがる

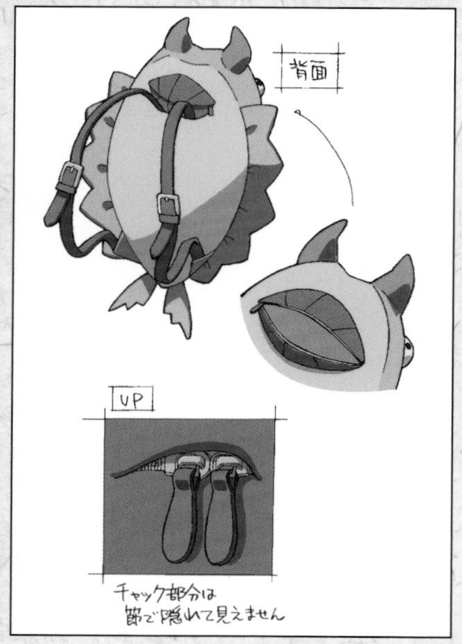

パラシュートバッグ設定

▲被弾した飛行機から脱出するフェルナンド内海（TVシリーズ第7話）やチカ（TVシリーズ第11話）の姿も描かれる。パラシュートバッグは実際旧日本軍が使用していたものの資料をもとに、アニメーション作品としてのビジュアルを考慮して設定されている

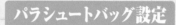

隼一型

一式戦闘機一型

チカ仕様

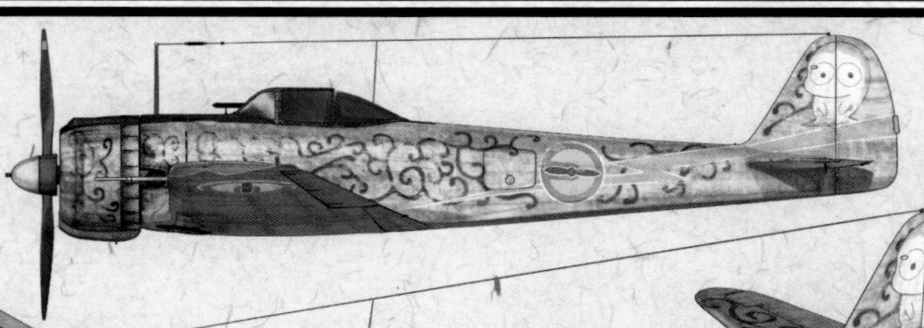

鍾馗

二式単座戦闘機

空賊チカ仕様

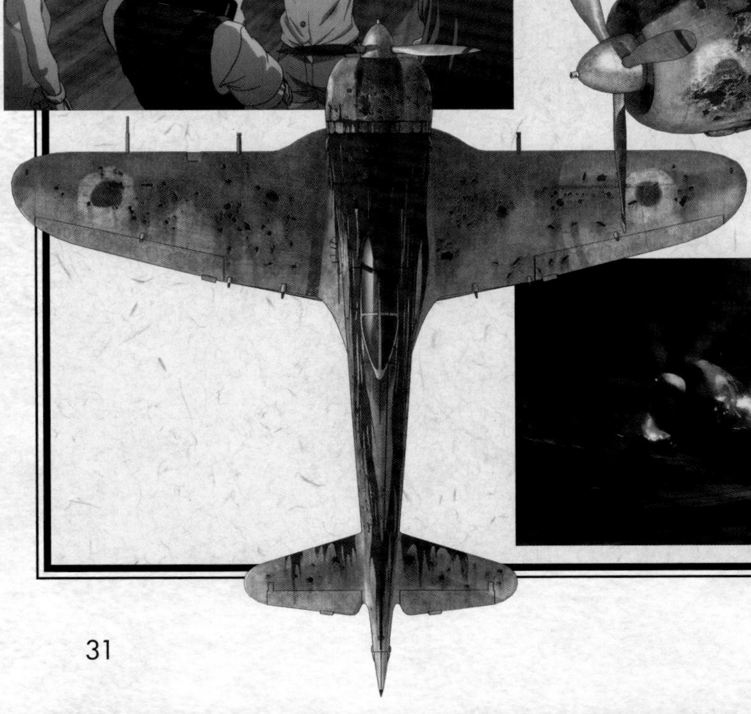

空賊時代、鍾馗で羽衣丸に乗り込んできたチカ。翼端の「ウーミの目」は機体下面とエンジンカウル両側にも描かれており、それぞれ形と大きさが違うなどチカらしさあふれるペイントだ。機体側面の「CUML」（ウーミ）の文字だけは、チト兄に書いてもらったとか

羽衣丸

マダム・ルゥルゥ

MADAME LOULOU

CV：矢島 晶子

■2D設定画／上着なし

■2D設定画

■原案

■原案／表情集

■2D設定画／表情集

■SDイラスト

■初期案

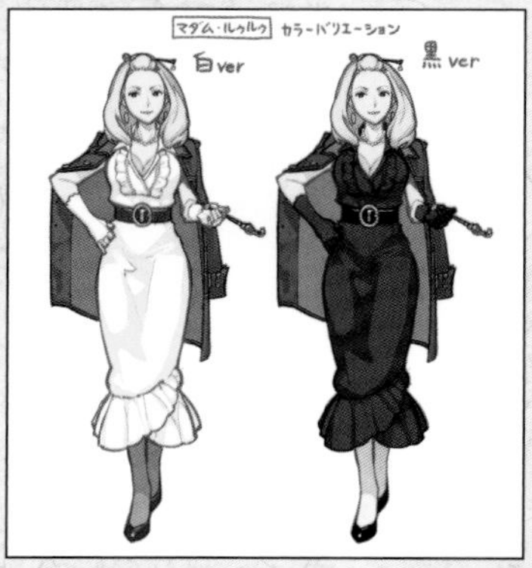

物資の輸送を生業とするオウニ商会の女社長。いつも毅然とした立ち振る舞いで周りに指示を出す。ガドールの評議会議員・ユーリアとは古い仲

サネアツ

SANEATSU

CV：藤原 啓治

■原案

■2D設定画

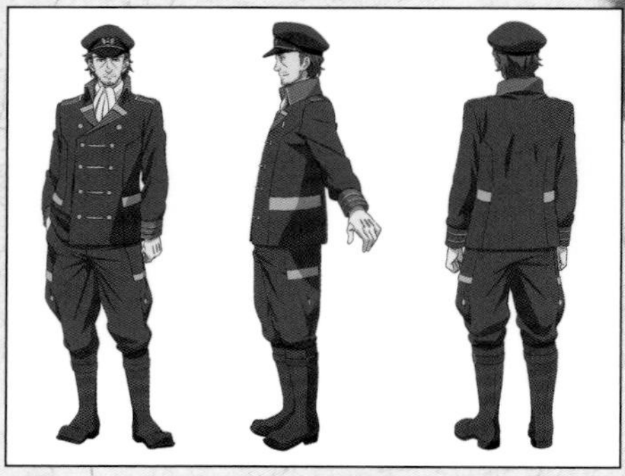

優柔不断でうだつの上がらない羽衣丸の副船長。よく貧乏くじを引いては、周囲から罵られている。ルゥルゥのことを想っているが、なかなか告白できずにいる

▲原案／表情集
◀初期案

■2D設定画／表情集

■SDイラスト

一〇〇式輸送機

オウニ商会所属

羽衣丸

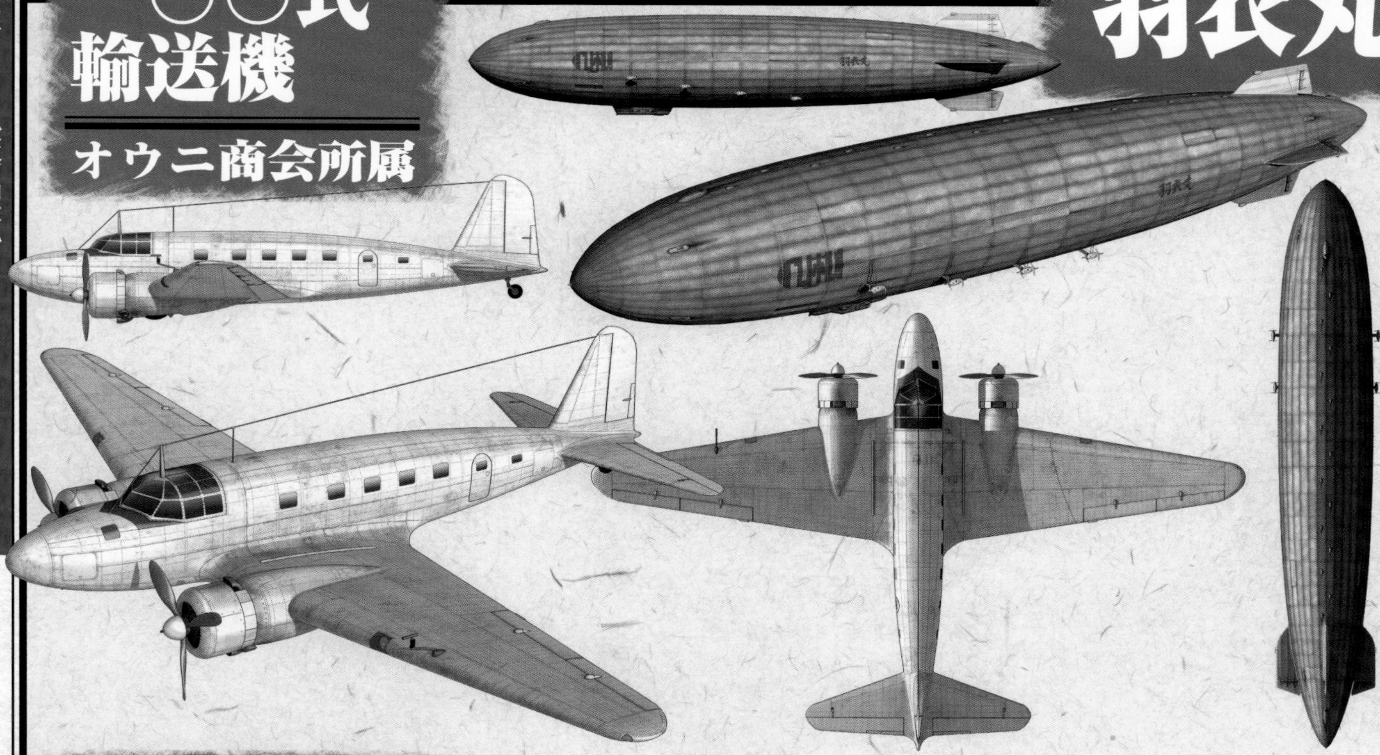

アンナ／マリア

ANNA & MARIA

CV：吉岡 美咲　CV：岡咲 美保

羽衣丸の航行の管理をする主操舵士がアンナ。勝ち気な性格で、副船長のサネアツに対しても容赦なく文句やツッコミを入れる。速度や高度の指示を出す副操舵士がマリア。おしとやかで気弱な性格。アンナとはよくショッピングの話をしている

アンナ

■2D設定画

マリア

■2D設定画

■2D設定画／表情集

■原案／表情集

■2D設定画／表情集

■原案／表情集

■SDイラスト

■原案

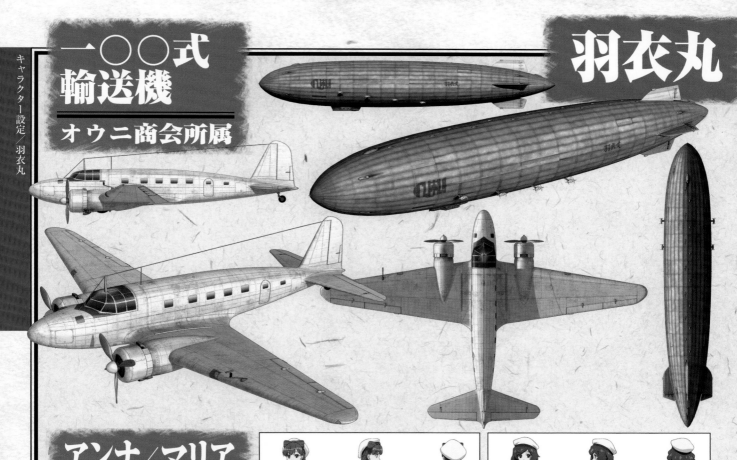

羽衣丸クルー アディ／ベティ／シンディ

ADDIE BETTI CINDI

CV：島袋 美由利　CV：古賀 葵　CV：川井田 夏海

羽衣丸の重要な役割を担うオペレーターたち。アディは監視と索敵全般、ベティは航法や気象情報の伝達、目的地との長距離無線でのやりとりも行う。シンディは羽衣丸のエンジンの状態や燃料、被弾状況の伝達を担当している。そっくりな三人だが血の繋がりはない

■2D設定画

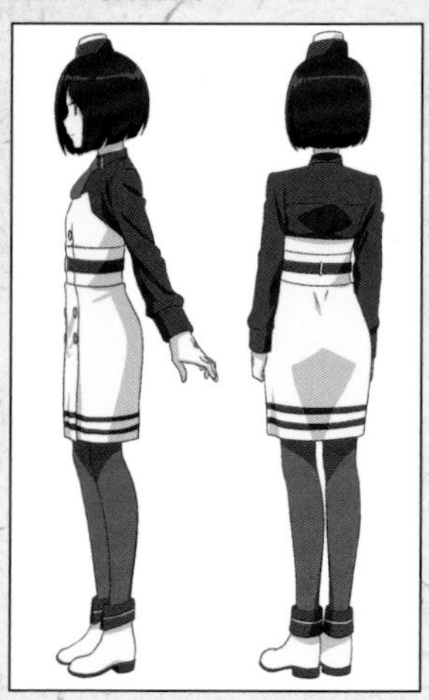

■原案

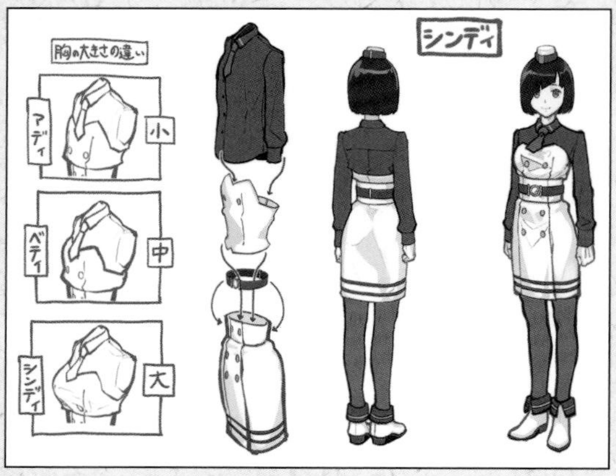

■原案／表情集

■SDイラスト

■初期案

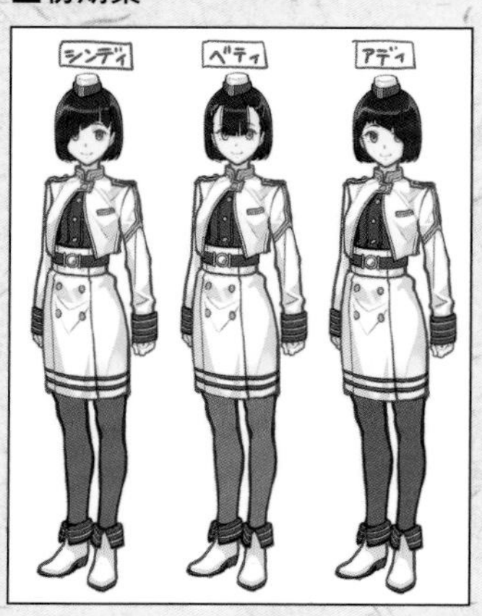

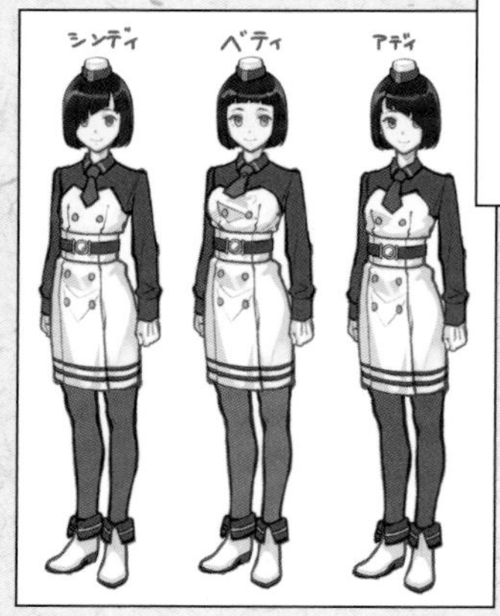

ナツオ

NATSUO

CV：大久保 瑠美

羽衣丸の整備班長。見た目は幼いが立派な大人。言葉遣いは粗暴なものの、面倒見のいい姉御肌で、整備班員たちを叱咤激励しながら的確に作業の指示を飛ばしている

■原案／表情集

■原案

■2D設定画

■初期案

■2D設定画／表情集

■SDイラスト

ジョニー

JOHNNY

CV：上田 燿司

キリエたちが通う羽衣丸の酒場「ジョニーズ・サルーン」のマスター。酒の提供のほか、料理も担当している。穏やかで気弱な性格

■SDイラスト

■2D設定画

■2D設定画／表情集

ドードー船長

DODO

風格が漂う羽衣丸の船長。帽子とネクタイを付けている。大きな翼を使って飛ぶことも可能

■2D設定画

■原案

リリコ

RIRIKO

CV：東山 奈央

「ジョニーズ・サルーン」のウェイトレス。給仕を淡々とこなし、客にも素っ気ない態度をとる。特にジョニーには冷たい

▲2D設定画／表情集

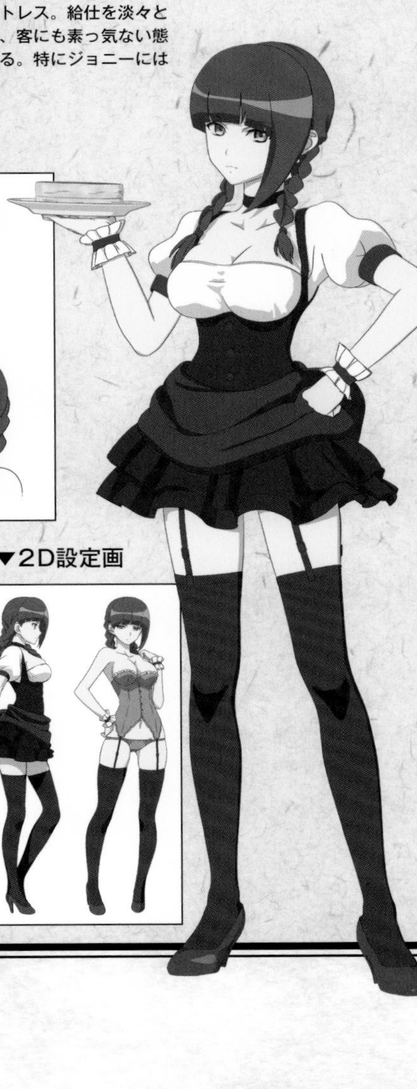

▼2D設定画

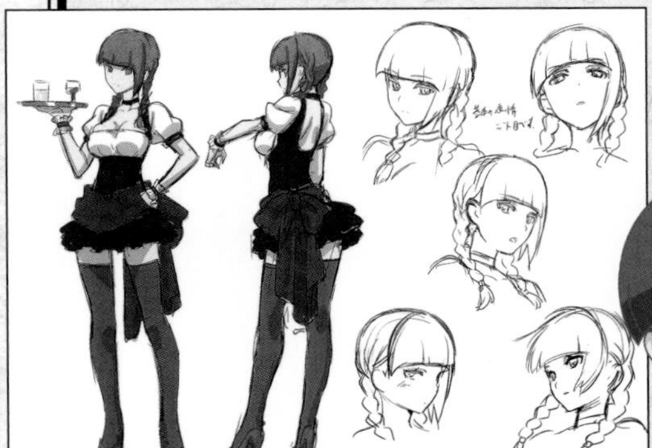

■キャラクターラフ
（キャラクターデザイン：菅井 翔）

■SDイラスト

イサオ

ISAO

CV：小西 克幸

ブユウ商事の会長。イケスカの市長にも就任した。明るくおどけて振る舞っているが、自由博愛連合を組織し、穴の独占を謀る底の知れない人物

■2D設定画

■2D設定画／表情集

■パーソナルマーク

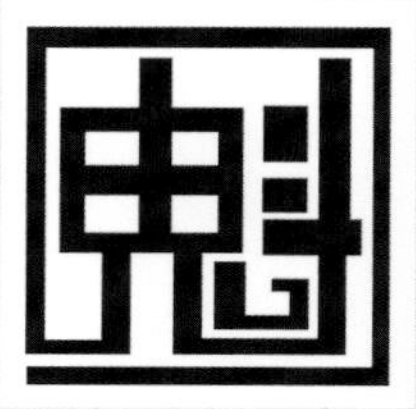

■原案

▲原案／表情集

◀▼初期案

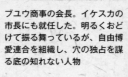

震電

十八試
局地戦闘機
「震電」

イサオ仕様

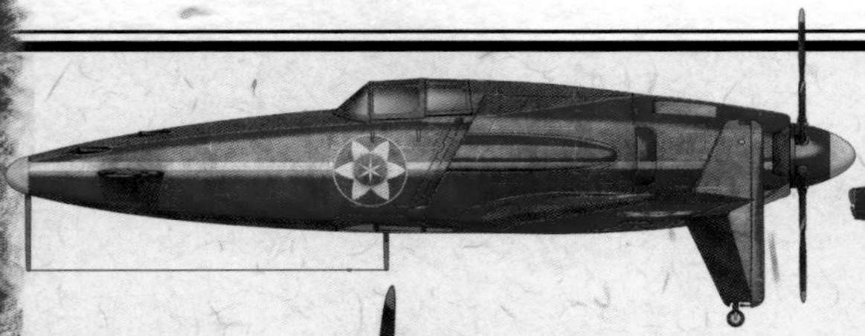

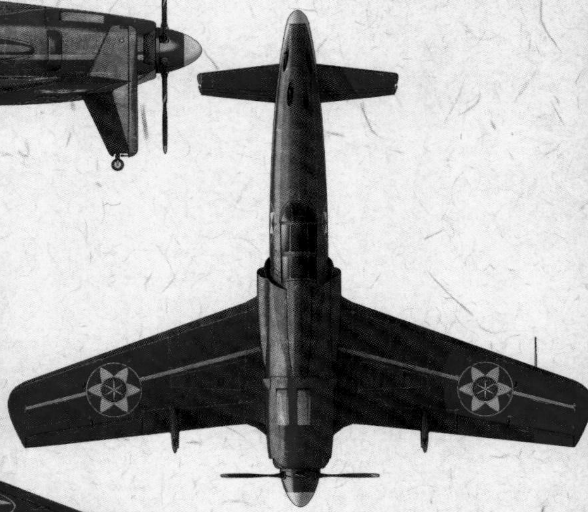

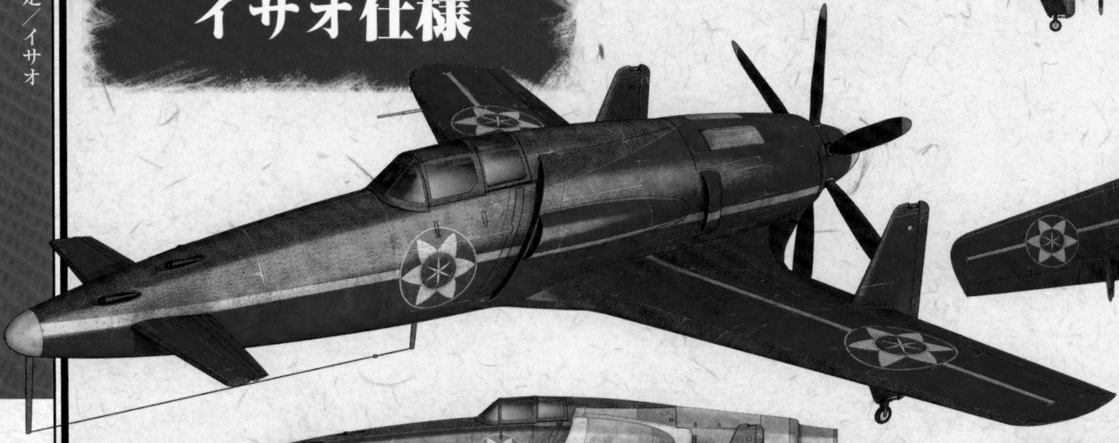

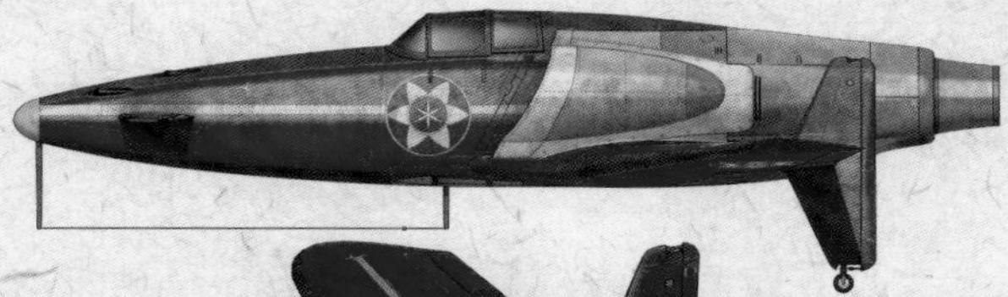

震電改

イサオ仕様

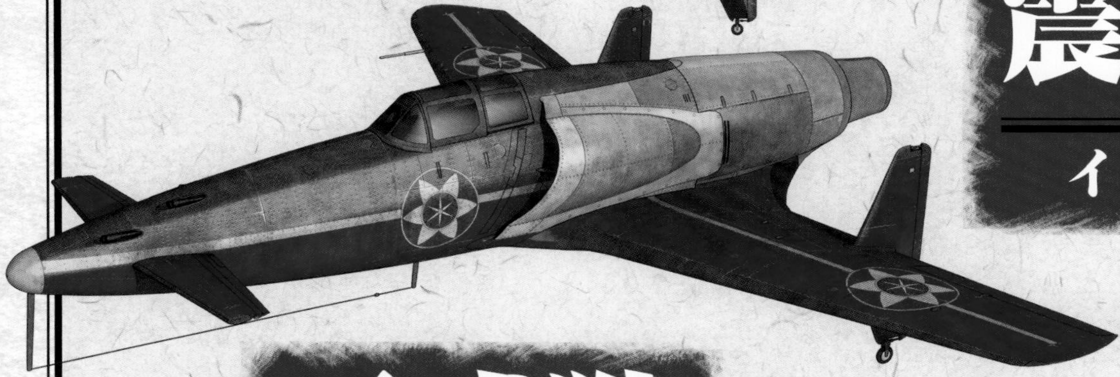

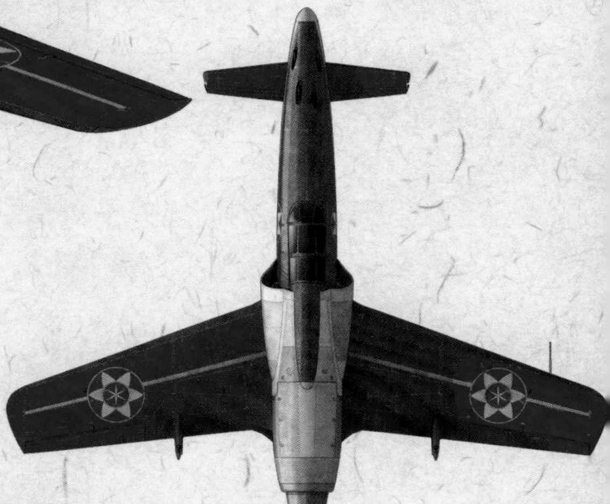

五式戦

五式戦キ一〇〇

イサオ仕様

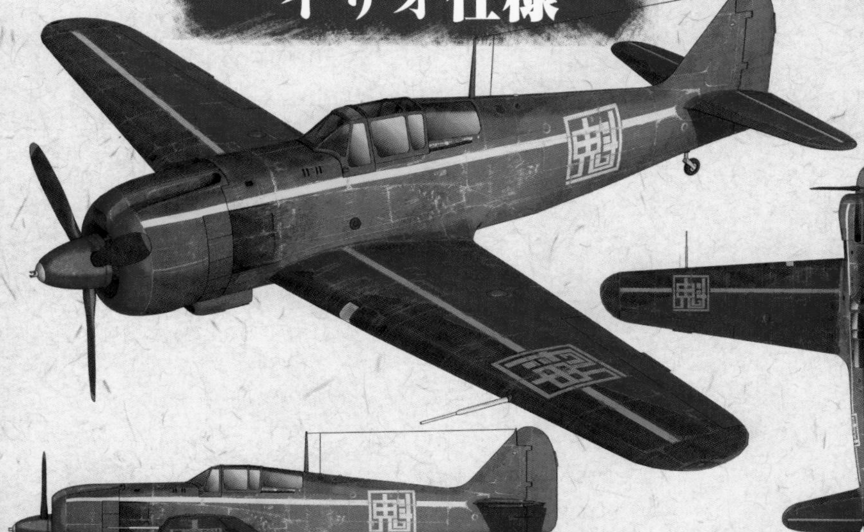

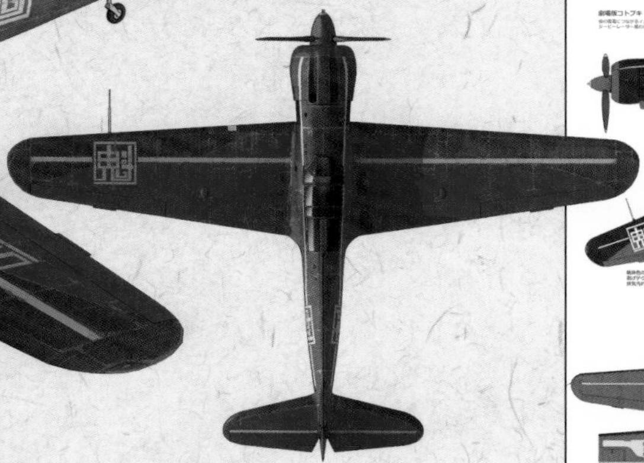

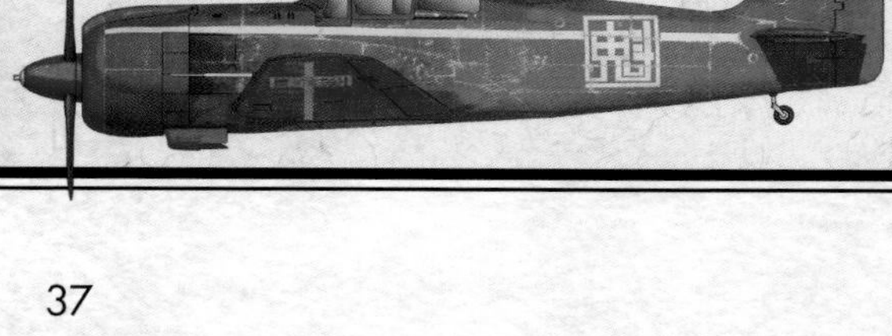

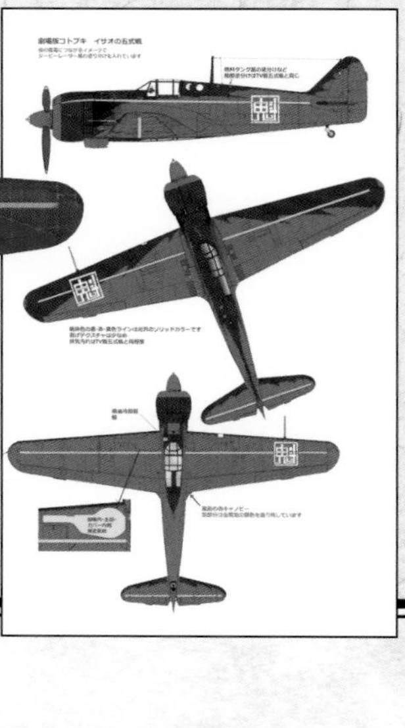

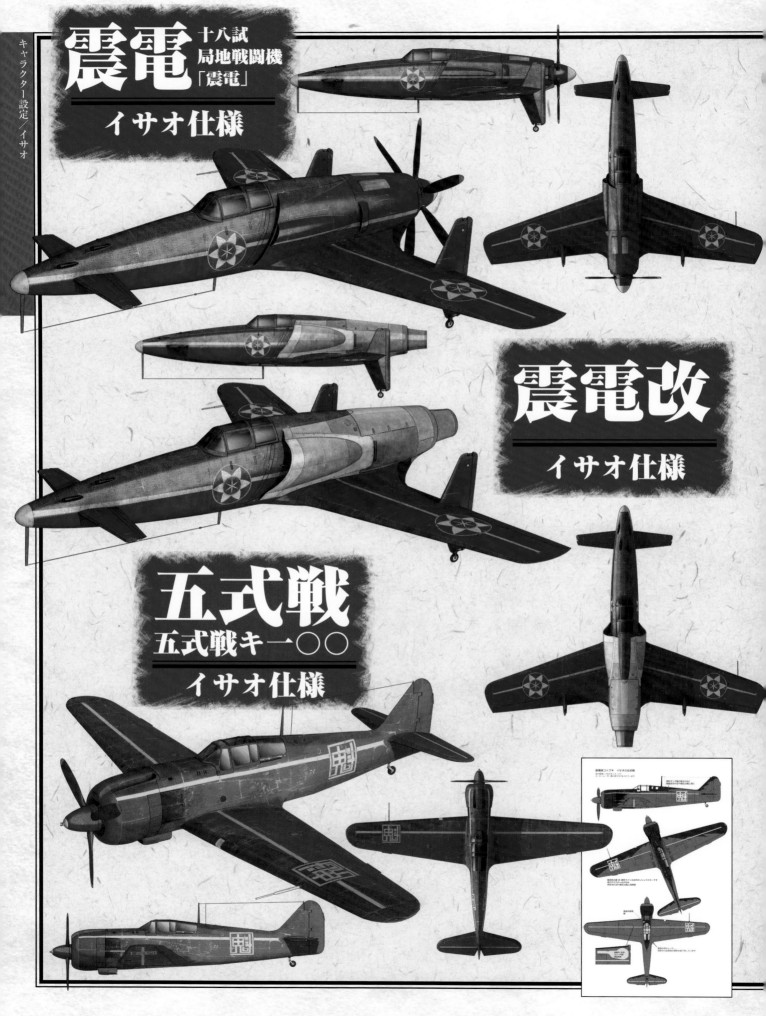

執事

BUTLER OF ISAO

CV：中 博史

イサオが若かりしころからずっと従事している、お目付役

■2D設定画

■原案

■2D設定画／表情集

■原案／表情集

■初期案

キ六四

キ六四試作重戦闘機

執事仕様

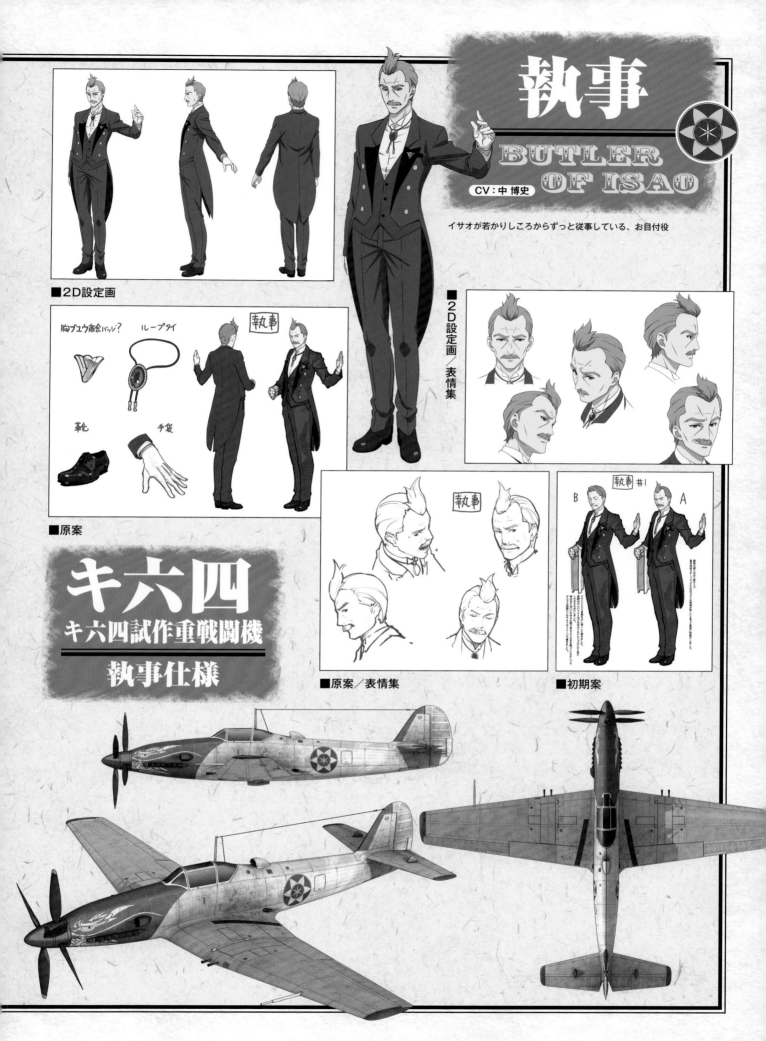

ヒデアキ

HIDEAKI

CV：真殿 光昭

初登場時はエリート興業の人事部長。しかし本当はイサオの裏工作を担当していた人物

■2D設定画

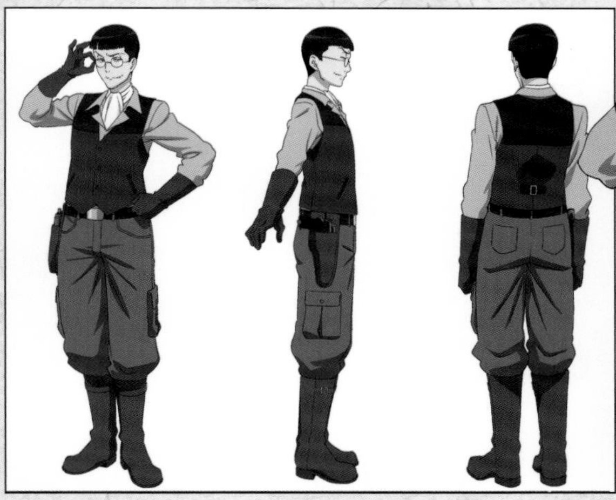

■2D設定画／表情集

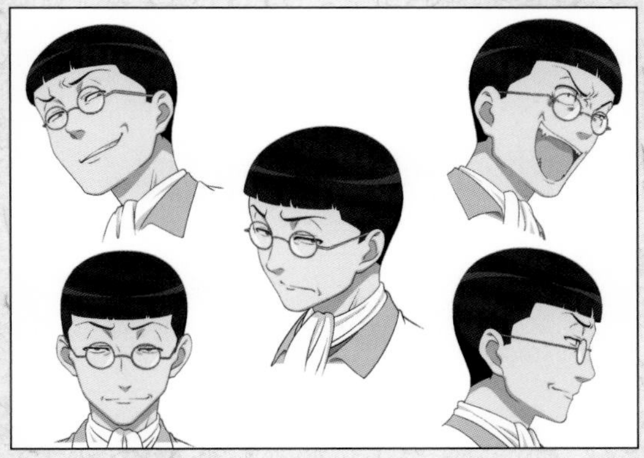

■原案

▲▶初期案

五式戦

五式戦キ一〇〇

イケスカ所属 ヒデアキ仕様

ナサリン飛行隊
NASARIN

■2D設定画／表情集

■2D設定画

フェルナンド内海 FERNANDO UTSUMI

CV：山本 格

ナサリン飛行隊の隊長。アドルフォとは対照的に、寡黙で冷静な性格

■2D設定画／表情集

■2D設定画

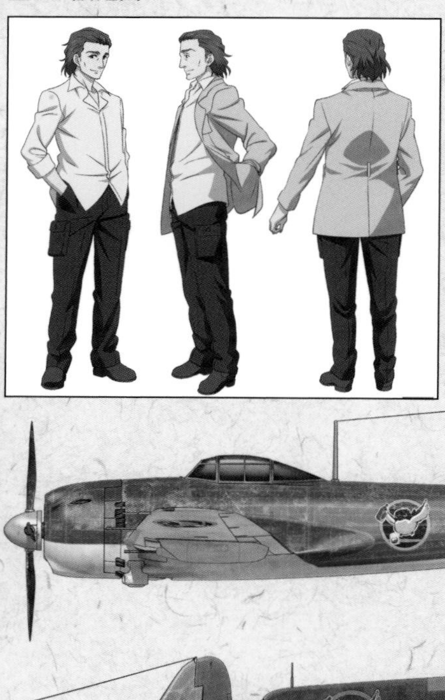

アドルフォ山田 ADOLFO YAMADA

CV：松本 忍

女好きでお調子者のナサリン飛行隊の一員。先制攻撃とめくらましが得意

紫電

局地戦闘機「紫電」一一型

ナサリン飛行隊所属

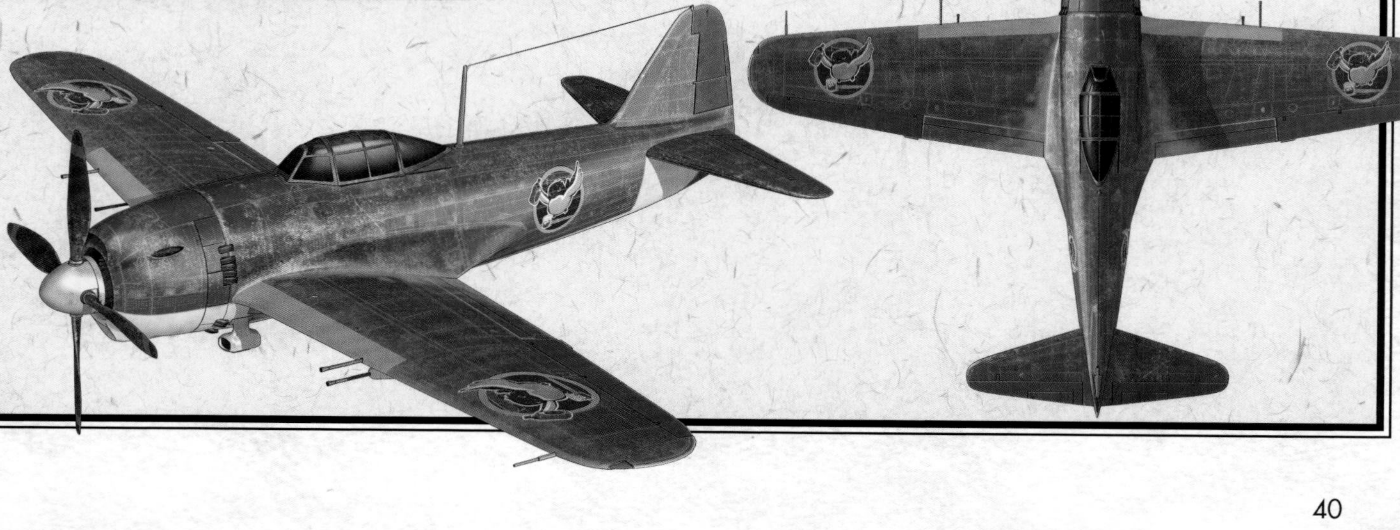

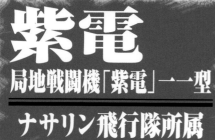

■2D設定画

■2D設定画／表情集

ロドリゲスRODORIGUES
CV：佐々木 義人

■2D設定画

■2D設定画／表情集

■2D設定画

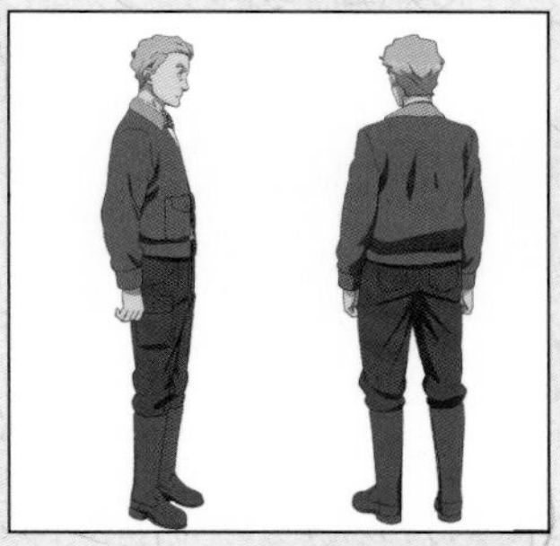

■2D設定画／表情集

イスマエルISMAEL
CV：手塚 ヒロミチ

ナサリン飛行隊当初のメンバー。羽衣丸での任務中、空賊により撃墜されたり脱退したりと散り散りになった。その後ロドリゲスは空の駅で働いておりナサリン飛行隊には戻らなかったが、イサオとの決戦後にはナサリン飛行隊の帰還を見て喜んでいた

ミゲルMIGUEL
CV：長谷川 芳明

■トランプ

第１話冒頭でトランプをしていたナサリン飛行隊。トランプのデザインを担当したのは時浜次郎氏だ

ナンコーのマスター
MASTER　CV：塾 一久

ナサリン飛行隊の故郷、ナンコーでバーや石油販売を営む男性。かつて栄えたナンコーだが、石油産出量が減り、街は寂れてしまっている

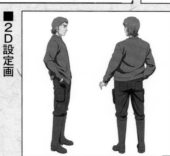

ユーリア

JUULIA

CV：清水 彩香

■2D設定画

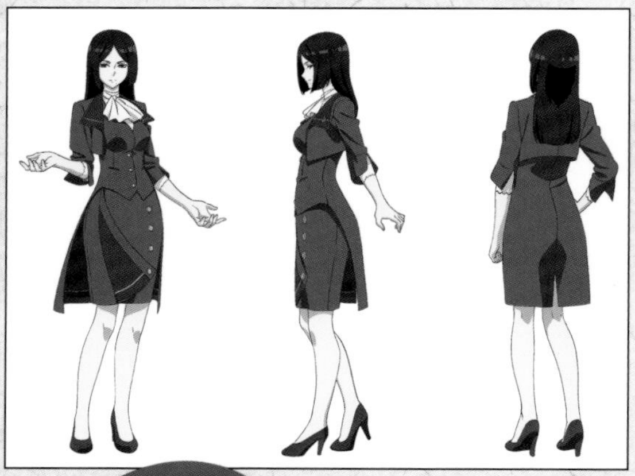

■2D設定画／表情集

■SDイラスト

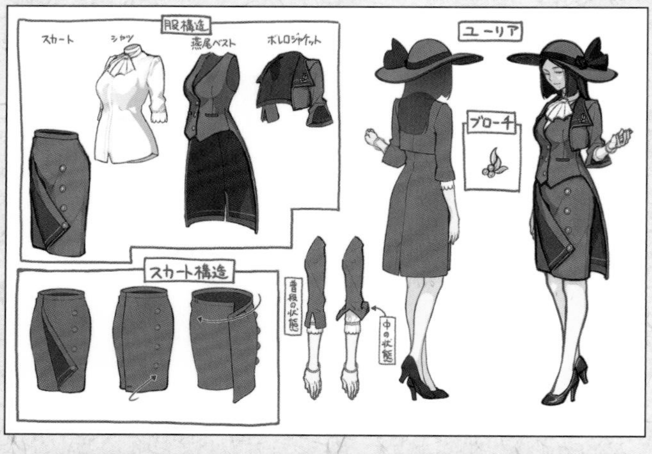

ガドールの評議会議員。マダム・ルゥルゥとは旧知の仲。独自の信念を持ち、相手が誰であっても物怖じしない

■原案／表情集

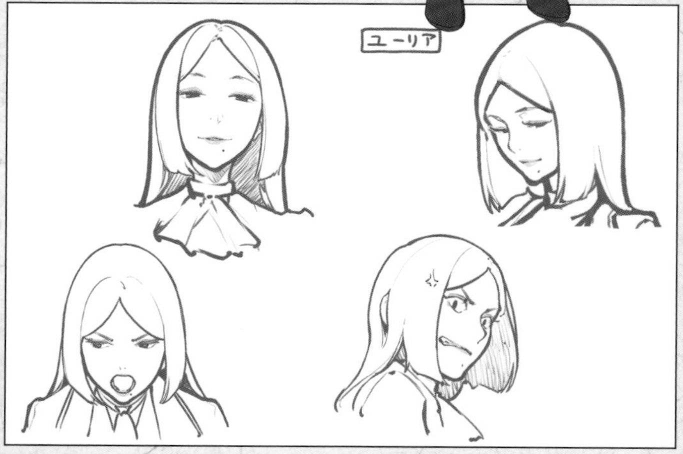

鍾馗

二式単座戦闘機

ガドール評議会所属

一〇〇式輸送機

ガドール評議会所属 ユーリア専用機

ユーリアの護衛

JUULIA'S GUARDS

護衛隊長
CV：木内 太郎

副隊長
CV：木内 太郎

ユーリアの護衛をしているそっくりな二人。護衛、飛行機パイロットであるだけでなく、執事や秘書のような役割も担っているようだ

ナオミ

NAOMI

CV：伊藤 静

自由気ままに仕事を引き受ける腕利きのパイロット。どこの組織にも属さず、一人で依頼を選んでこなしている

■2D設定画

■原案／表情集

■2D設定画／表情集

■原案

零戦三二型
零式艦上戦闘機三二型
ナオミ仕様

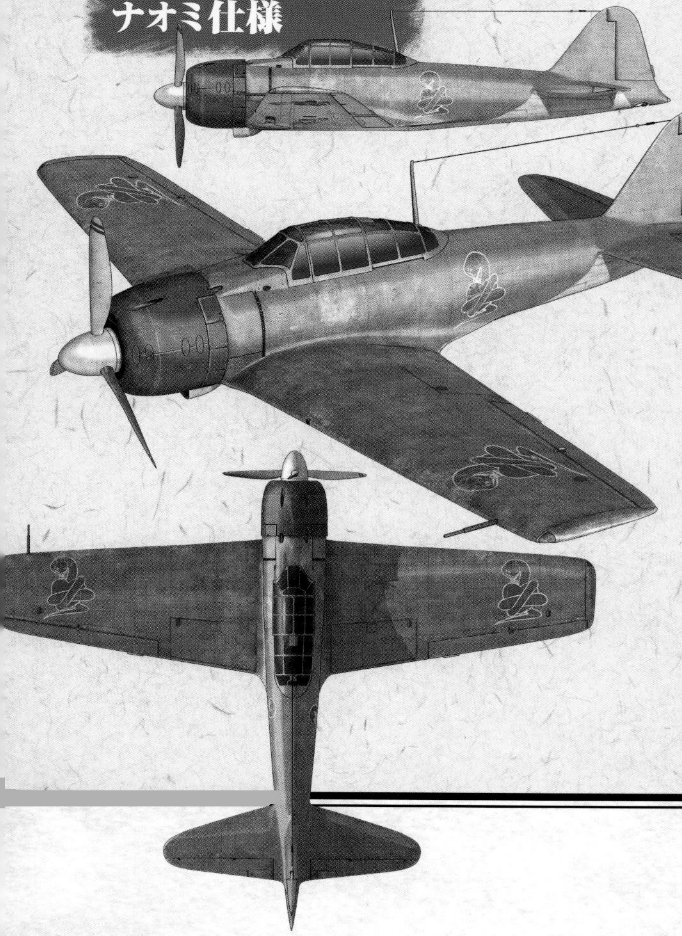

■初期案

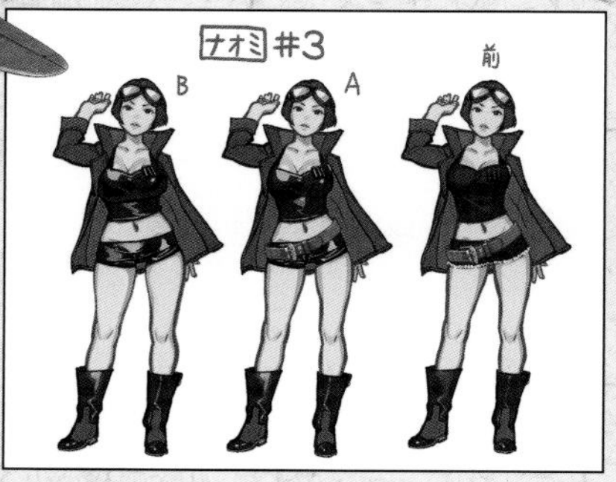

カミラ

CAMILLA

CV：渕上 舞

ショウト自警団の団長。おっとりとしたマイペースな女性

■2D設定画

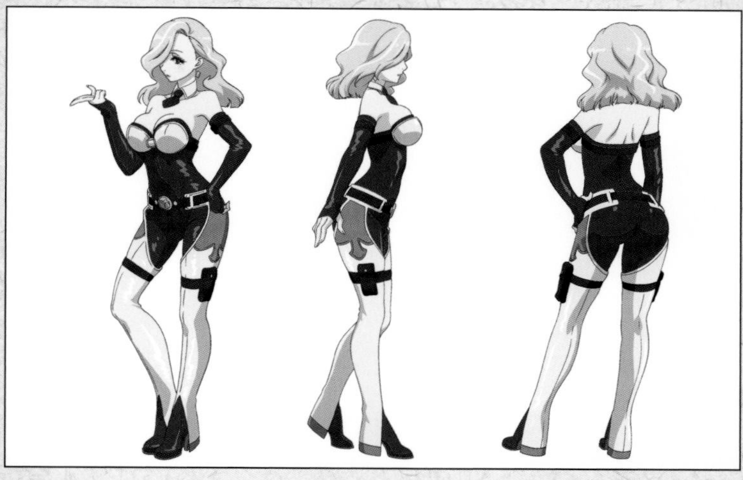

■原案

■2D設定画／表情集

■初期案

飛燕 三式戦闘機

ショウト自警団所属

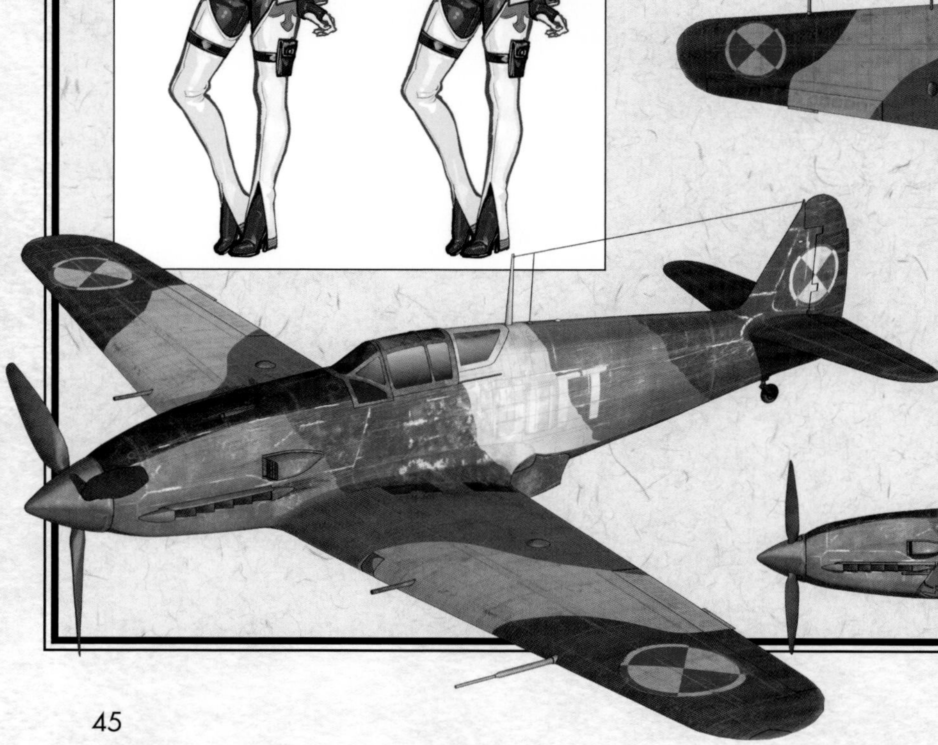

ラハマの人々

PEOPLE OF RAHAMA

物語の重要な地である街、ラハマ。エリート興業に目をつけられた雷電を守るため、コトブキ飛行隊はラハマ自警団に加勢。気弱な町長は重要な決定を一人でできず呆れられることもしばしばだが、独裁を良しとしない善良な為政者でもある。
エンマの言葉でいざという時には決断する勇気を出した。雷電のパイロットは代々受け継がれている

ラハマ町長 Mayor of RAHAMA

CV：桜井 敏治

■2D設定画

雷電

局地戦闘機「雷電」

ラハマ所属

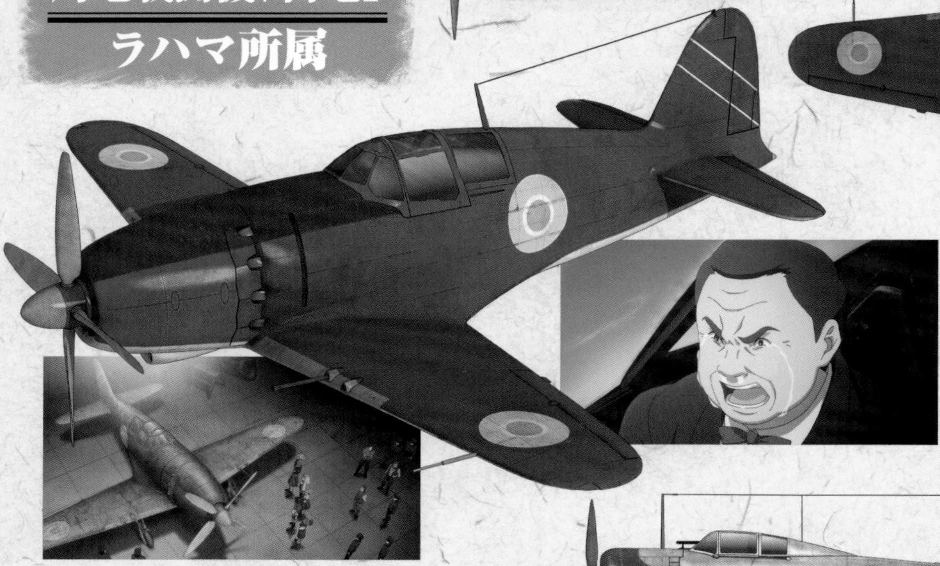

九七式

九七式戦闘機

ラハマ自警団所属

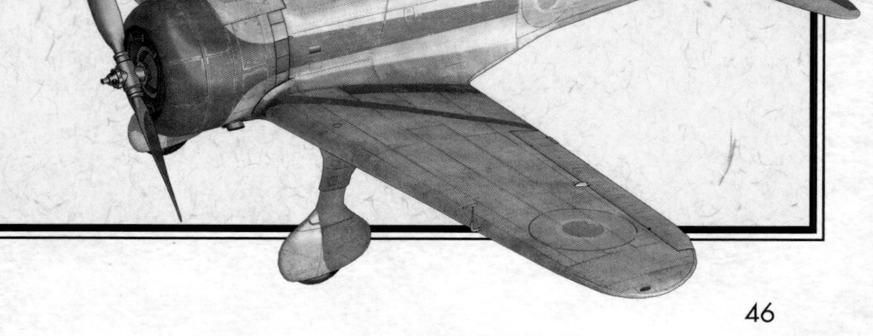

■設定メモ

ラハマの対空機銃

・九四式自動貨車・四式重爆銃搭装備
余裕のある地域では6輪トラックなど
大型車に積載するのが普通，機銃も20ミリ（ホ5）機関砲に換装している。
搭乗用にドアを外してます
銃搭の重みで
サスが負けています
・九五式小型貨物自動車・四式重爆銃搭装備
仮設砲架のせいで積載量超過。
サスは負けて車体は常に後方へ傾斜している。
銃搭には12.7mm(ホ103)機関砲を装備。

■美術設定

ラハマ自警団 トキワギ TOKIWAGI

CV：こぶしのぶゆき

■2D設定画

ラハマ自警団団長 RAHAMA Vigilante Leader

CV：荒井 聡太

■2D設定画

オサナガ OSANAGA

CV：野川 雅史

■2D設定画

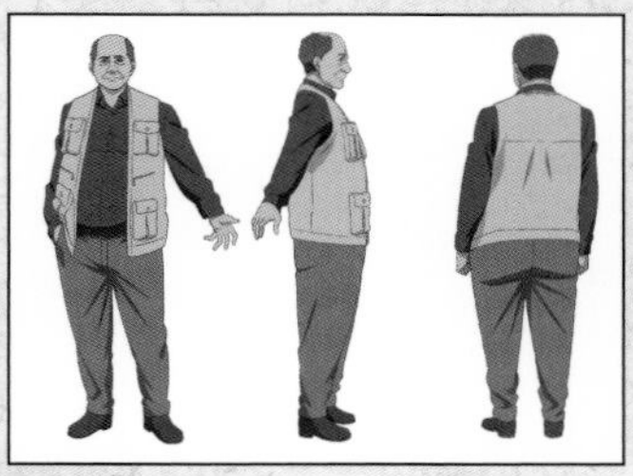

ソウヤ SOUYA

CV：小市 眞琴

ミユリ MIYURI

CV：前田 佳織里

ソウヤとミユリはレオナが育った施設の子供たち。レオナは仕事の合間に子供たちの面倒を見ているようだ。キリエとも仲良くなり、ラハマの街では暇を持て余すキリエを見かけて一緒に遊んでいた

赤とんぼ

九五式一型練習機

ラハマ自警団所属

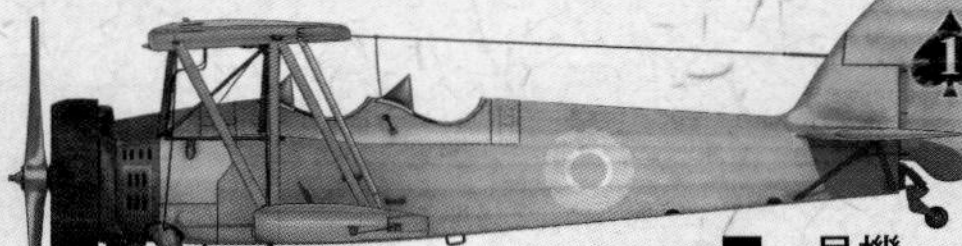

■一号機

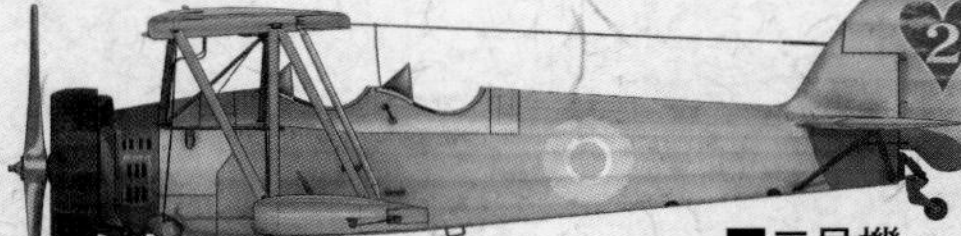

■二号機

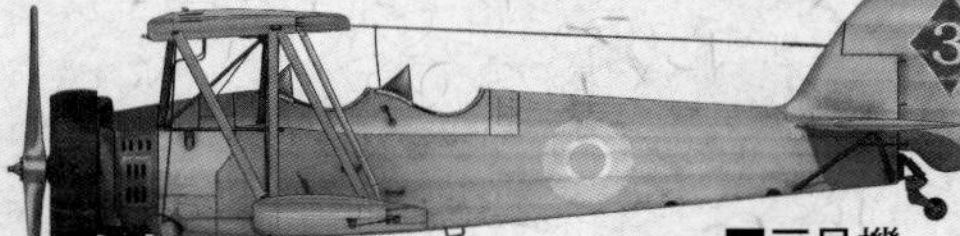

■三号機

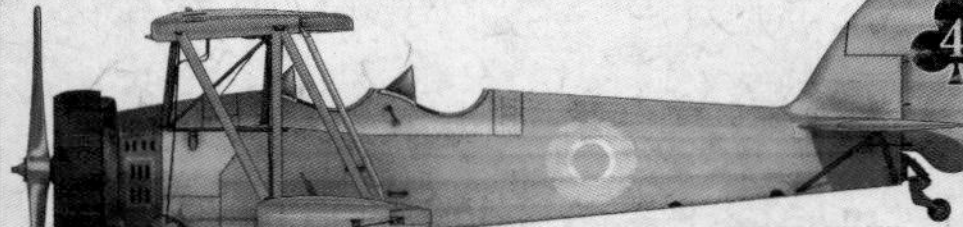

■四号機

※四号機のみ劇中で旋回機銃を使用するため、アンテナ線を排除してある

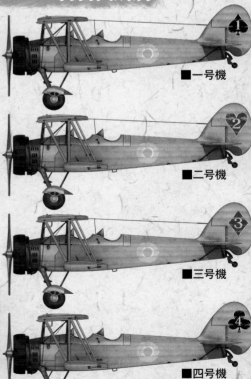

トリヘイ

TORIHEI

CV：土田 大

■2D設定画／表情集

エリート興業の代表取締役親分。社員たちからはボスや社長と呼ばれている。飛行機のスピーカーから大音量で社歌を流し、各地を回って一方的な商売を行っている

■2D設定画

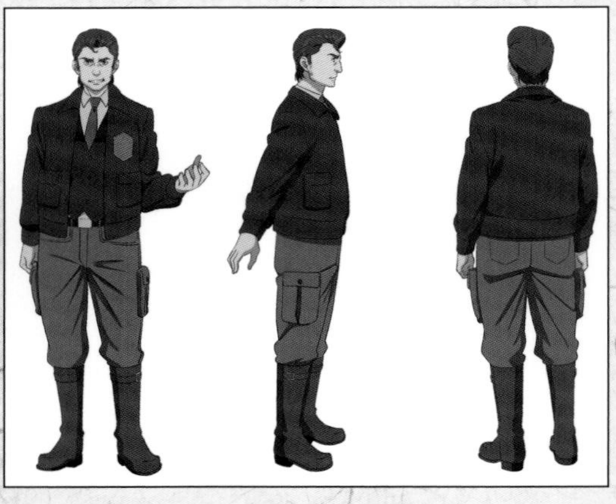

隼三型

一式戦闘機三型

エリート興業所属

隼三型

一式戦闘機三型

エリート興業所属 トリヘイ仕様

彗星

艦上爆撃機「彗星」

エリート興業所属

姐さん

ANESAN

CV：宮下 早紀

トリヘイが心から慕う女性。芸術が好きで、エリート興業の主力商品であるウキヲエを描き続けている

■2D設定画／表情集

■2D設定画

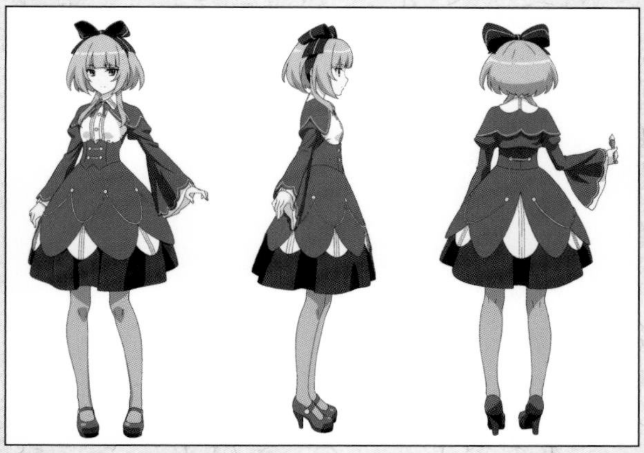

■原案

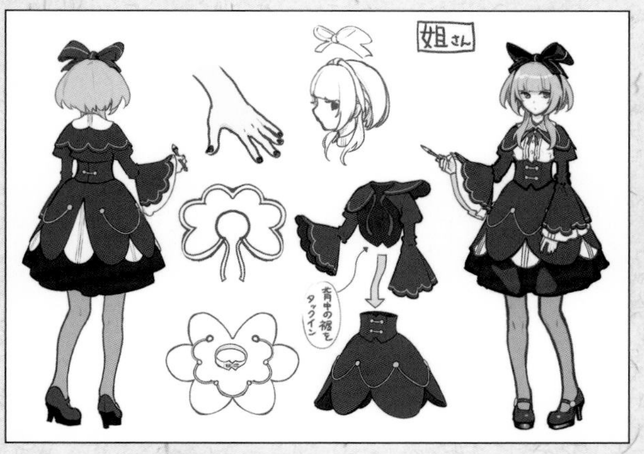

姐さんのウキヲエ

■初期案

■原案／表情集

サブジー

SABUJI

CV：田中 完

ラハマの町から離れた場所、シオヤマで、人を寄せ付けずに暮らしていた偏屈な老人。幼いキリエを初めて戦闘機に乗せた

■2D設定画／表情集

■2D設定画

■パーソナルマーク

▼初期案

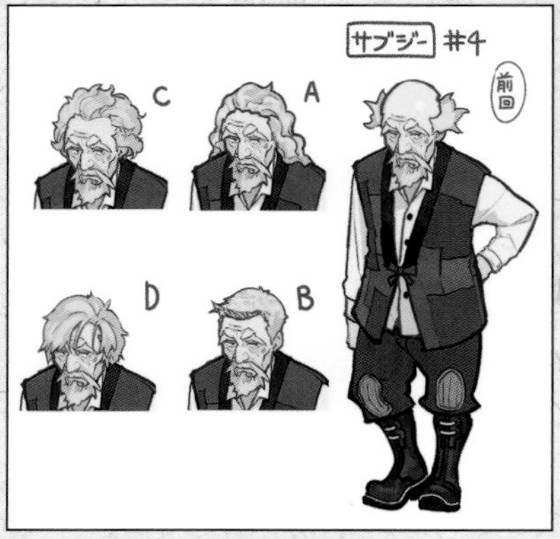

▶原案

零戦三二型

零式艦上戦闘機三二型

サブジー仕様

タミル

TAMIL

CV：関根 明良

エンマの学生時代の友人。現在は都市警備の短期仕事をしながら研究している。お嬢様育ちのわりに服装には無頓着

■2D設定画／表情集

■2D設定画

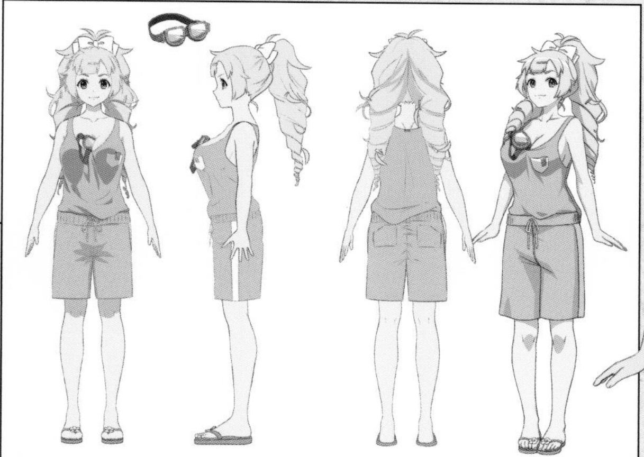

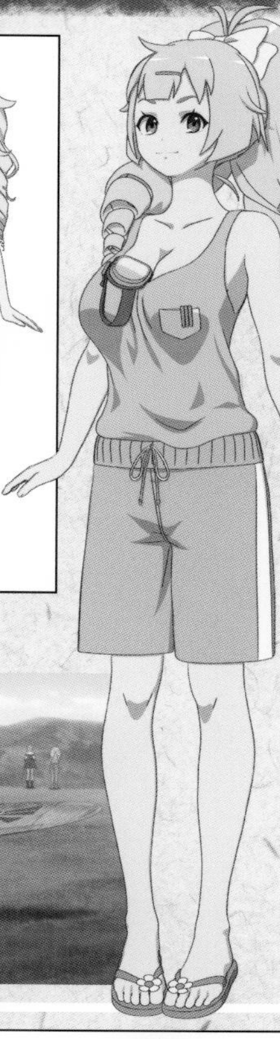

■パーソナルマーク（主翼）

■パーソナルマーク（垂直尾翼）

■タミルの零戦二一型

ジイサマ

CV：西村知道

TVシリーズ第４話で初登場した、空の駅ロータを切り盛りする老人。コトブキ飛行隊が立ち寄った際、空賊にロータの駅を破壊されたと話していた

■2D設定画

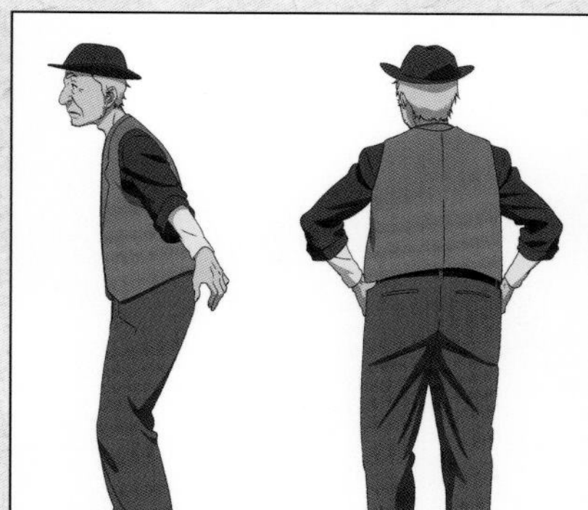

■2D設定画／表情集

赤とんぼ

九五式一型練習機

ジイサマ仕様

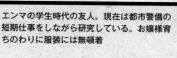

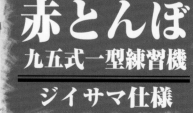

ゴドロウ

GODOROU

CV：斧 アツシ

ポロッカ市長。気性が荒く、頭に血がのぼりやすい性格

■2D設定画／表情集

■2D設定画

■原案

■初期案

零戦五二型

零式艦上戦闘機五二型

ポロッカ所属

▶美術設定／ポロッカ飛行船船橋

▼飛行船デザイン案

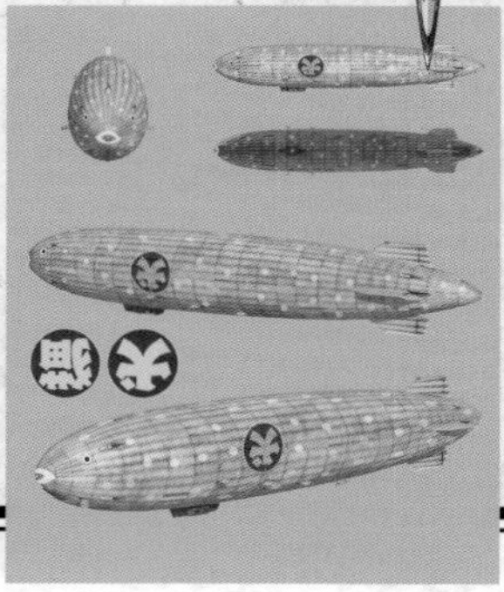

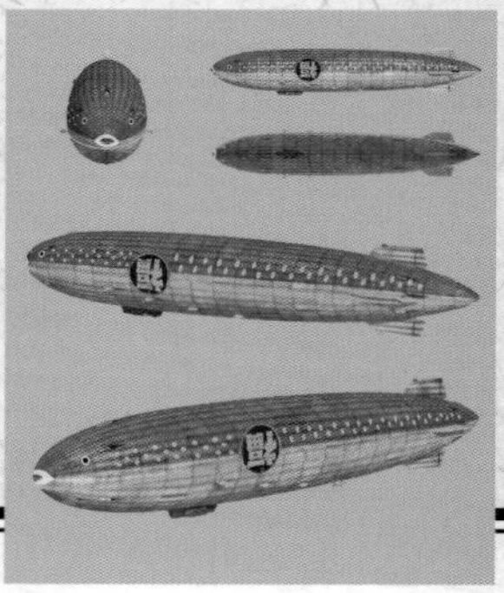

ポロッカの飛行船

ムサコ&ヒガコ

MUSACO&HIGACO

CV：松田利冴　CV：松田颯水

■2D設定画／ジャケットなし

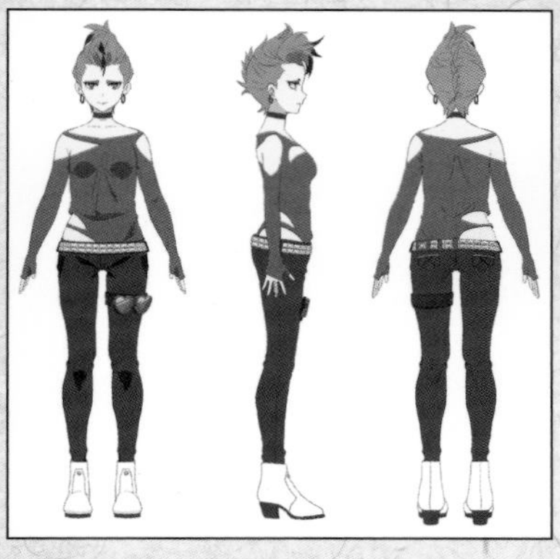

■2D設定画／ムサコ

■2D設定画／ヒガコ表情集

■2D設定画／ムサコ表情集

■2D設定画／ヒガコ

■パーソナルマーク

双子のベテランパイロット。現在は鍾馗で郵便配達の仕事をしている。パンクルックのムサコが姉で、可愛らしい甘ロリファッションのヒガコが妹

鍾馗

二式単座戦闘機

ムサコ・ヒガコ仕様

零戦二一型

零式艦上戦闘機二一型

ウガデン所属

サクラガオカ騎士団所属

空賊ドブロク団所属

飛燕

三式戦闘機

アレシマ市立飛行警備隊所属

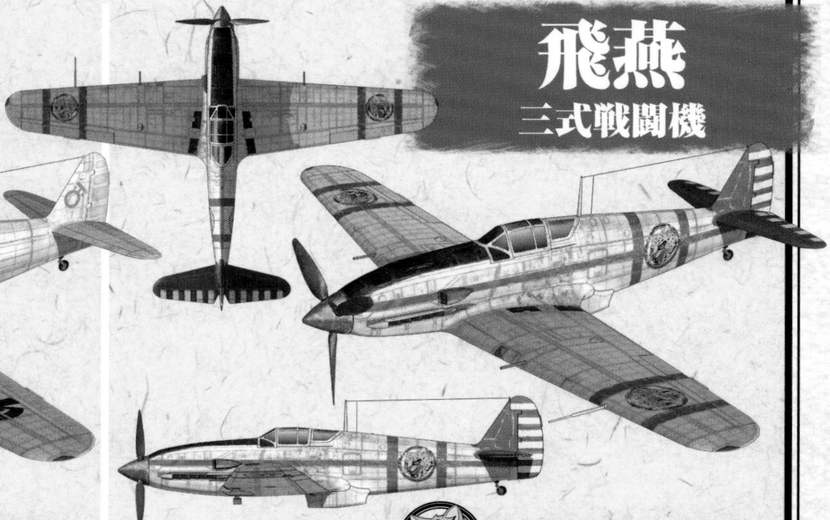

空賊シロクマ団所属

雷電

局地戦闘機「雷電」

ギュウギュウランド所属

九七式戦闘機

ユーハング機仕様

一〇〇式輸送機
スタンドン石油所属

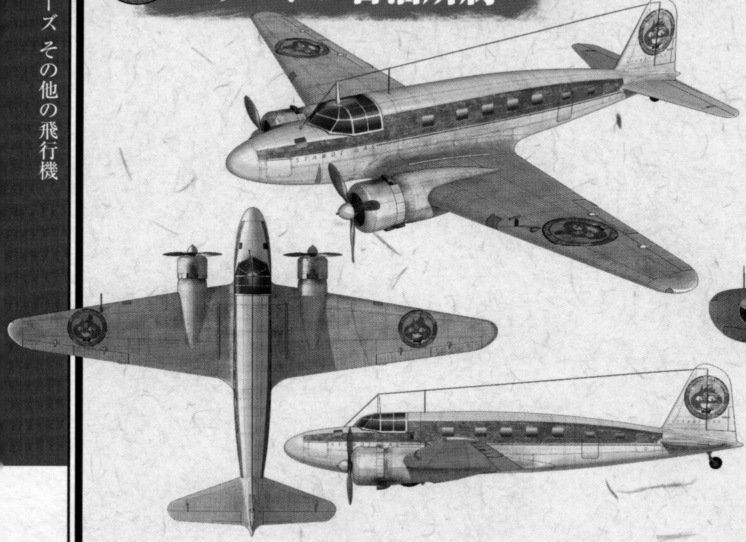

彗星 艦上爆撃機「彗星」
ガドール評議会所属

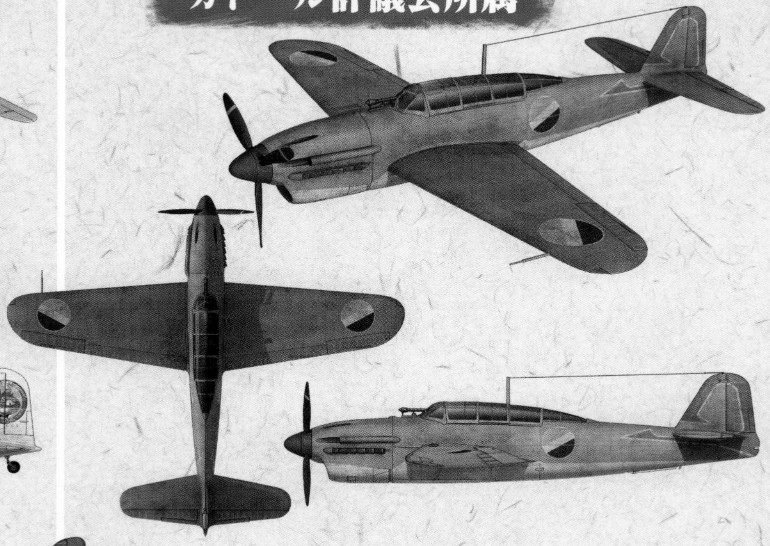

流星 艦上攻撃機「流星」
イサオ仕様

零戦五二型
零式艦上戦闘機五二型

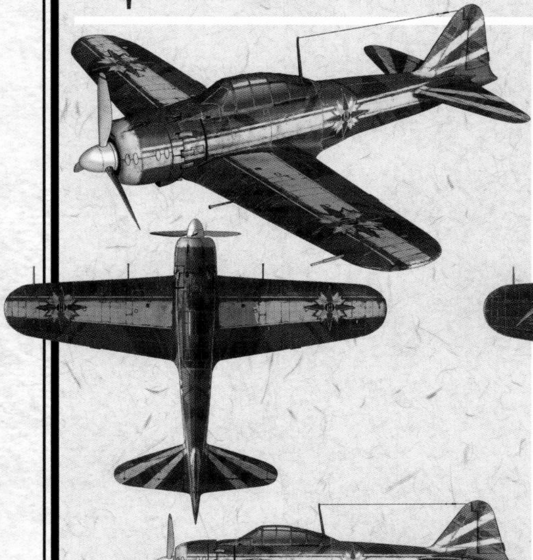

リノウチ空戦敵機仕様

空賊第三百一親衛隊所属

ガドール評議会所属

飛龍
四式重爆撃機

自由博愛連合所属

空賊第三百一親衛隊所属

疾風
四式戦闘機

イケスカ所属

所属不明機（黒）

自由博愛連合所属

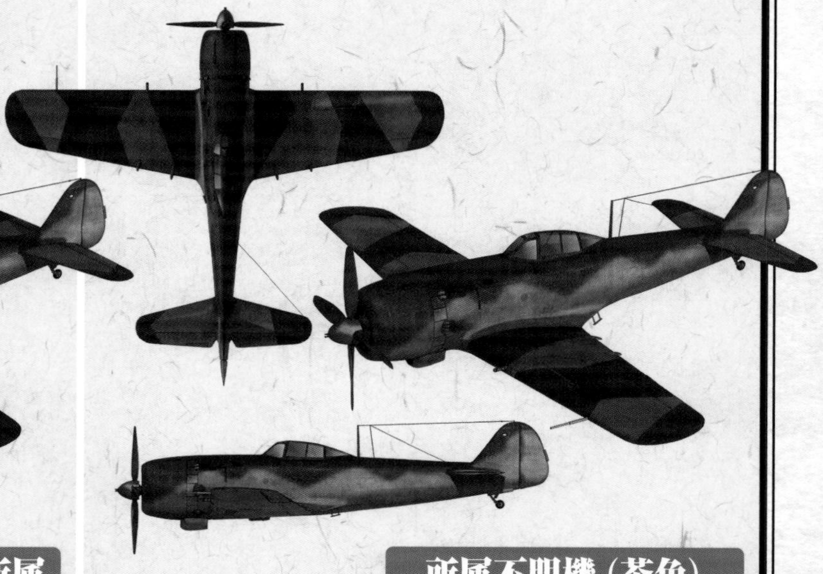

所属不明機（茶色）

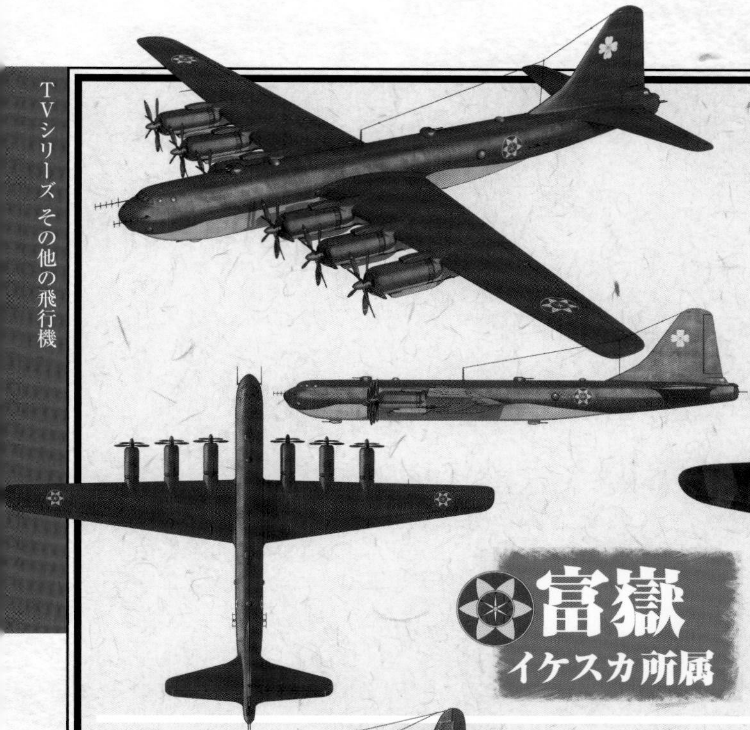

富嶽
イケスカ所属

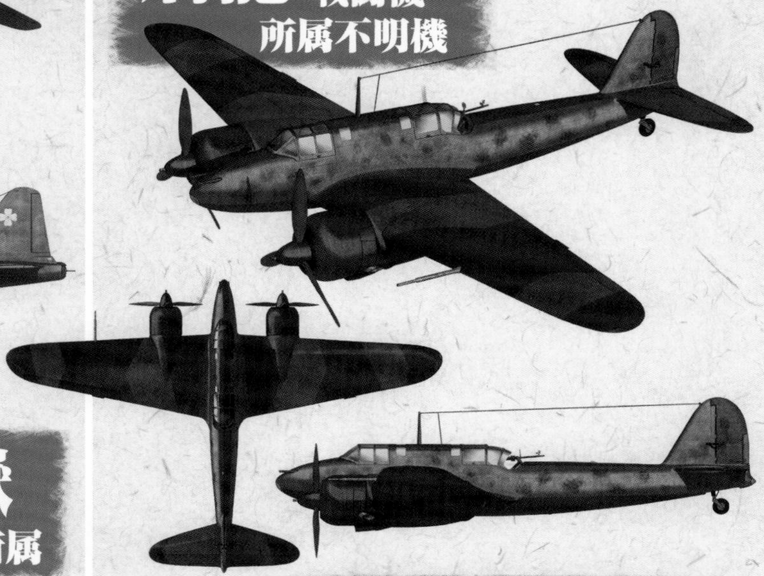

屠龍 二式複座戦闘機
所属不明機

紫電改
局地戦闘機「紫電」二一型

イケスカ所属

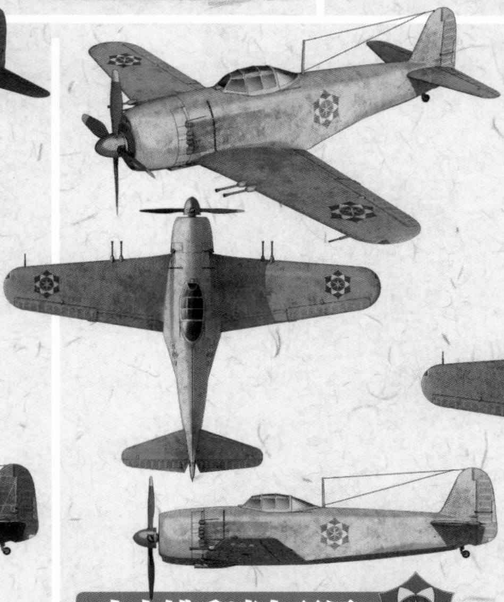

自由博愛連合所属

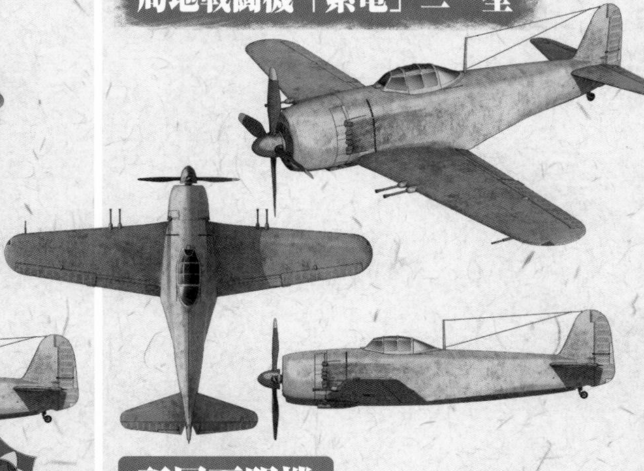

所属不明機

迷子の戦闘機

五式戦
五式戦キ一〇〇

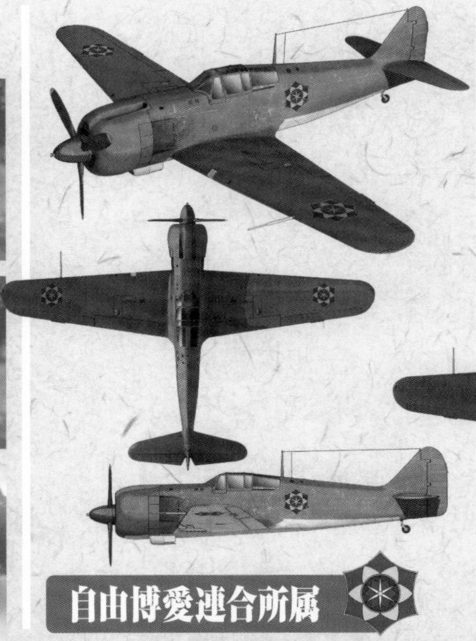

自由博愛連合所属

所属不明機

■フィギュアーツZERO　キリエ
ノンスケール　全高約170㎜
2019年5月発売
PVC、ABS製
税込6050円
発売元／株式会社BANDAI SPIRITS

Figuarts Zero EMMA

■フィギュアーツZERO　エンマ
ノンスケール　全高約175㎜
2019年5月発売
PVC、ABS製
税込6050円
発売元／株式会社BANDAI SPIRITS

フィギュアーツ ZERO

▶フィギュアーツZERO ザラ
参考製品
株式会社BANDAI SPIRITS

▶フィギュアーツZERO レオナ
参考製品
株式会社BANDAI SPIRITS

◀フィギュアーツZERO チカ
参考製品
株式会社BANDAI SPIRITS

▶フィギュアーツ
ZERO ケイト
参考製品
株式会社BANDAI SPIRITS

コトブキギャルズ

■コトブキギャルズ
荒野のコトブキ飛行隊 キリエ
ノンスケール　全高約210㎜
2019年9月発売
PVC、ABS製
税込1万4904円
発売元／株式会社 メガハウス

S.H.Figuarts

■S.H.Figuarts キリエ
ノンスケール
全高約135㎜
2019年7月27日発売
税込6380円
発売元／
株式会社
BANDAI SPIRITS

※対象年齢15歳以上　※画像はイメージです
※価格は消費税を含んだメーカー希望小売価格表示です

Figuarts-mini

1 Figuarts mini キリエ
ノンスケール　全高約90㎜
2019年1月26日発売
2 Figuarts mini エンマ
ノンスケール　全高約90㎜
2019年2月16日発売
3 Figuarts mini ケイト
ノンスケール　全高約90㎜
2019年1月26日発売
4 Figuarts mini レオナ
ノンスケール　全高約100㎜
2019年3月9日発売
5 Figuarts mini ザラ
ノンスケール　全高約90㎜
2019年3月9日発売
6 Figuarts mini チカ
ノンスケール　全高約90㎜
2019年2月16日

PVC、ABS製
税込各3520円
発売元／
株式会社BANDAI SPIRITS

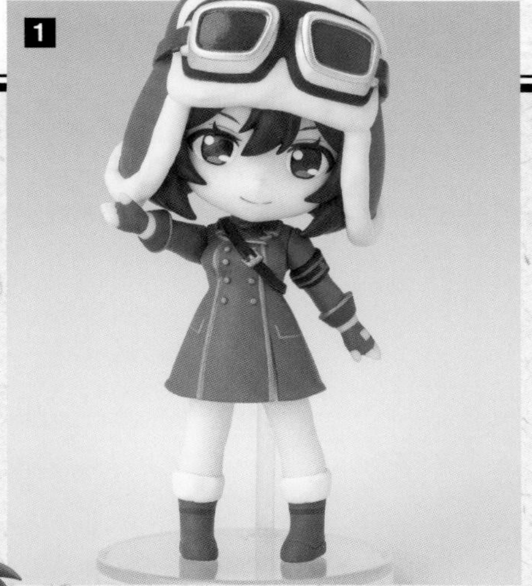
1

2

6

5

4

3

一番くじ 荒野のコトブキ飛行隊

2019年11月9日発売
メーカー希望小売価格 1回税込900円
発売元／株式会社BANDAI SPIRITS

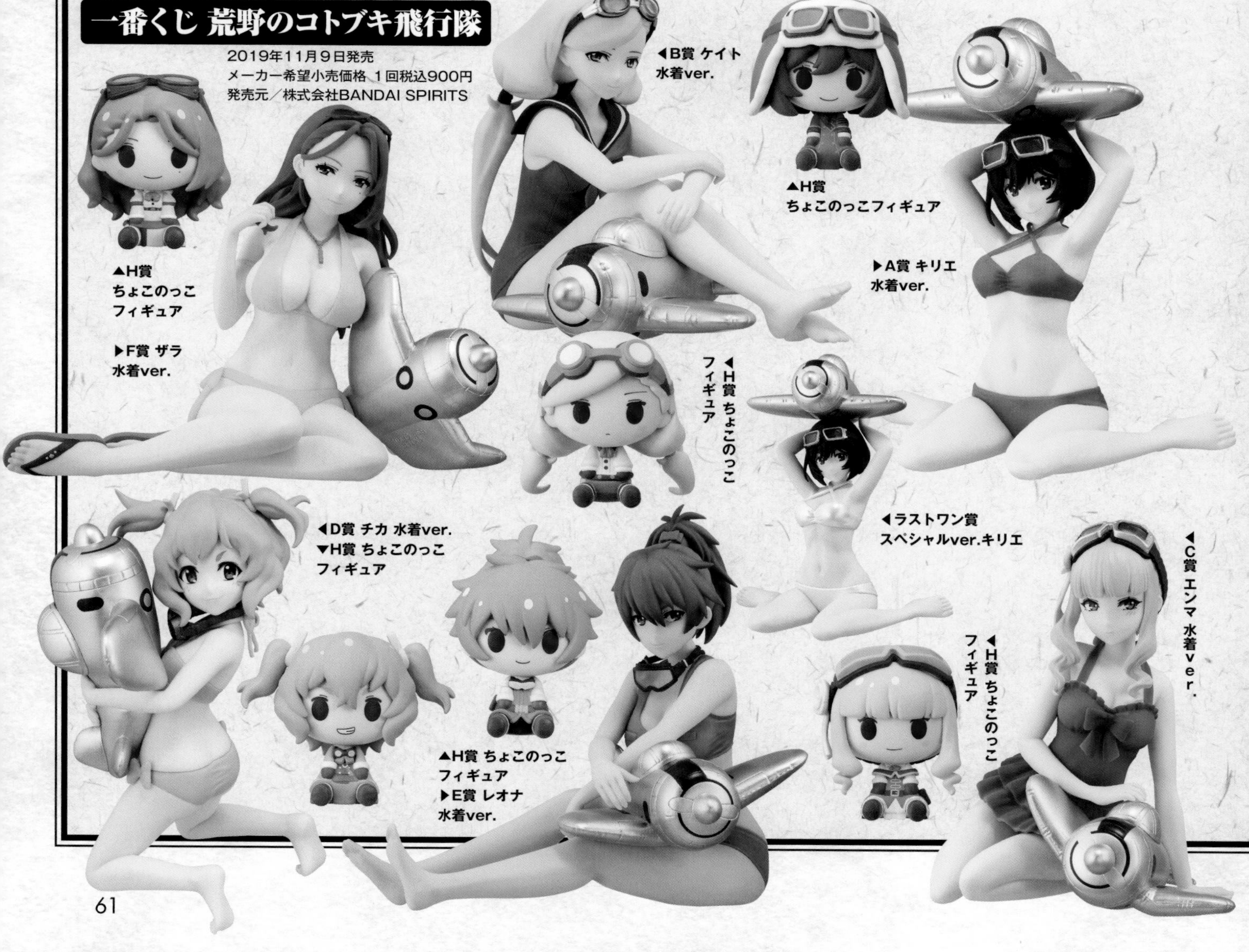

◀B賞 ケイト
水着ver.

▲H賞
ちょこのっこフィギュア

▲H賞
ちょこのっこ
フィギュア

▶A賞 キリエ
水着ver.

▶F賞 ザラ
水着ver.

◀H賞 ちょこのっこ
フィギュア

◀ラストワン賞
スペシャルver.キリエ

◀D賞 チカ 水着ver.
▼H賞 ちょこのっこ
フィギュア

◀C賞 エンマ 水着ver.

◀H賞 ちょこのっこ
フィギュア

▲H賞 ちょこのっこ
フィギュア
▶E賞 レオナ
水着ver.

荒野のコトブキ飛行隊

プラモデルガイド

TVシリーズ プラッツ／プレックス編

『荒野のコトブキ飛行隊』では多数のプラモデルが製品化された。ここではTVシリーズのものをずらっとご紹介しよう（『完全版』『大空のテイクオフガールズ！』キットはP171にて）。

■KHK144-H1
隼一型 キリエ機&エンマ機 仕様
（1/144　税込3300円）

■KHK144-H2
隼一型 ケイト機&チカ機 仕様
（1/144　税込3300円）

■KHK144-H3
隼一型 レオナ機&ザラ機 仕様
（1/144　税込3300円）

●『荒野のコトブキ飛行隊』に合わせて新金型で展開されたキット。スジ彫りは非常にシャープ、脚は展開／収納それぞれ専用のパーツが用意された選択式。TVシリーズ第12話で使用された増槽も付属する。各機の特徴的な迷彩もそれぞれ詳細にデカール化

1/144

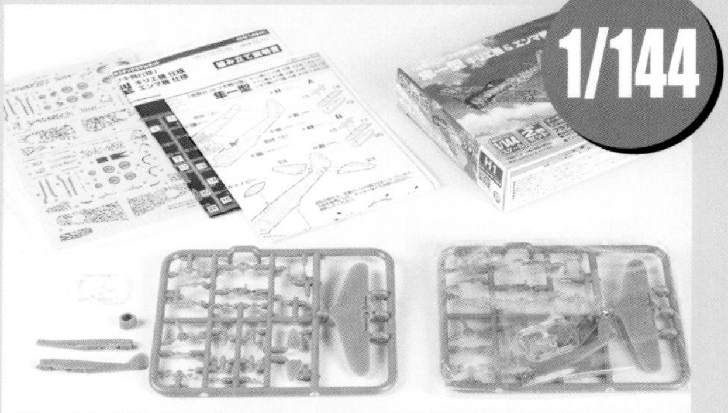

1/72

■KHK72-2 飛燕　空賊シロクマ団所属機 仕様
（1/72　税込2750円）

1/72

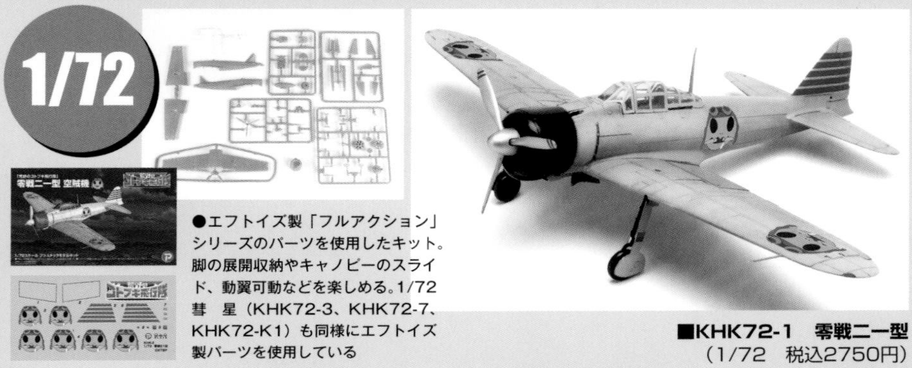

●エフトイズ製「フルアクション」シリーズのパーツを使用したキット。脚の展開収納やキャノピーのスライド、動翼可動などを楽しめる。1/72彗星（KHK72-3、KHK72-7、KHK72-K1）も同様にエフトイズ製パーツを使用している

■KHK72-1　零戦二一型
（1/72　税込2750円）

1/72

●フジミ製パーツを使用したコラボキット。パーツ数は少ないが爆弾倉ほかコクピットは後方旋回機銃なども再現している。流星のほか、富嶽（KHK144-8）もフジミ製のパーツを使用したキットとなっている

■KHK72-4 流星　イサオ 仕様
（1/72　税込2750円）

■KHK72-3　彗星
エリート興業所属機 仕様
（1/72　税込2750円）

1/72

1/72

■KHK72-7 彗星　ガドール評議会所属機 仕様
（1/72　税込2750円）

■KHK72-6　零戦二一型
ウガデン所属機 仕様／
サクラガオカ騎士団所属機 仕様
（1/72　税込2750円）

1/72

1/72

■KHK72-5　飛燕　アレシマ市立飛行警備隊所属機 仕様（1/72　税込2750円）

発売元：株式会社 プレックス 製造元：有限会社 プラッツ
この商品は株式会社プレックスの商品を有限会社プラッツが販売するものです

■KHK144-3　鍾馗
ガドール評議会所属機 仕様
（1/144　税込2420円）

■KHK144-2　飛燕
空賊シロクマ団所属機 仕様
（1/144　税込2420円）

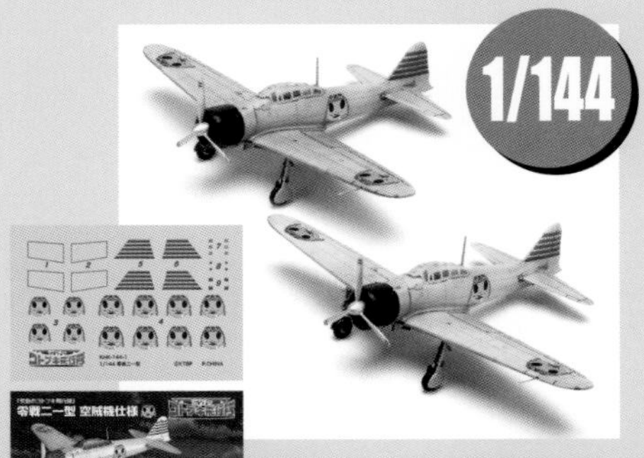

■KHK144-1　零戦二一型
（1/144　税込2420円）

■KHK144-6　紫電改
自由博愛連合所属機 仕様
（1/144　税込2420円）

■KHK144-5　飛燕
アレシマ市立飛行警備隊所属機 仕様
（1/144　税込2420円）

■KHK144-4　雷電
ラハマ所属機 仕様
（1/144　税込2420円）

■KHK144-9　零戦五二型
空賊第三百一親衛隊所属機 仕様
（1/144　税込2420円）

■KHK144-8　富嶽　イケスカ所属機 仕様
（1/144　税込4400円）

■KHK144-7　鍾馗
ムサコ・ヒガコ 仕様
（1/144　税込2420円）

■KHK144-12　雷電
ギュウギュウランド所属機 仕様
（1/144　税込2420円）

■KHK144-11　零戦五二型
ウガデン所属機 仕様／
サクラガオカ騎士団所属機 仕様
（1/144　税込2420円）

■KHK144-10　飛龍　空賊第三百一親衛隊
所属機 仕様（1/144　税込3190円）

■KHK144-15　飛龍
自由博愛連合所属機 仕様
（1/144　税込3190円）

■KHK144-14　零戦五二型
ポロッカ所属機 仕様／
ガドール評議会所属機 仕様
（1/144　税込2420円）

■KHK144-6　紫電改
イケスカ所属機 仕様
（1/144　税込2420円）

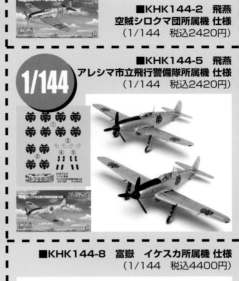

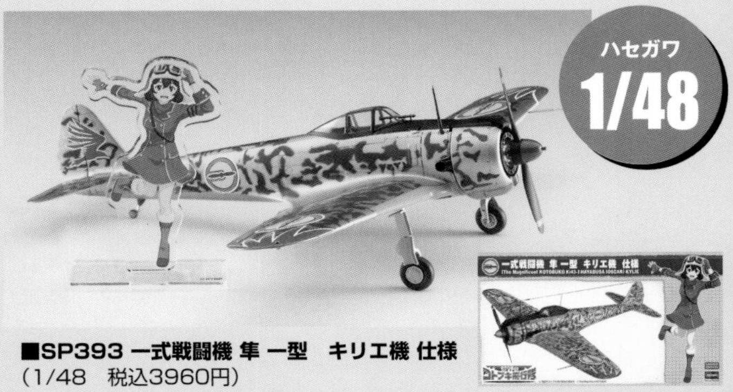

■SP393 一式戦闘機 隼 一型　キリエ機 仕様
（1/48　税込3960円）

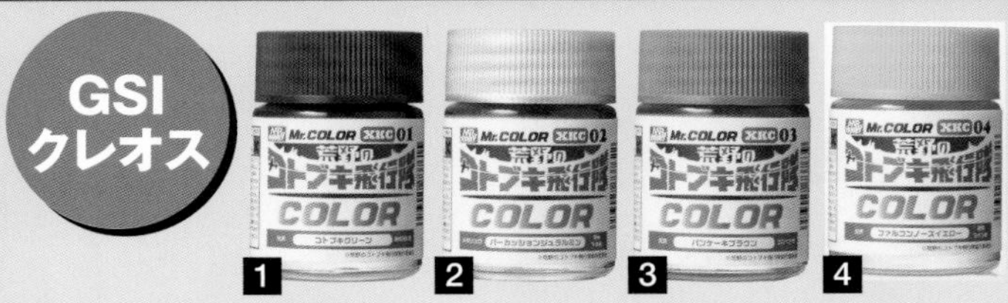

1 XKC01 コトブキグリーン
3 XKC03 パンケーキブラウン
4 XKC04 ファルコンノーズイエロー
（18mℓ入り 税込各330円）
2 XKC02 パーカッションジュラルミン
（18mℓ入り 税込660円）

●それぞれ迷彩色用のグリーン、機体下地色用のシルバー、プロペラ用のブラウン、主翼ライン用のイエロー。この塗料が発売された'19年3月以降のプレックス製キットには、これらの塗料が指定色となっているものがある

■SP400 局地戦闘機 紫電
"ナサリン飛行隊" 所属機仕様
（1/48　税込3960円）

■SP398 一式戦闘機 隼 一型 エンマ機 仕様
（1/48　税込3960円）

■SP407 零式艦上戦闘機 三二型 ナオミ機 仕様
（1/48　税込3960円）

■SP404 一式戦闘機 隼 一型 チカ機 仕様
（1/48　税込3960円）

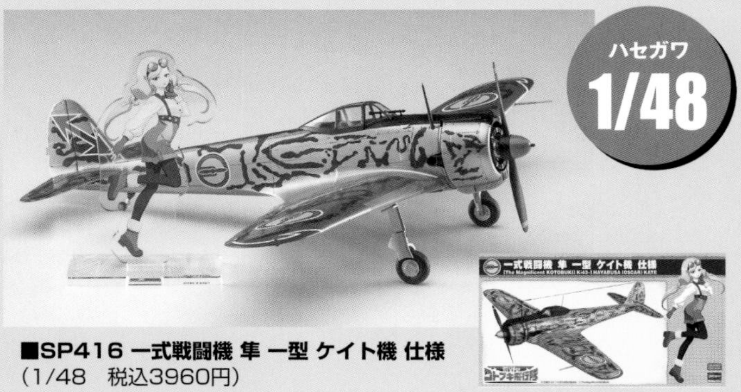

■SP416 一式戦闘機 隼 一型 ケイト機 仕様
（1/48　税込3960円）

■SP410 一式戦闘機 隼 一型 ザラ機 仕様
（1/48　税込3960円）

■SP428 十八試局地戦闘機 震電 イサオ機 仕様
（1/48　税込3960円）

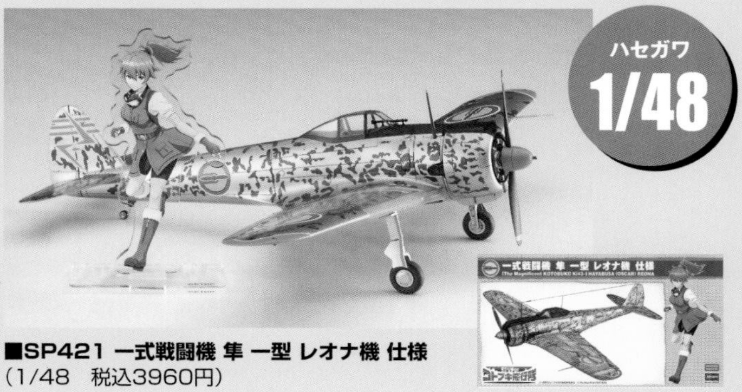

■SP421 一式戦闘機 隼 一型 レオナ機 仕様
（1/48　税込3960円）

モデルカステン 1/72

1

2
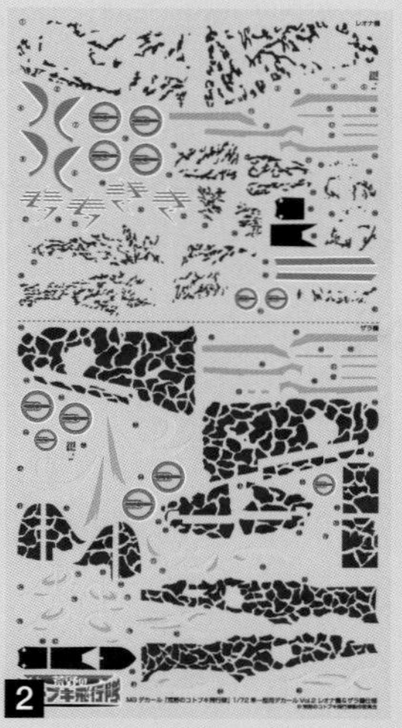

3
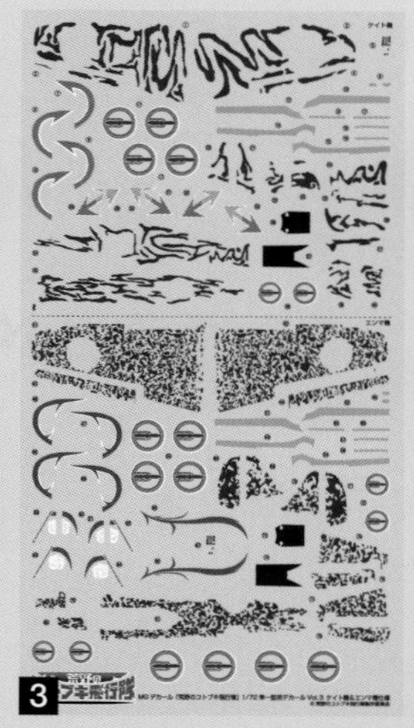

❶KD-01 MGデカール『荒野のコトブキ飛行隊』
1/72 隼一型用デカール Vol.1
キリエ機&チカ機仕様
（1/72　税込2200円）
❷KD-02 MGデカール『荒野のコトブキ飛行隊』
1/72 隼一型用デカール Vol.2
レオナ機&ザラ機仕様
（1/72　税込2200円）
❸KD-03 MGデカール『荒野のコトブキ飛行隊』
1/72 隼一型用デカール Vol.3
ケイト機&エンマ機仕様
（1/72　税込2200円）

●迷彩やマーキングをまるっとデカール化。濃緑色迷彩はフチにぼかし処理が入れてあり、貼るだけで自然な迷彩が再現可能だ。また動翼にかかるマーキング類は一体化版、分割版を用意

エフトイズ 1/100

■FT60396
荒野のコトブキ飛行隊
ミニアクション
隼一型
（1/100　全6種
税込880円）

●全幅約115㎜のミニサイズながら、脚の展開収納、キャノピーのスライド、エンジン再現などを盛り込んだ塗装済み食玩キット。コトブキ飛行隊の6機がラインナップされている。ガム1粒つき

関連製品ガイド

プラモデル以外にも多数の製品が展開された『荒野のコトブキ飛行隊』。ここではCD、BD、書籍をご紹介する。グッズとしてはこのほかにアパレルにステッカー、アクリルフィギュア、お酒など多数の製品が展開された。

BD

❶荒野のコトブキ飛行隊
Blu-ray BOX 上巻
税込1万9800円
❷荒野のコトブキ飛行隊
Blu-ray BOX 下巻
税込1万9800円
❸立飛のコトブキ航空祭
Blu-ray
税込7700円
❹荒野のコトブキ飛行隊
完全版 Blu-ray
特装限定版税込9680円
通常版税込5280円

3

1

4

※特装限定版

2

BOOK

❶荒野のコトブキ飛行隊
田岡宗晃／原案・ストーリー
杉江翼／漫画　集英社／刊
税込484円
❷荒野のコトブキ飛行隊
荒野千一夜
安藤敬而／著　集英社／刊
税込1320円

CD

■『荒野のコトブキ飛行隊
大空のテイクオフガールズ！』
チームソングミニアルバム
税込2750円

■キャラクターソング
ミニアルバム
「コトブキ飛行隊、一曲入魂!」
税込2530円

■『荒野のコトブキ飛行隊』
オリジナルサウンドトラック
アーティスト／浜口史郎
税込3520円

■エンディング主題歌
「翼を持つ者たち」
アーティスト／コトブキ飛行隊
税込1320円

■オープニング主題歌
「ソラノネ」
アーティスト／ZAQ
税込1320円

[TVアニメ]

『荒野のコトブキ飛行隊』・ミーツ・

[模型メーカー]

ファインモールド

×

[模型情報誌]

月刊モデルグラフィックス

三者のタッグで生まれた「新次元の飛行機キットで楽しむ隼一型 キリエ機」

隼一型が主人公の機体として登場するTVアニメ『荒野のコトブキ飛行隊』、そしてファインモールドと本誌がタッグを組んで開発したマガジンキット 1/72隼一型。両者の合流で、新次元の飛行機アニメを新次元のキットで楽しむことができるようになった。TVアニメを楽しみつつ、まずはこちらの作例で隼の直線美、精密なディテールなどを楽しんでいただきたい。

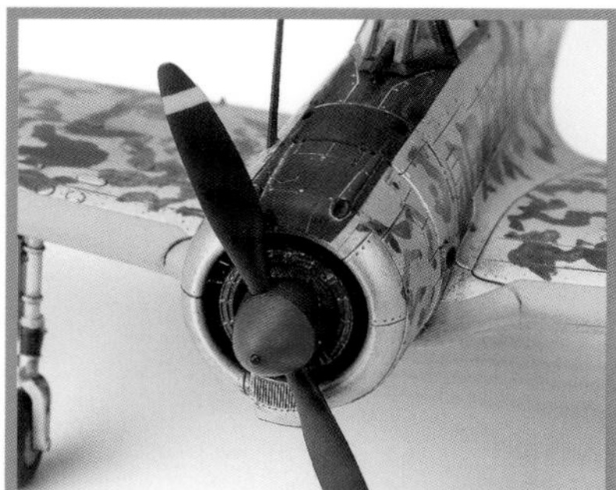

●本作例はいわゆる「メーカー完成見本」も兼ねるもの。キットをストレートに仕上げるとどうなるかを見せるため、汚しは加えずキレイめに仕上げている
●基本塗装には塗膜の強いラッカー系塗料（GSIクレオス Mr.カラー）を使用。ただし、緑色の迷彩のみタミヤ製アクリル系塗料濃緑色の筆塗りで仕上げている。TVアニメ劇中に登場する機体は迷彩表面が剥げたりしてかなり傷んでいるような表現がなされているので、ムラが生じてもあまり気にしなくてよいだろう
●基本的にはキットをそのまま組み立てているが、ピトー管はシャープ化＆破損防止のためにファインモールド製「1/72 日本陸軍機用 ピトー管セット」に置き換えた。またキャノピーは本来開閉選択式のところ、貼って剥がせる粘着剤「セメダインBBX」を利用して完成後も開閉可能なよう加工している

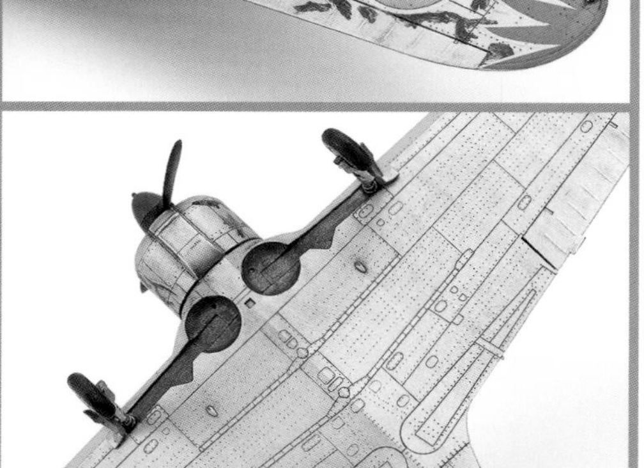

Hayabusa-Ⅰ KYLIE
Finemolds/ModelGraphix 1/72
Injection-plastic kit
Modeled and described by YATAGARASU

Model Graphix
'19年3月号
掲載

SIDE VIEW

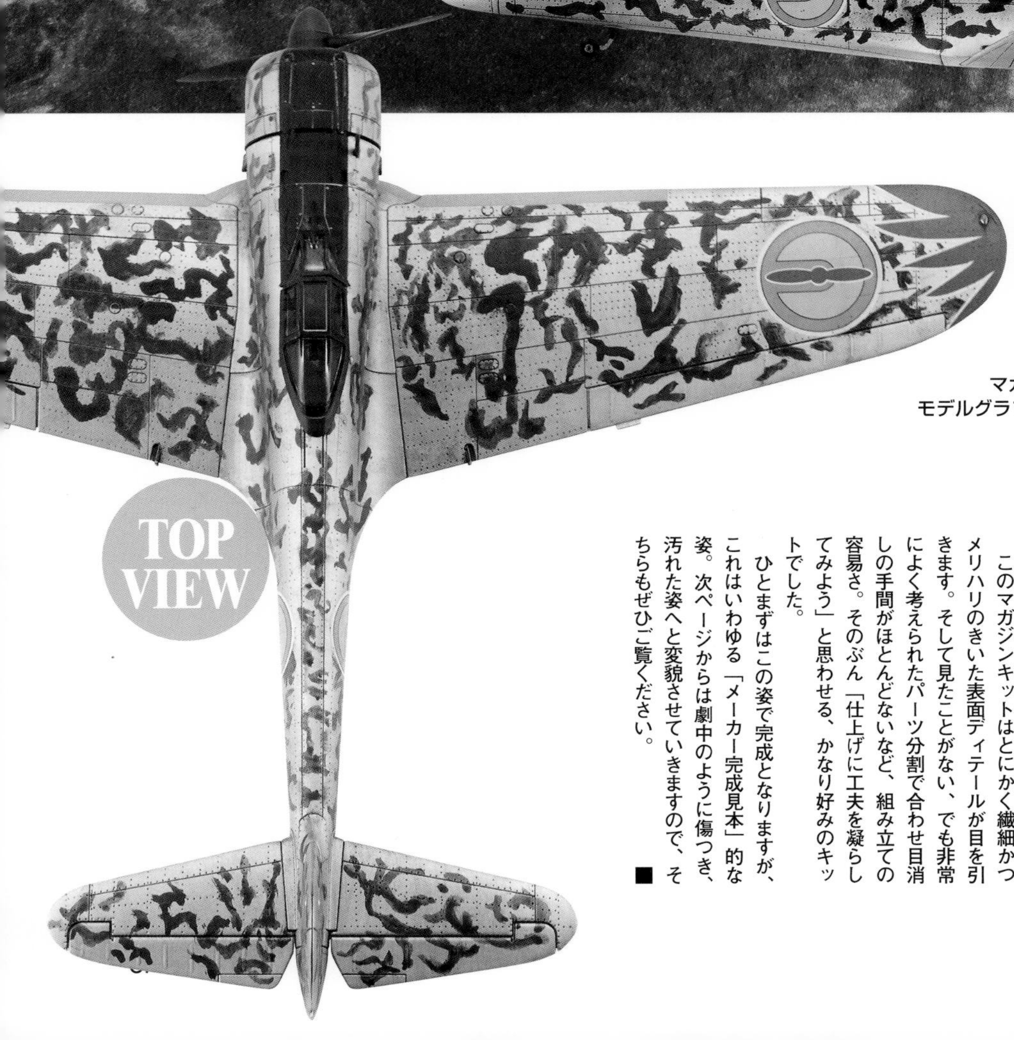

TOP VIEW

『荒野のコトブキ飛行隊』
マガジンキット 1/72 隼一型（キリエ機）
モデルグラフィックス／ファインモールド　1/72
インジェクションプラスチックキット
出典／『荒野のコトブキ飛行隊』
製作・文／**ヤタガラス**

『荒野のコトブキ飛行隊』、私は運よく第1話の先行上映会に当選し、ひと足先に観ることができました。作例のイメージ固めができたのはもちろん、ＴＶ放送がより楽しみになりました。

アニメのほうは第1話だけでも見どころは数多く、主役メカである隼の描写だけでもお腹いっぱいに楽しめました。エンジン始動手順のひとつひとつや、始動時にエンジントルクに機体が横に揺れる描写など、飛行機好きとしては「ちゃんとわかって描写してくれるんだ」という安心感、そして空中戦では運動エネルギーの使い方や被弾音など、これまでのＴＶアニメでは見たことがない描写に、ワクワクが止まりません。

このマガジンキットはとにかく繊細かつメリハリのきいた表面ディテールが目を引きます。そして見たことがない、でも非常によく考えられたパーツ分割で合わせ目消しの手間がほとんどないなど、組み立ての容易さ。そのぶん「仕上げに工夫を凝らしてみよう」と思わせる、かなり好みのキットでした。

ひとまずはこの姿で完成となりますが、これはいわゆる「メーカー完成見本」的な姿。次ページからは劇中のように傷つき、汚れた姿へと変貌させていきますので、そちらもぜひご覧ください。■

『荒野のコトブキ飛行隊』に登場する隼一型は、機体表面が汚れ、傷がついたような描写がなされている。その姿をマガジンキットで再現すべくウェザリングを加えたのが本作例だ。第1話開始時点で43機を撃墜してきたというキリエの機体、その「貫禄」を味わってほしい。

『荒野のコトブキ飛行隊』
マガジンキット 1/72 隼一型(キリエ機)
モデルグラフィックス/
ファインモールド　1/72
インジェクションプラスチックキット
出典/『荒野のコトブキ飛行隊』
製作・文/**ヤタガラス**

ウェザリングで醸し出す“43機撃墜の貫禄”

●前ページで一度完成した作例に、さらにウェザリングを加えて完成させたものがこちらの作例となる
●実際の飛行機では、エンジンが詰まったカウル周辺の油汚れや排気管後方のスス汚れ、乗り込むときや整備のときによく触る部分を中心とした塗装の剥がれ……などがよく見られる。本作例でもそういった部分を意識しつつウェザリングを施している

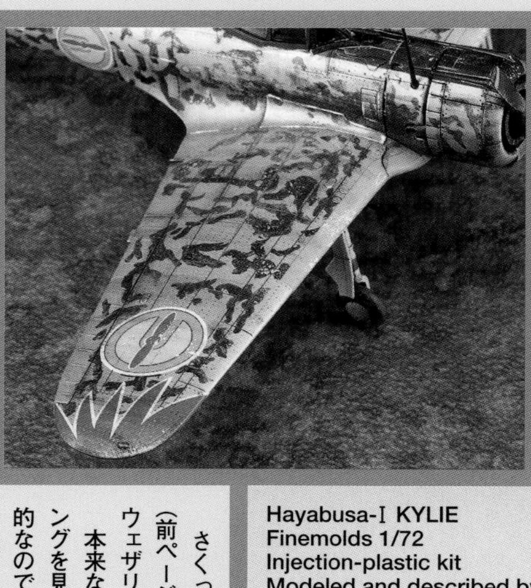

さくっとストレートに組み上げたもの(前ページの状態)に、エアブラシや筆でウェザリング(汚れ)を加えました。

本来ならば基本塗装の段階からウェザリングを見越した塗装方法をとるほうが効率的なのですが、今回はまず完成見本状態で仕上げてからウェザリングを加えるということで、完全に作業は分離させました。そのおかげで、ウェザリングがどのような効果を生むのかはわかりやすいと思います。

失敗しないウェザリングのコツですが、まずはデカール貼りやウェザリングなどの際、そのつどクリアーコートを施し、保護の塗膜を挟むことが重要です。とくに塗膜表面にサンドペーパーを当てるような作業は、クリアー層があることで下地層まで一気に削れてしまうというリスクが減ります。

また、万が一ヤスリ掛けでプラの地肌が露出しても、タッチアップすれば問題ありません。最終的に完成できれば問題ないので、どのようにトラブルを修正していくか冷静に考えるのも大切です。■

Hayabusa-I KYLIE
Finemolds 1/72
Injection-plastic kit
Modeled and described by YATAGARASU

Point:2 前代未聞！窓枠が別パーツ！

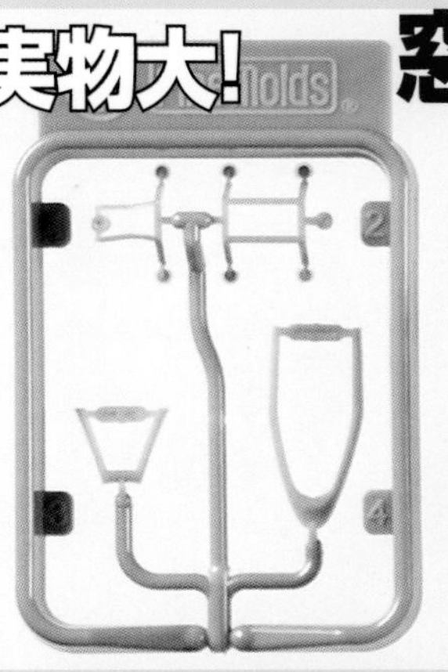

●「飛行機模型でいちばんめんどうなのはキャノピー枠の塗り分けだよ。なんで21世紀にもなって、ここは進化しないんだろうね？　いままでに見たことのないような1/72隼一型のプラモデルを作るんだから窓枠は別パーツにしてよ」という提案に対し、ファインモールドは同社製超精密ディテールアップパーツ「ナノ・ドレッド」シリーズの技術を応用し、通常は一体化されるキャノピーと風防のガラス部分と窓枠部分を別パーツ化した（左写真が窓枠。「ナノ・ドレッド」と同様のランナーに彫刻されている）。当初は「技術的問題というよりも、コストが見合わない」となかなか折り合いがつかなかったのだが、最終的に採用することに成功した

▼窓のクリアーパーツと窓枠パーツはきれいにフィットする。ゲート跡の処理こそ発生するものの、基本的には透明パーツへの加工や塗装などは不要となっている

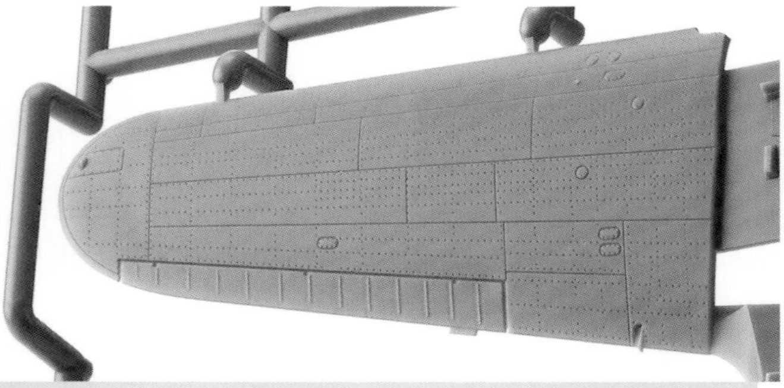

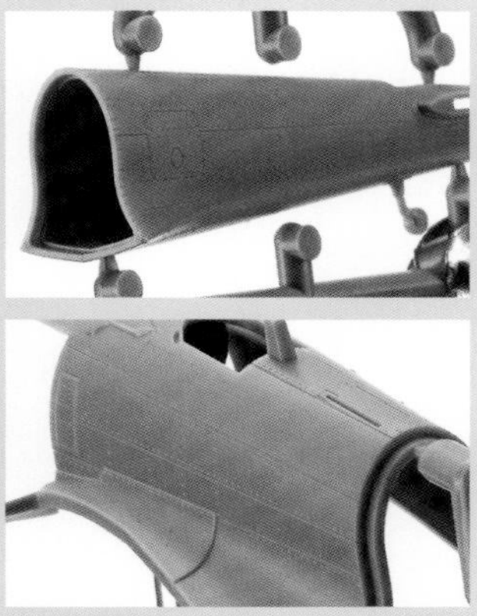

●2019年に新しい1/72隼一型のキットを作るならば、彫刻においてもなかなか実現できないような細微なものを！　と、ファインモールドにはびっしりリベットを彫刻してもらった。1/72の二次大戦レシプロ機キットは意外とリベットがびっしり彫刻されたものが少なく、この隼一型が圧倒的な精密感を醸し出しているのがパーツから読み取れるだろう。もちろんこれらと並んでも違和感がないよう、パネルラインなどもサーフェイサーを吹けば埋まってしまうような繊細さで施されている

Point:1 1/72とは思えないリベットの量

『荒野のコトブキ飛行隊』マガジンキット 1/72 隼一型（キリエ機）のポイント

※キットは単品、ないし『月刊モデルグラフィックス』'19年3月号とのセットでモデルカステン公式オンラインストアで販売（在庫払底次第終了）　http://store.modelkasten.com/

『月刊モデルグラフィックス』誌'19年3月号の『マガジンキット』はただ単に『荒野のコトブキ飛行隊』キリエ機が1/72で再現できるだけでなく「これまでの飛行機模型のお作法を変える！」というテーマに沿って新しいトライをしています。編集部とファインモールドで協議を重ね開発した「新しい飛行機模型のあり方」、ここではそれを紹介します。

Point:4 主脚は2種類用意！

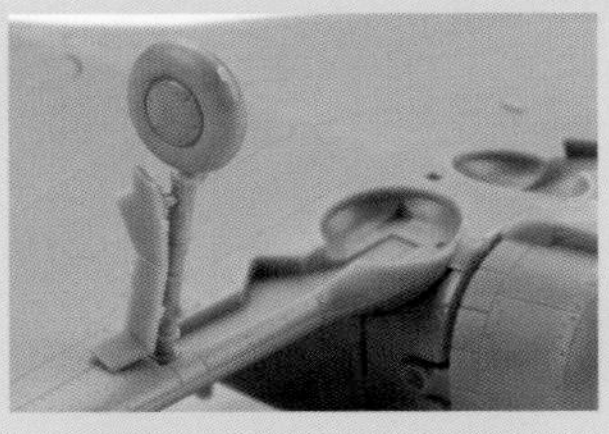

●主脚は展開時と収納時で２種類用意。それぞれ専用設計となっている。展開状態しかないキットだと、飛行状態にするには脚カバーを加工したり、そもそもプラスチックの厚みが影響してガリガリ削らないと収まらなかったりするが、それぞれ専用のパーツが用意されていればそんな心配はない。写真のように展開状態は脚カバーの折れ曲がり角度、主脚の角度まできっちりキレイに決まり、収納状態は主翼下面と脚カバーに段差が生じず組み込める

Point:5 構成は非常にシンプル

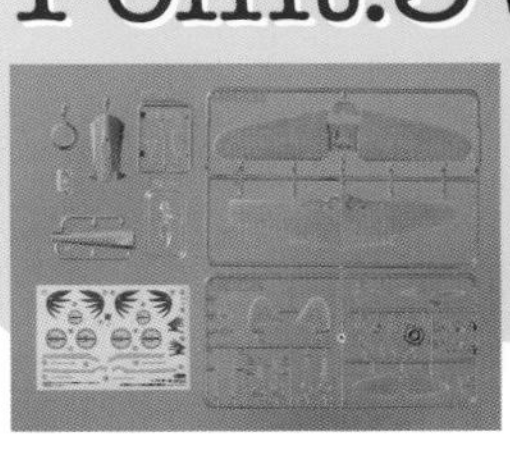

●新機軸を多数盛り込んだキットだが、コクピットやエンジン部は省略気味にして外形に注力するなどの工夫により、パーツ構成は意外とシンプル。水平尾翼などでは左右組み間違え防止のための機構も盛り込まれ、プラモデル経験者なら組み立て説明書なしでも組み立てられるくらいだ。もちろんデカールは『荒野のコトブキ飛行隊』キリエ機仕様のものが付属する

Point:3 圧倒的な組みやすさに驚愕

▼▶ファインモールドの高い技術力で吸い付くような嵌合を実現。主翼の上下パーツの分割線は実機のパーツ分割線やパネルラインに配置してあり、ぴたりとパーツが収まる

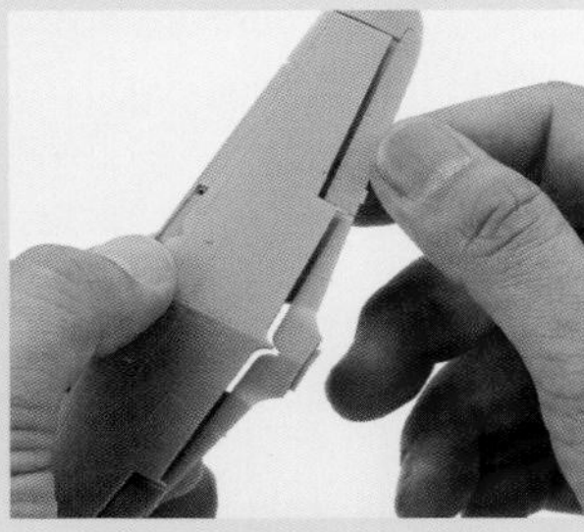

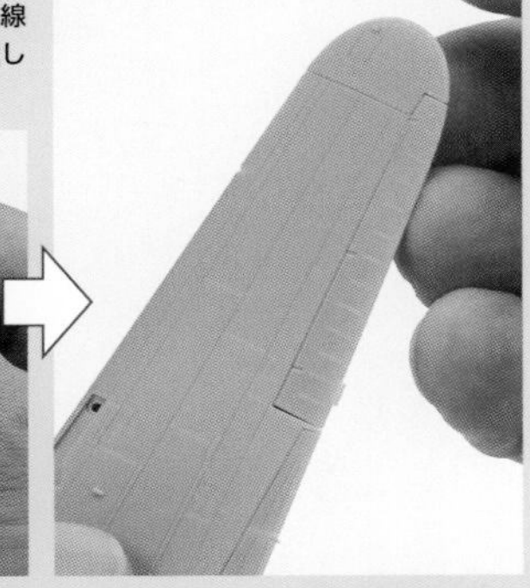

▼垂直尾翼は機体最後端と一体化されており、キレイに水平尾翼の取り付け部を覆ってしまう。小さく複雑な形状の部分だけにこの工夫だけでキレイにしあがる

▼胴体が筒状になっているパーツ分割は接着線が背骨部分に出てこない！　輪切りの胴体は実機と同じ分割とのこと。ファインモールドの技術の高さがうかがえる

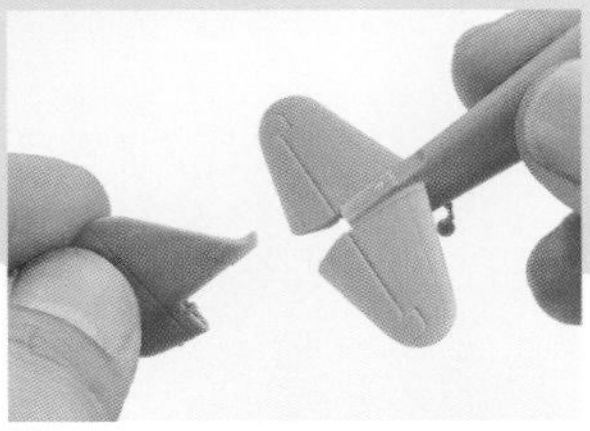

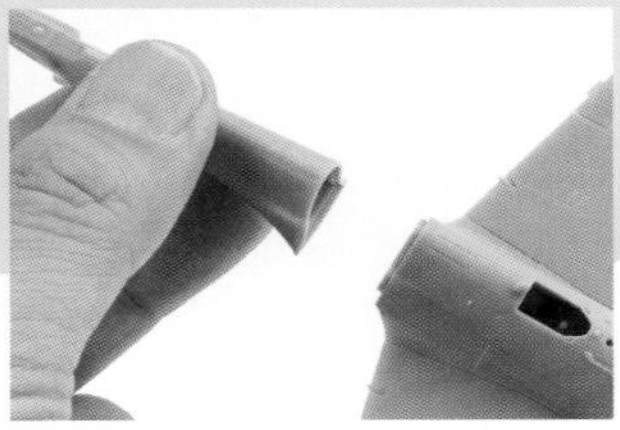

コトブキ飛行隊 隼一型 チカ機

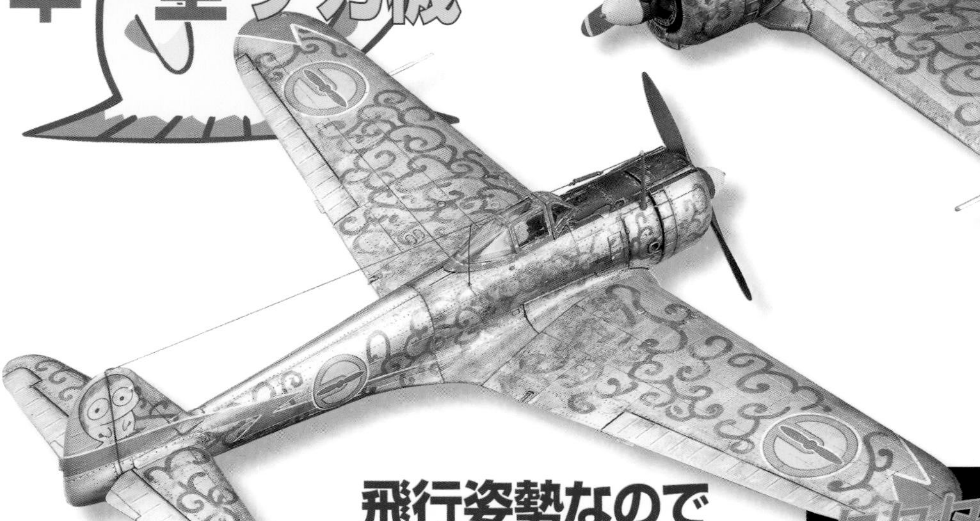

Model Graphix '19年5月号 掲載

隼一型 チカ機
モデルグラフィックス／ファインモールド
1/72 インジェクションプラスチックキット
『マガジンキット 1/72 隼一型（キリエ機）』使用
出典／『荒野のコトブキ飛行隊』
製作・文／**どろぼうひげ**

飛行姿勢なので チカも作りました♡

1

2

5

4

3

❶電飾台座に仕込んだスイッチを押すと機銃が光り、同時に発砲音も再生！　気分は荒野の撃墜王だ。❷飛行姿勢でパイロットがいないのはヘンなので、チカも製作して載せた。似て見えるポイントは髪型（ピッグテール）……かな？　❸モーターを仕込んでもエンジンや環状冷却器まわりのディテールはまったく犠牲にせずに済んだ。❹迷彩はモデルカステン製デカールを使用。しっかりリベットになじませ、塗装剥げはデカールを貼った上からシルバーの塗料でドライブラシして表現している。❺キットに付属する飛行状態用脚部品を使用。専用設計だけあってぴったり収まる

◆本格的な戦闘機アニメ

『荒野のコトブキ飛行隊』は、エンジンを始動するシーンまで再現した本格的な描写や、リアルな空中戦とサウンド、そしてすご腕の美少女たちが活躍する、大注目のアニメですね。とくに、細部まで再現されたメカニズムは、日本の戦闘機好きにはたまらない内容になっています。おりしもモデルグラフィックス'19年3月号マガジンキットとして1／72隼一型がキリエ機のデカール付きで発売されたわけで、製作しない理由はありませんね！（編注／どろぼうひげ氏、作例製作のオファーをする前から作りはじめてました）

◆先進的なキット

すでに製作した方は、このキットがいままでになかった作りやすさであることを感じていらっしゃると思います。合わせ目が極力目立たないパーツ分割、とくに機体が左右貼り合わせではなく、実機でも分割可能な第九フレームでパーツが前後に分割されていることが衝撃でした。キャノピーは、フレームとヒシライト（アクリル透明樹脂）部分が別パーツなので、塗装がメチャクチャ楽チンです。また、今回は別売の「ＭＧデカール『荒野のコトブキ飛行隊』1／72隼一型用デカール Ｖｏｌ．1 キリエ機＆チカ機仕様」を使用しましたが、こちらも発色の良さ、段差が極力出ない薄さは特筆物です。比較的大きな面積に貼るマーキングが多いキットですが、安心して貼れます。

◆チカ機に一機入魂！

今回は、唐草模様からのどろぼう繋がりということでチカ機を製作しました（笑）。プロペラを小型モーターで回転させたほか、機銃の発光と、それに連動したサウンドも再現しています。これはＭＰ３プレーヤーに収録した発砲音を、ＰＩＣマイコンの制御で機銃の発光とシンクロさせて再生しており、ＰＩＣの持つシーケンサーとしての性能を最大限に活用したものです。ＬＥＤ発光だけではない、ＰＩＣの活用法として、お楽しみいただければ幸いです。■

光る！ 回る！ 音が出る!!
1/72のちいさな模型に
いろいろ仕込んでみました

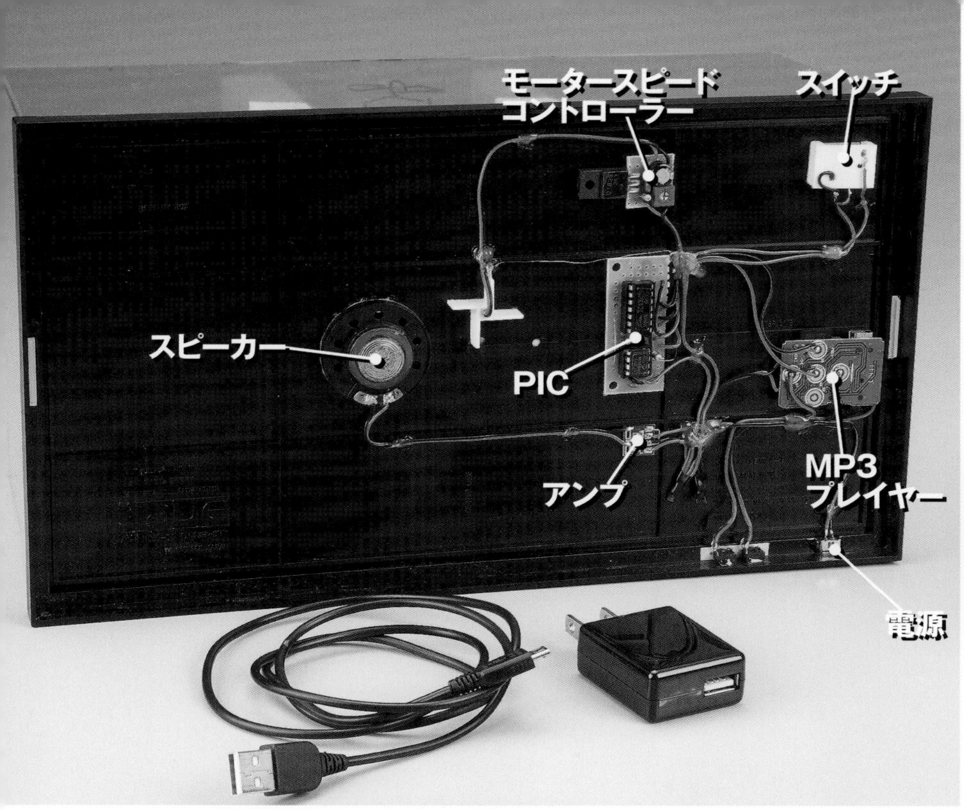

●本作例ではプロペラの回転、チップLEDによる機銃の点滅、機銃発射音の再生をすべてPICマイコンで制御している。ベースに設置したスイッチを入れるか、50秒経過すると機銃を効果音付きで点滅させる。点滅はPICでその間隔を調整し、機銃音は下面に設置したMP3プレイヤー（緑の基盤）が機銃音を再生、アンプとスピーカーを通して再生される。さらにそのMP3プレイヤーの再生タイミングや音声の巻き戻しもPICでコントロールしている。電源はUSB端子供給の5Vとしている

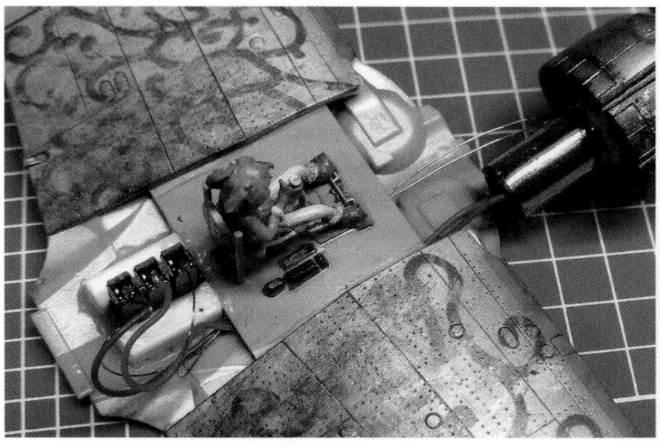

▲内部配線の様子。プロペラを回転させるモーターはモータースピードコントローラー回路を使い、回転するギリギリの速度まで落とす。こうすると万が一触れることがあっても回転が止まり事故防止になる

▶LEDの制御にはPIC12F1822を使用し、それと連動して74HD4066がMP3プレイヤーのコントロールを担当している。これとは別個にモーターのスピードをコントロールする回路を設置し、こちらもプロペラが回るギリギリまでの低い回転数まで落とすのに使用している。LEDにはCRDを使用せず、330Ωの抵抗をそれぞれ接続している

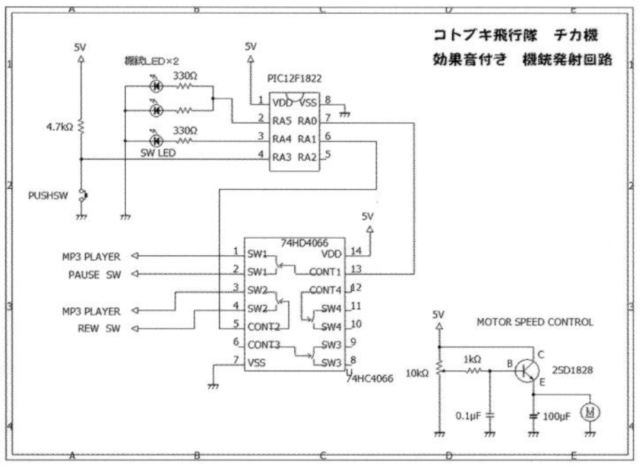

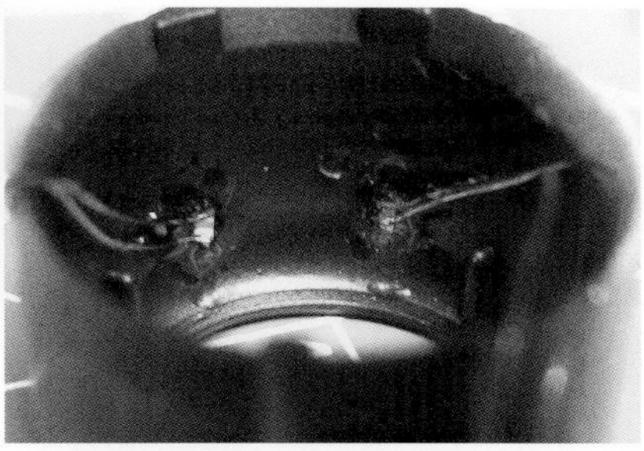

◀機銃は開口し黄色のチップLEDを取り付ける。エポキシ系接着剤でコーティングし、モデルカステンの遮光ブラックを塗装して光漏れを防止する。配線にはポリウレタン銅線を使用しているので狭い機体内でも充分配線が可能だ

電飾模型のオーソリティであるどろぼうひげ氏が、『月刊モデルグラフィックス』マガジンキットとモデルカステン製デカールを使ってチカ機仕様の隼一型を制作ッ！　ただチカ機として作るだけじゃ終わらず、モーターでのプロペラ回転、機銃口の点滅などいろいろ盛り込んで、「一機入魂」な内容となっております!!

コトブキ飛行隊いちのじゃじゃ馬娘
チカ、ただいま参上！

Model Graphix
'19年10月号
掲載

集一型 レオナ機（高々度迎撃仕様）
モデルグラフィックス／ファインモールド　1/72
インジェクションプラスチックキット
「『荒野のコトブキ飛行隊』 1/72 隼一型（キリエ機）」
モデルカステン　1/72
水転写式デカール
「MGデカール『荒野のコトブキ飛行隊』
1/72 隼一型用デカール Vol.2 レオナ機＆ザラ機」使用
出典／『荒野のコトブキ飛行隊』
製作・文／**さたまみ**（firstAge）

爆撃機「富嶽」を迎撃せよ!

TVアニメ『荒野のコトブキ飛行隊』第10話。高空を飛ぶ爆撃機「富嶽」からラハマを守るため、コトブキ飛行隊の６機は隼にロケットブースターとロケット弾を搭載、思いがけない援護もあってみごと富嶽を撃退する……。そんな隼大活躍なシーンを、一部パーツをスクラッチビルドして再現しました！　機体は、さたまみ氏がコトブキ飛行隊のなかでいちばん好きだというレオナの機体を選択しています♡

ロケットブースター＆
三式１番28号ロケット弾 劇中3DCGデータ

●劇中では高速で動き回るためわかりにくかったが、ロケット弾は「H」の左右を丸めたような形状のレールに懸架されていた。このロケット弾は旧日本軍の艦砲弾「三式弾」のように空中で炸裂して小弾をばらまき、広範囲を攻撃する仕組みとなっていた。機体後部のブースターは３本がそれぞれ箱型のケースに収められている

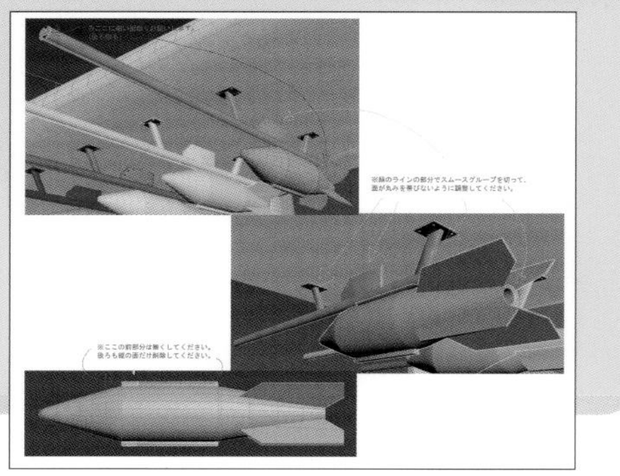

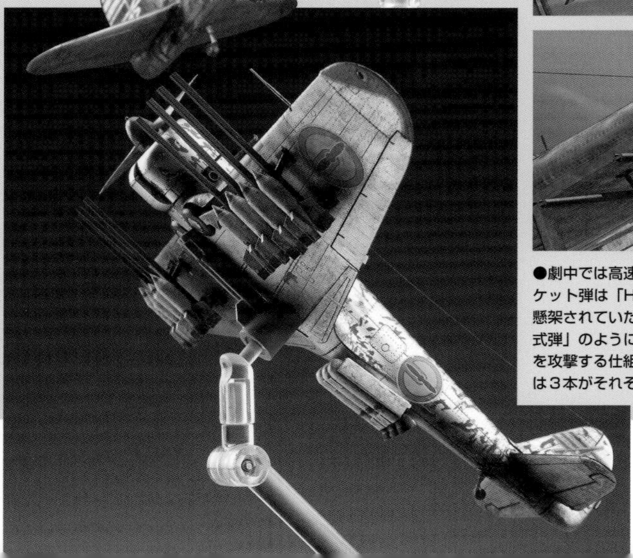

Hayabusa-Ⅰ REONA
Finemolds/ModelGraphix 1/72
Injection-plastic kit
Modeled and described by SATAMAMI

●パイロット（レオナ）のフィギュアはほかの1/72キットから流用したものを削ったり、パテでポニーテールを造形したりして製作。一般的なパイロットフィギュアより、SFメカ付属のボディスーツを纏ったようなもののほうが、削る部分が少なくて製作に適していたとのこと
●ロケットブースターは本体部分に4㎜プラ棒を使用。ノズル部分にはコトブキヤ製「M.S.G P-113 バーニアノズルⅢ」の8番パーツを使用している
●各種ロケットは着脱式とした（だってシンプルな元の姿も楽しみたいから）。比較的スペースの取りやすいブースターは内部にネオジム磁石を仕込んで、胴体側の磁石と接続する方式。ロケット弾ランチャーは面積が狭くネオジム磁石が仕込みづらいので、粘着剤を使用している

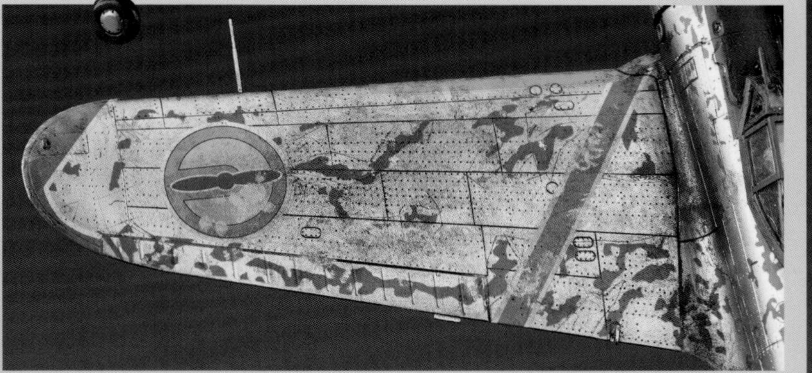

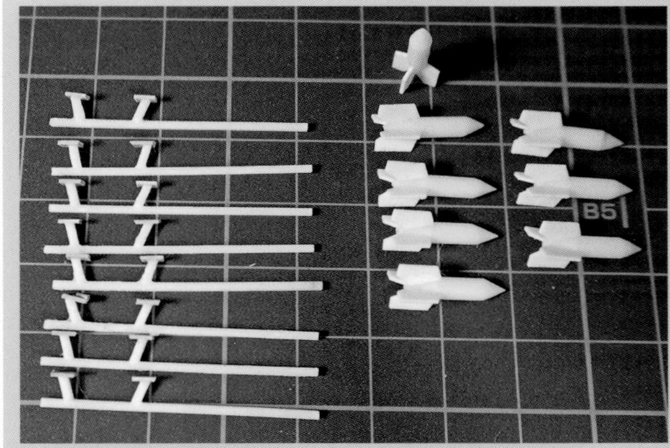

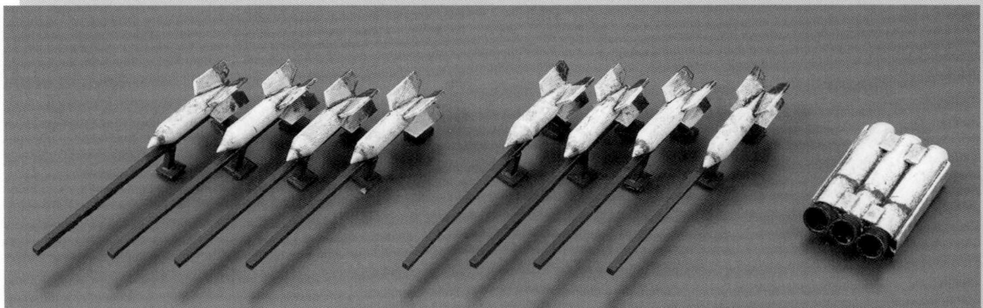

コトブキ飛行隊の隼です。レシプロ機の模型を製作するのは初めてなのですが、さてうまくいくんでしょうか。月刊モデルグラフィックス'19年3月号の特集ではヤタガラス氏が製作する詳細なＨｏｗ ｔｏ記事が掲載されているので、それを参考にしながら進めます。また、ＧＳＩクレオス製専用カラー、モデルカステン製迷彩デカールも使って製作を進めます。

プロペラはポリキャップが少しキツめなので、ネオジム磁石を使って息を吹きかけた程度でも回転するように小改造しました。本体下面にもネオジム磁石を埋め込み、スタンドに接続できるようにしています。単に飛行状態で展示するために用意したんですが、アンテナ線取り付けのときに適度な高さで固定できるので思いのほか役に立ちました。アンテナ線はモデルカステンのメタルリギング0・3号を使用。取り付けの際は尾翼を上にして立てた状態にし、先に尾翼側から接着、垂らした状態で機首側のＢ１パーツに接着。主脚は粘着剤（セメダインＢＢＸ）を使うことで、展開状態と収納状態を差し替え可能にしました。

さて、機体を作るだけじゃナニなので、アニメ第10話で登場したロケット弾、ブースターです。ロケット弾とそのランチャーは8個必要、しかもロケット弾のフィンはさらにその4倍の枚数！　ということで、できるだけ楽に精度を出す工夫が必要です。先にロケット弾本体を作ったら、現物合わせで1枚フィンを作ります。それをスキャナーで取り込んでやればあとは画像編集ソフトで増殖させ、プリントアウト。これでテンプレートができました。0・5㎜プラ板に貼り付けてゴッドハンドのアルティメットカッターでザクザクカットすれば、精度を確保しつつ製作速度も上がります。パイロンは1㎜プラ棒で製作。迫力を出すため、劇中仕様よりひとまわり大きめにしてます。

基本塗装、デカール貼り付け、ウェザリング後にパーカッションジュラルミンを使い、レオナ機の特徴である一部色調の異なるパネルや、塗装剥げといった表現を行なっています。■

塗装レシピ／本体シルバー：『荒野のコトブキ飛行隊』カラー パーカッションジュラルミン　プロペラ：『荒野のコトブキ飛行隊』カラー パンケーキブラウン
窓枠：『荒野のコトブキ飛行隊』カラー コトブキグリーン　プロペラスピナー：ルマングリーン+スージーブルー少々　コクピット内：コクピット色（三菱系）
脚庫内：青竹色　以上すべてGSIクレオス Mr.カラー

コトブキ飛行隊全機集合!!

やはりチームというからには全機並べたいもの。『月刊モデルグラフィックス』マガジンキットとモデルカステン製デカールを使って、1/72で全機集合させた。

隼一型 キリエ機 仕様
隼一型 エンマ機 仕様
隼一型 ケイト機 仕様
隼一型 レオナ機 仕様
隼一型 チカ機 仕様
製作／二宮茂幸
隼一型 ザラ機仕様
製作／編Q

ケイト機

隼一型 ケイト機仕様
モデルグラフィックス
／ファインモールド　1/72
インジェクションプラスチックキット
「マガジンキット 1/72
隼一型（キリエ機）」使用
製作／二宮茂幸

『月刊モデルグラフィックス』'19年3月号付属「マガジンキット1／72隼一型（キリエ機）」を使用した1／72コトブキ飛行隊機作例はこちらでご紹介するケイト機、エンマ機、ザラ機で6機勢揃い。同キットは合理的なパーツ分割によりサクサク組み立てが可能（1機か2機作れば、組み立て説明書を見なくても作れるくらい）で、各種マーキングや迷彩を収録したモデルカステン製「MGデカール『荒野のコトブキ飛行隊』1／72隼一型用デカール」Vol.1～Vol.3を使えば手軽に劇中仕様が再現可能だ。サイズも全幅16cm弱、全長13cm弱ほどで、コレクションにはピッタリだ。

◆ケイト機、エンマ機

こちらは二宮茂幸氏が『月刊モデルグラフィックス』'19年3月号『荒野のコトブキ飛行隊』巻頭特集内で製作したもの。そのときは6機すべて作り起こしているが、キリエ機、チカ機、レオナ機についてはP66～P73でご紹介しているように『月刊モデルグラフィックス』でほかに取り上げる機会があったため、今回はケイト機、エンマ機をおおきく掲載する。製作については「とくに手を入れるところが思い浮かばなかったから完全に無改造！　ブレーキパイプを追加しようかは悩んだけど、すぐカタチになるキットの性格を考えるとナシかなあ、と思って追加しませんでした」（by二宮）とのことだ。基本塗装はGSIクレオスのMr.カラー 8番シルバー、プロペラやスピナーはシタデルカラーの近似色を筆塗り。ちなみに黄帯や防眩部の黒は、モデルカステン製迷彩デカールにも含まれるが、ここはあくまでオマケ程度、塗装したほうがキレイに仕上がる。なお作例はデカールを最大限見せるため、スミ入れしていない。

◆ザラ機

『月刊モデルグラフィックス』'20年12月号から'21年4月号にかけて連載された企画で、編集部員Qが製作したもの。もちろんマガジンキット1／72隼一型とモデルカステン製デカールの組み合わせだ。■

ザラ機

●このザラ機製作の連載企画は「模型初心者でもマガジンキット1/72隼一型は作れるのか!?」というもの。ご覧のようにまったく問題なく、というか雑誌作例に比肩するレベルで製作できている

エンマ機

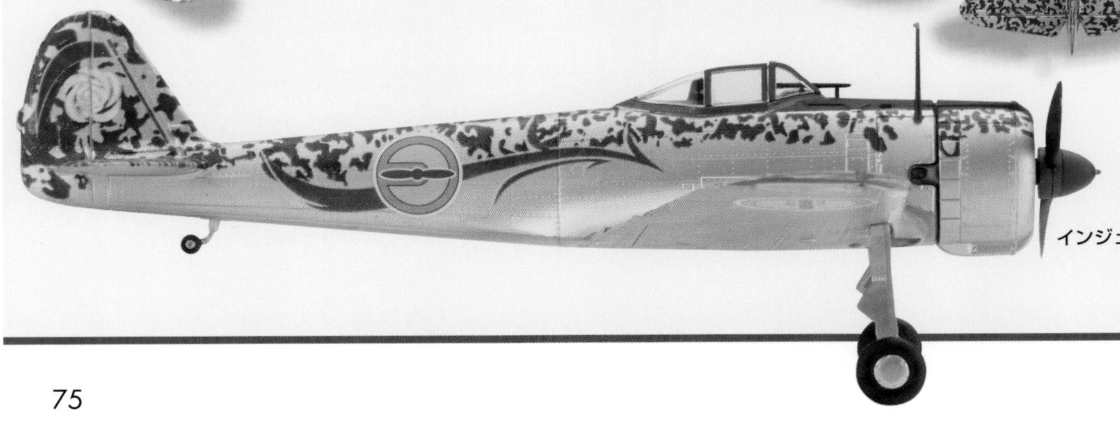

隼一型 エンマ機仕様
モデルグラフィックス
／ファインモールド　1/72
インジェクションプラスチックキット
「マガジンキット 1/72
隼一型（キリエ機）」使用
製作／二宮茂幸

羽衣丸
1/700　フルスクラッチビルド
（3Dプリンタ出力品）
出典／『荒野のコトブキ飛行隊』
製作・文／**二宮茂幸**

Model Graphix
'21年4月号
掲載

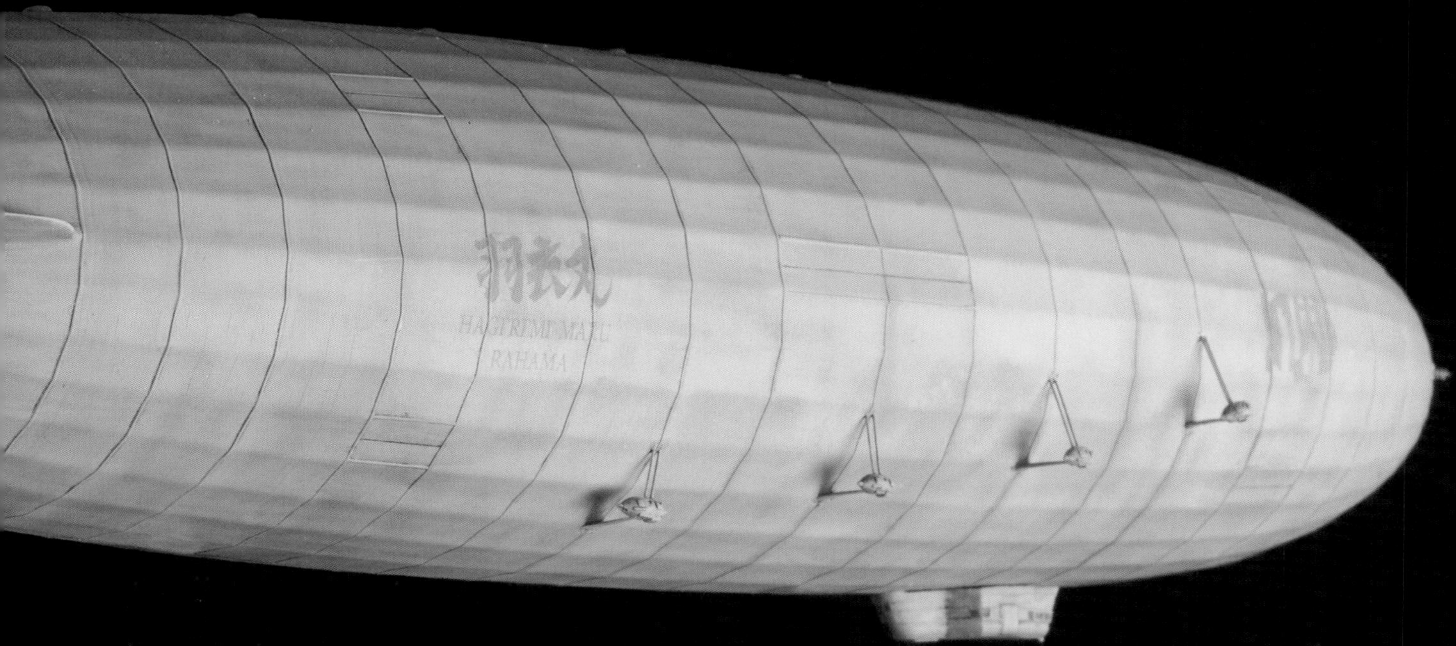

『荒野のコトブキ飛行隊』 ラハマ オウニ商会所属輸送船

羽衣丸

「たまには飛行機だけじゃなくて飛行船作例も見たいよね」ということで、作品監修でもおなじみ“コトブキおじさん”こと二宮茂幸氏お手製のでっかい輸送船「羽衣丸」をご用意してもらい、じっくり解説してもらっちゃいました！

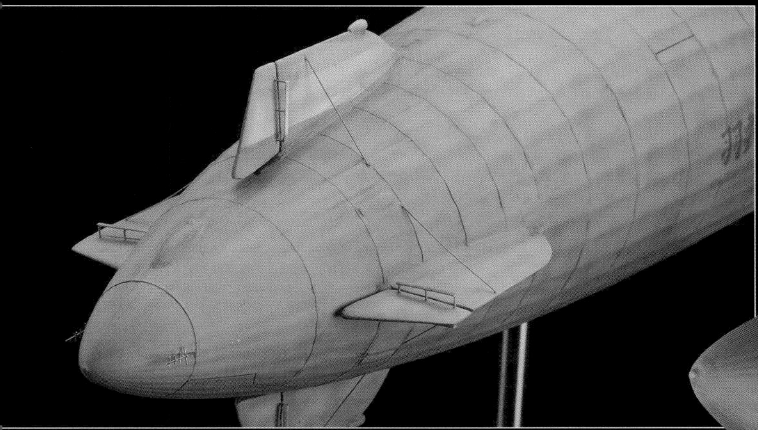

●羽衣丸の劇中設定は全長440m、船体の最大直径は約72m。今回掲載した1/700羽衣丸はアニメーションに使用されたデータをもとに、二宮氏がモデリングデータを作成し、3Dプリンタで出力。「立飛のコトブキ航空祭」('20年2月1日開催）で展示された

●船体内は軽量化のため中空構造になっている。外からは見えないが、内部には全通の滑走路と駐機部分のスペースは作ってある

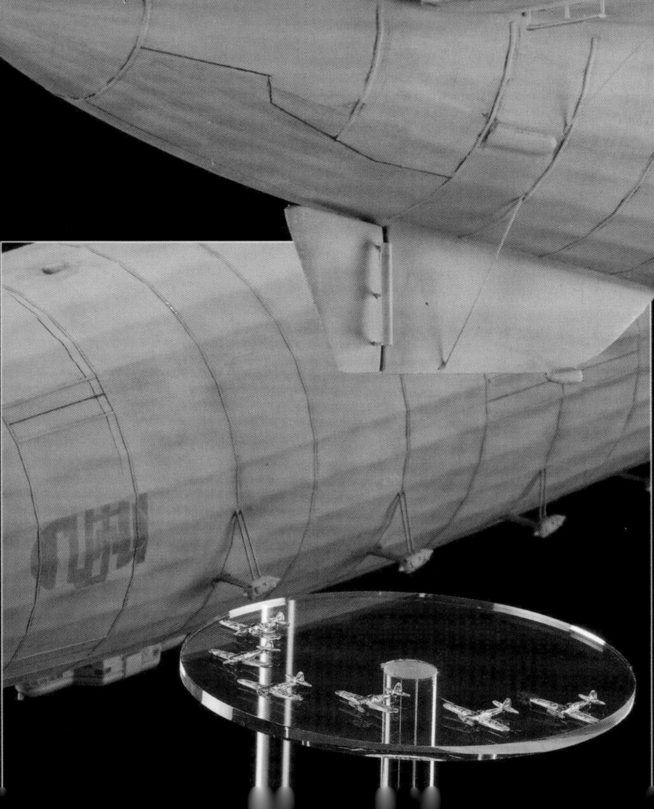

How to スクラッチビルド 1/700 羽衣丸

『立飛のコトブキ航空祭』などでも展示され、目にした人も多いであろう、二宮氏がスクラッチビルドした1/700羽衣丸はアニメ用3DCGデータを再構成して3Dプリンタで出力、製作されている。ここではそんな羽衣丸製作過程の一部をご覧いただこう。

▶光造形機は台湾Phrozen社製の「Shffle」。ゴンドラとエンジン部分に使用。大きなパーツは出力できないが小さなパーツやディテールがきちんと再現できる

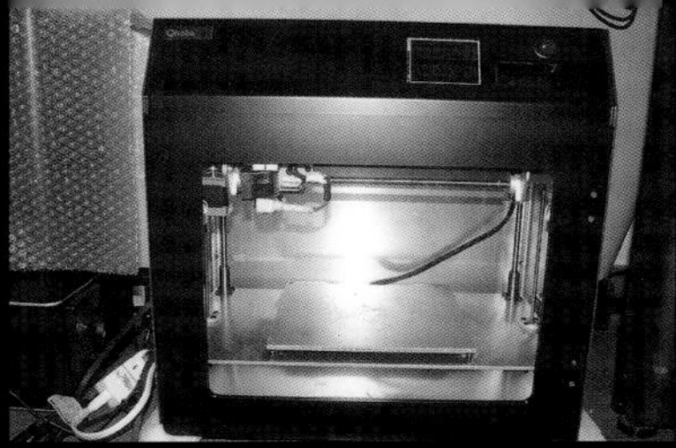

▲今回おもに船体を作るのに使用したのはFDM型の3Dプリンタ（久宝金属製作所の「Qholia」）。いわゆる"ニュルニュル式"の、樹脂をノズルから糸状に溶出して積み上げるのがFDM型。大きなパーツを出力するのに向いているがこまかいディテールが潰れてしまうことも

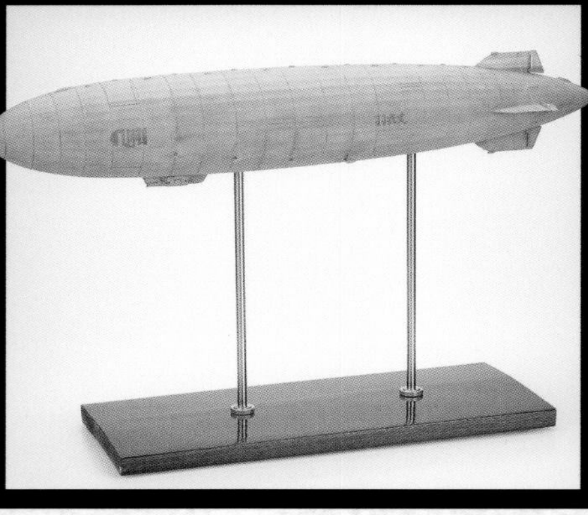

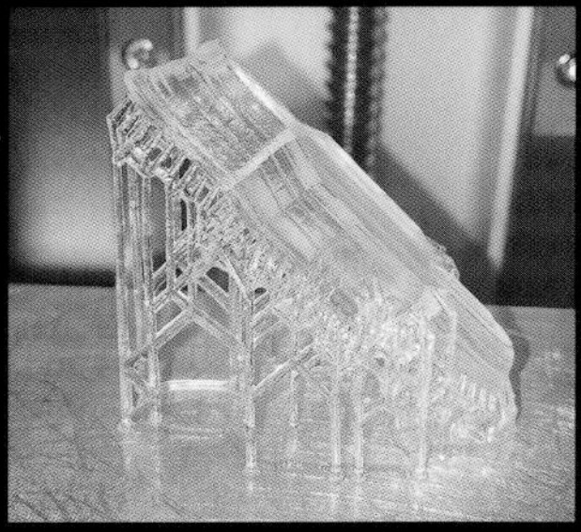

▲キャビンは透明な樹脂で出力し、窓をマスキングして塗装している。ここは劇中でもよく登場する羽衣丸の船橋や休憩室、見張り室となる部分だ

▲中心には10㎜アルミ角パイプを通せるようモデリングし、6個のパーツがズレないようにしている。エンジンポッドはグレーの樹脂で取り付け部と一体出力している

▲さすがに羽衣丸を丸々一回で出力はできないので船体を6分割して出力。船体内は軽量化のため中空構造になっているが、全通滑走路と駐機スペースまで作り込む

■羽衣丸内部

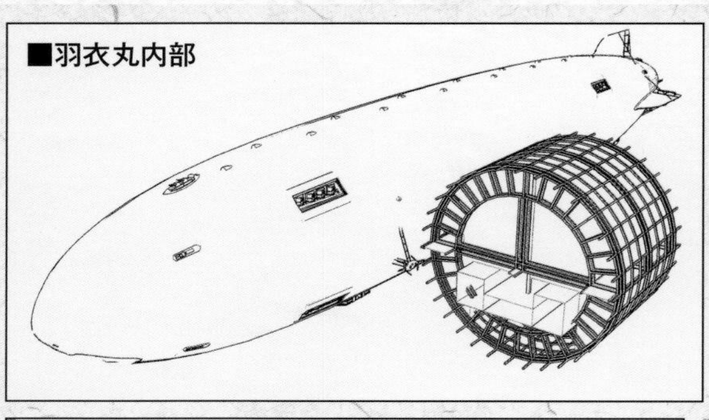

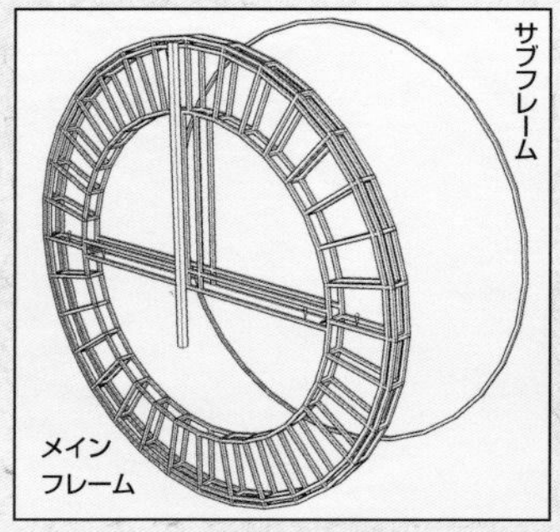

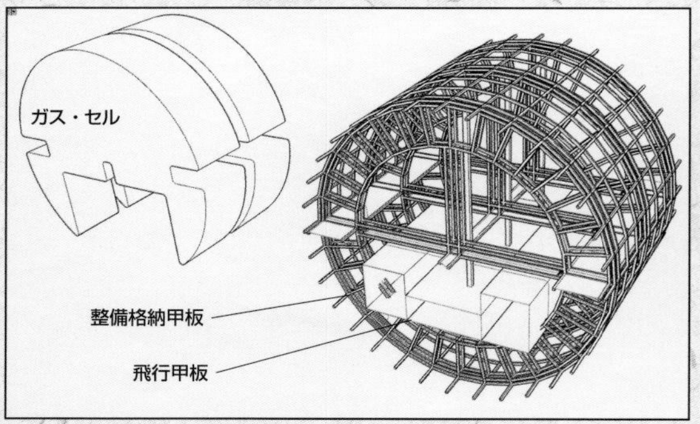

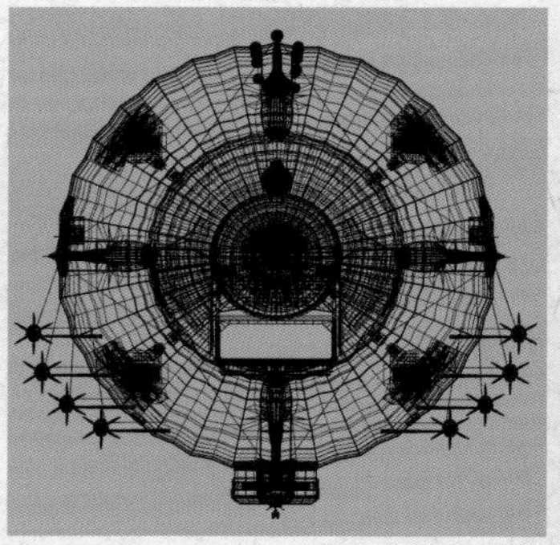

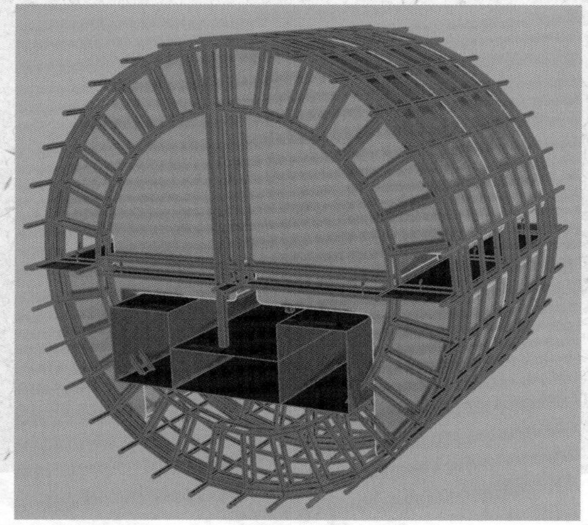

■羽衣丸内部／人物との対比

●羽衣丸は「硬式飛行船」と呼ばれる形式となっている。骨組みの内部に浮遊用ガスセルを入れる構造で、重量はかさむが大型化が可能だ。骨組みの隙間を縫うように乗員用通路が設けられ、ブリッジや格納庫、居室などとの行き来に使われる

■羽衣丸ディテール

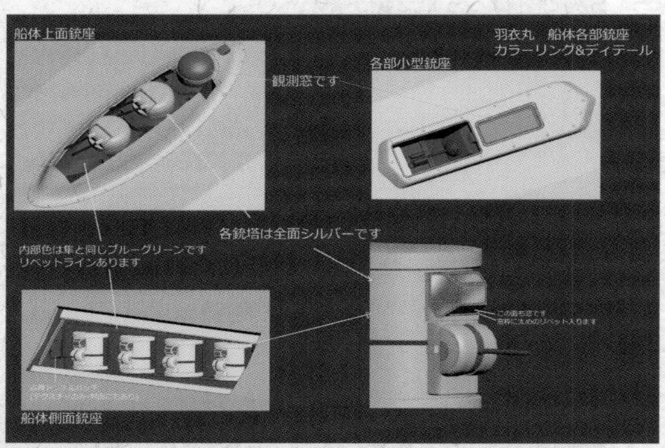

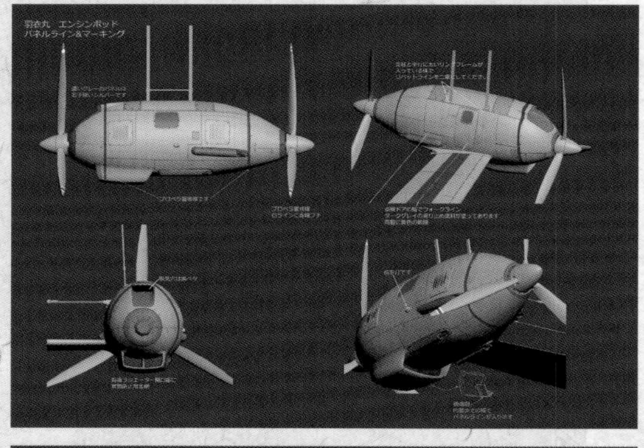

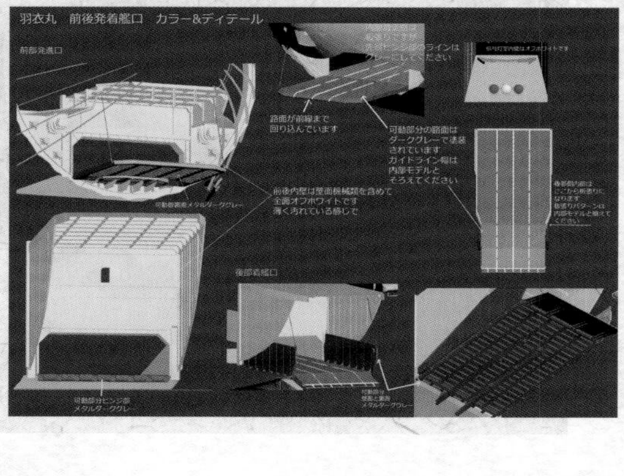

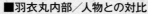

イジツの空に浮かぶ巨大な飛行船「羽衣丸」はラハマのオウニ商会が所有する旅客・貨物兼用輸送船です。イジツにはこの羽衣丸クラスの大型飛行船が何隻もあり、羽衣丸より大きな飛行船も運用されているという設定。イジツの乗り物はほとんどが戦前戦中の日本、あるいは日本軍が使用していたものですが、もちろんこのような巨大な飛行船を日本が運用していた事実はありません（構想だけはあったようです）。それどころか、いまだに世界のどの国にも存在しません。イジツでは巨大アノマロカリスなどの害獣や有毒ガスが湧き出る谷があり陸路での移動が困難なため、超大型飛行船が発達した様子。飛行船を浮かせるヘリウムガスが豊富に産出されることも飛行船が発展した要因と考えられます。羽衣丸は当時、世界最大と言われたドイツのＬＺ１２７グラーフ・ツェッペリン飛行船（１９２８年建造時、全長約２４０ｍ）をはるかに凌ぐ全長４４０ｍという大きさです。船体構造はジュラルミンの骨組みに布、あるいは薄いジュラルミン板を貼ったいわゆる硬式と呼ばれる形式。船体内上部にはヘリウムが詰まったガス嚢があり、これが船体を空に浮かせています。ガス嚢は20個に分割されひとつのガスが抜けても航行に支障が出ないように安全対策が取られています。ちなみにガス嚢は分子の小さなヘリウムが自然に抜けないよう牛の腸をなめしたものを縫い合わせて作ってあります。牛の腸は膨大な数の牛を飼育しているギュウギュウランドという町から調達。船体上部にぽつぽつあるでっぱりがガス放出バルブを覆うフェアリングで、ここから一部のガスを放出して高度や船体の前後の傾きを制御しています。ＴＶ版第1話の空賊と第8話のレオナが破壊して羽衣丸を落とそうとしていたのはこのバルブです。船体下部の前後には砂を詰めたバラストタンクがあり、ガスを放出しすぎて浮力が足りなくなった場合に砂を放出して船体を軽くします。第11話では攻撃を受けてガスが抜け、バラストを放出するという船橋内でのセリフがあります。

船体下部には貨物室や客室、クルーの居室、燃料タンク、倉庫があります。船体中心線よりやや下には全通の飛行甲板があり、羽衣丸に空中空母としての機能を与えています。船体前後のハッチを開放すれば飛行機の離発着が可能。飛行甲板の両脇には単発機なら10機以上駐機できるスペースや整備スペースもあります。船体側面には左右で合計16基の大出力エンジンが取り付けられ、羽衣丸を時速１００km以上で飛行させることができます。エンジンは2基が前後に配置されたポッドに収められていて、ポッド内には人が入り飛行中に整備・修理することさえ可能！　船体前部の下面にはゴンドラが取り付けられ、前部は船橋としてオーナーのマダム・ルゥルゥの席や副船長の席、操舵手、機関士、各種オペレーターの席もあり羽衣丸の中枢となっています。後部には休憩室や後部の見張り室があります。船首と船尾の上面には遠隔機銃座が収納されている涙滴状のフェアリングがあり左右に開いて射撃します。船体側面にも機銃座があり、敵機の迎撃に使用します。

さて、羽衣丸の模型の製作工程についても書いていきましょう。まず、アニメの制作会社のＧＥＭＢＡさんから提供していただいた羽衣丸の３Ｄデータを３Ｄプリンタ用に再構成し、出力したパーツを組み立てました。船体はＦＤＭ型、ゴンドラとエンジン部分は光造形型と、パーツによって２種類の３Ｄプリンタを使い分けました。船体を組み立てたのち、積層跡を消すためにサーフェイサーを厚めに塗りひたすら磨きます。塗装は水性塗料のグレー２種類を調合。巨大感を出すためわざと少しムラになるよう吹き付けます。上部垂直尾翼は菱餅のような色合いの３色で塗装します。この色はラハマの旗の配色。これでラハマ船籍とわかるのですね。ちなみに町長専用雷電のラウンデルもこの配色です。オウニ商会や羽衣丸のロゴはアルプスプリンターでデカールを自作。グレーで印刷すると網点が目立つので、黒一色で印刷し、上から地色に使ったグレーを吹き付けます。おまけで作ったコトブキ飛行隊の６機の隼はピットロード１／７００メタル製の隼です。■

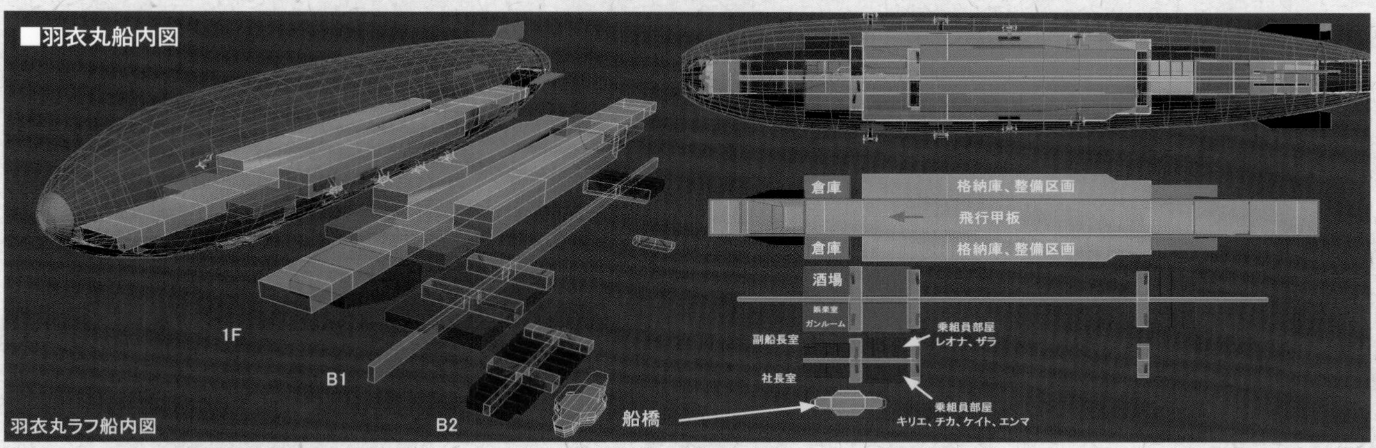

羽衣丸ラフ船内図

■搭載機発進口開き方検討用CG

■船内構造&配置初期案

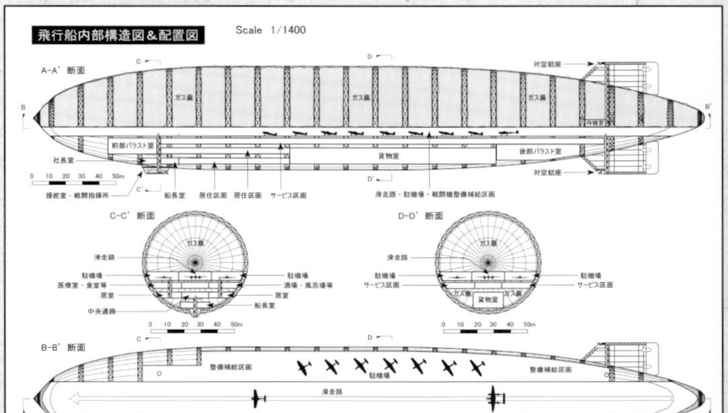

■係留案検討用簡易3DCGモデル

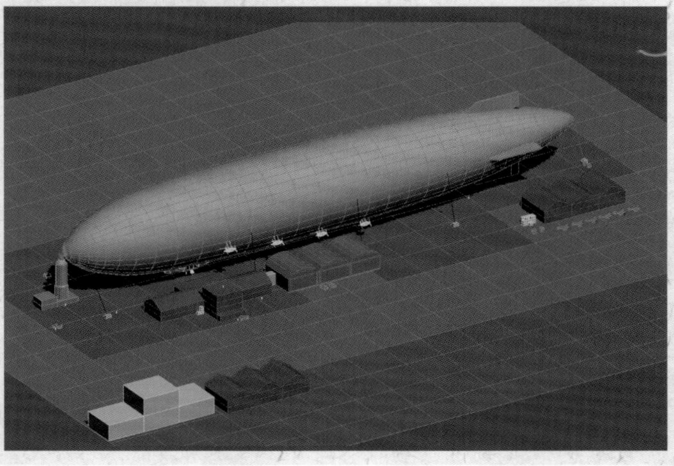

飛行船

■ギュウギュウランド

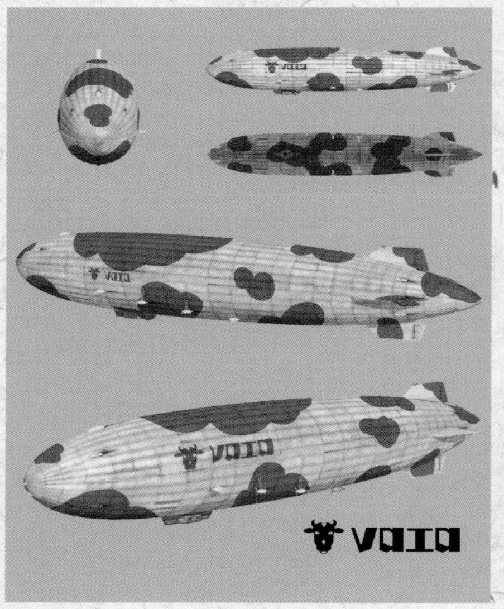

■ウガデン

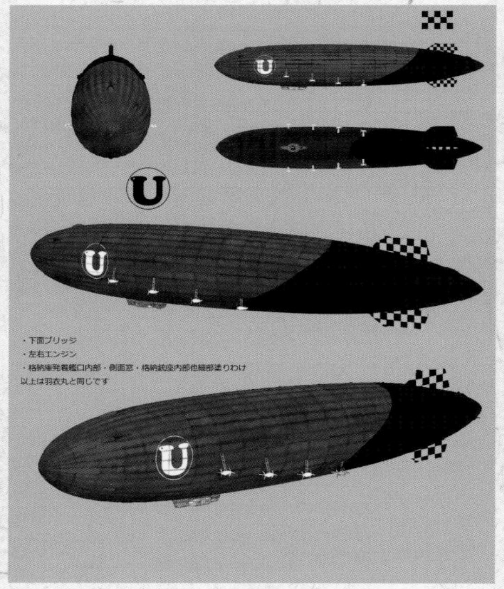

■サクラガオカ騎士団

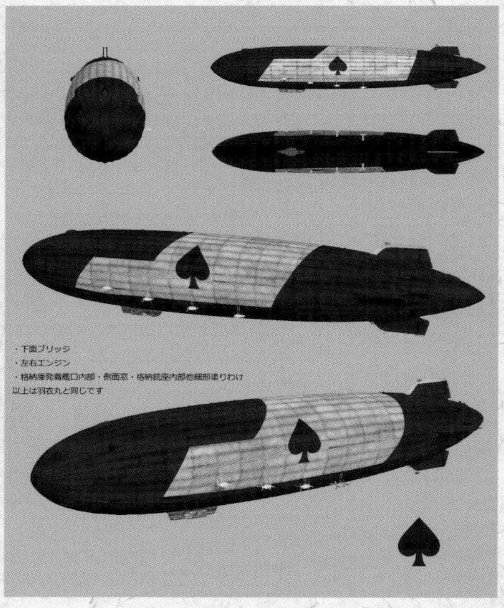

タラップ

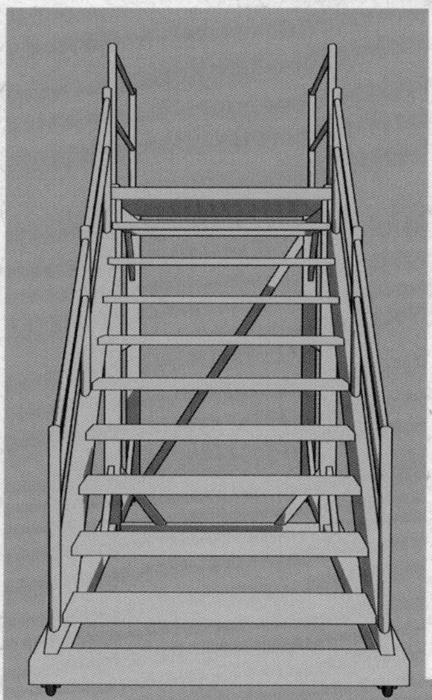

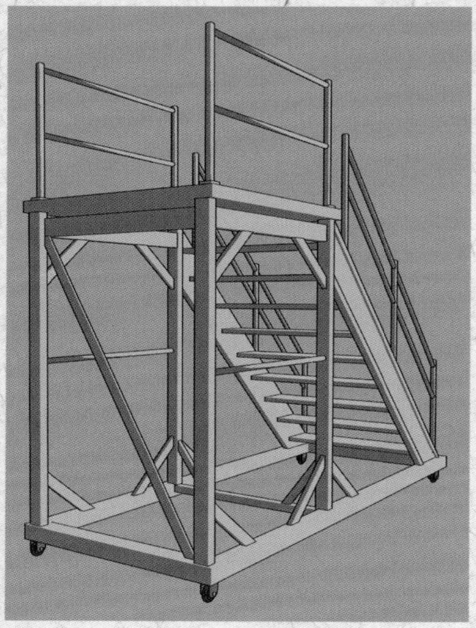

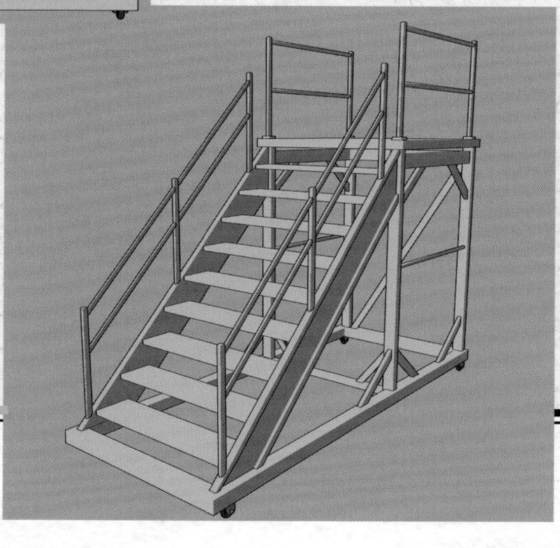

隼一型の追加装備

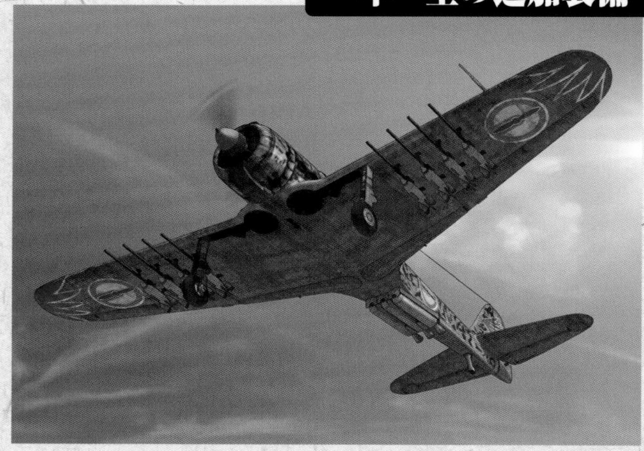

■三式1番28号弾

■ロケットブースター

ブロッケン現象

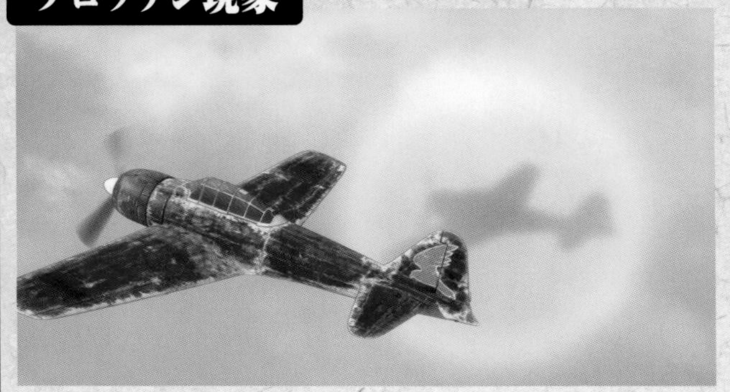

▲TVシリーズでオンエアされたカット

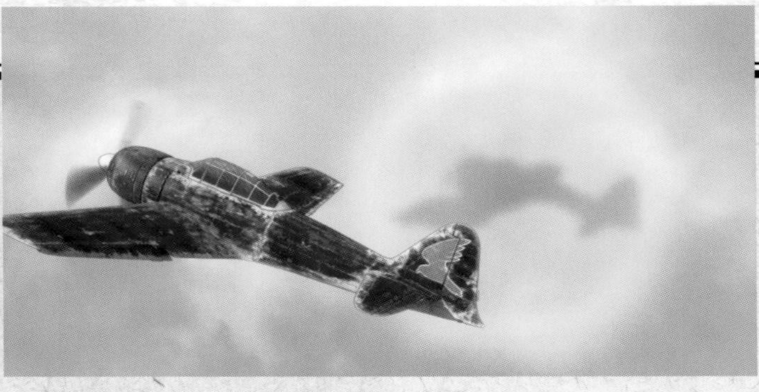

▲『荒野のコトブキ飛行隊 完全版』より

幼少期のキリエがサブジーの零戦三二型に乗せてもらったときに見た虹の輪は「ブロッケン現象」。TVシリーズ第６話放送後“光の輪の色”が逆順であったと判明したため製作スタッフのこだわり心に火が付き、『完全版』では赤い色が輪の外側に来るよう修正されている

コトブキ飛行隊メンバーの空戦能力くらべてみました

エンマ

●家が没落しかけていた時期に、近づいてくるさまざまな種類の人間とその行動、結果を数多く見た経験からか洞察力、観察力がきわめて高い。数秒ほど相手の飛行を見ただけで癖や回避パターンなどを見抜き、どのような回避行動をとるか予測して先回りできる。勘や本能ではなく、経験に裏打ちされた洞察力の結果である。

レオナ

●豊富な経験から戦況を正確に把握、瞬時にシミュレートして正確な判断を下す。常に複数の事態を想定している。

●部下はレオナの判断なら条件反射的に従ってしまう。

●かつては「一心不乱のレオナ」と呼ばれており、今でも時折その片鱗が垣間見えることも。

チカ

●頭で考えるより先に体が動くタイプ。体が軽いためGに対する耐性が人より高い。たとえば体重80kgの男が２G旋回をすれば体重が160kgに感じられるが、40kgほどしかないであろうチカは80kgで余裕をかませるのだ。

●チカと相手の後ろに回り込もうとぐるぐる回るタイプの空中戦（巴戦）を行うと相手がGに耐えられなくなるか、チカがよりGをかけて旋回半径を小さくし無理やり相手の後ろにまわり撃墜したりする。

●目先の相手に集中してしまうため周囲への注意がおろそかになり、敵の2番機に後ろにつかれたりするので常に他メンバーの援護、注意喚起が必要。反応速度も速く興奮しやすい。戦闘中は視界の端に入ったものにすぐに飛び掛かかろうとするので味方を落としかけることもある。

キリエ

●三半規管が強く3次元的な空間把握能力に長けている。飛行機をどのような姿勢にもさせることができ、すぐに水平飛行に戻すこともできる。決して空間失調症に陥ることはない。自転車のように体のバランスで飛行機を操ることができるタイプ。

●キリエと空中戦をした相手は「上昇している」と思ってもいつの間にか急降下させられて地面に激突しそうになったり、「降下している」と思ってもいつの間にか上昇させられていて、失速させられたりする。キリエ自身は自分の姿勢を正確に認識し続けていられる。

●頭に血がのぼりやすく燃料残量や弾丸の残数ということには気が回らないため、相手を撃墜しそこなうこともしばしば。

ケイト

●計算と理詰めで戦闘するタイプ。将棋や囲碁の達人のような先を見越した戦い方をする。「この速度で操縦桿をXセンチ右に倒せば機体は右にY度傾き、旋回半径はZメートルになるのでN秒後には敵の背後につける……」など常に先の計算をしながら飛ぶ。相手の未来位置に弾を撃ち込んでおき撃墜することもできる。

●記憶力が良く燃料残量や弾の残数は常に把握していて、敵にどんなマーキングの機体があったかなど正確に記憶している。

●逆G飛行など予測不能な動きで相手を追い込んでいく。

●相手の気まぐれな行動に咄嗟に対処できない場合もある。頭で行動しないチカとは相性が悪い。

ザラ

●視力が非常に良く、誰よりも先に敵を発見し味方を優位な位置に誘導する。夜目も利くので夜戦では無敵。動体視力も優れていて、混戦でも敵味方を完全に識別でき味方を誤射することは決してない。目以外の感覚も勘も鋭い。

●どんなに酒を飲んでいても冷静な判断ができるため、誰もザラに「酒をヤメロ」とは言わない。

イジツの単位

・長さ：クーリル（２メートル＝１クーリル）
　　　１０００クーリルは１キロクーリル

・体積：ボットル（２リットル＝１ボットル）

・重さ：パウンド（パウンド＝キロ）

・お金：ポンド、銭（１パウンド＝およそ100～130円）

▶チカの「マロちゃん」は498ポンドと98銭。日本円にしておよそ５万円以上だ。冷静なエンマも驚きを隠せなかった様子に納得がいく

イジツの文字

ABエDEFGHLJKIMホΓPQRSTUVWXYZΛNC

イジツの人々は基本的にイジツ文字を使用して生活しているが、場合によってはユーハング由来の日本語（ひらがな、カタカナ、漢字）や英語を使うことも。劇中ではキリエたちが乗る飛行機以外にも、イジツにとっていかにユーハングの影響が大きかったのかを物語るエッセンスが散りばめられている

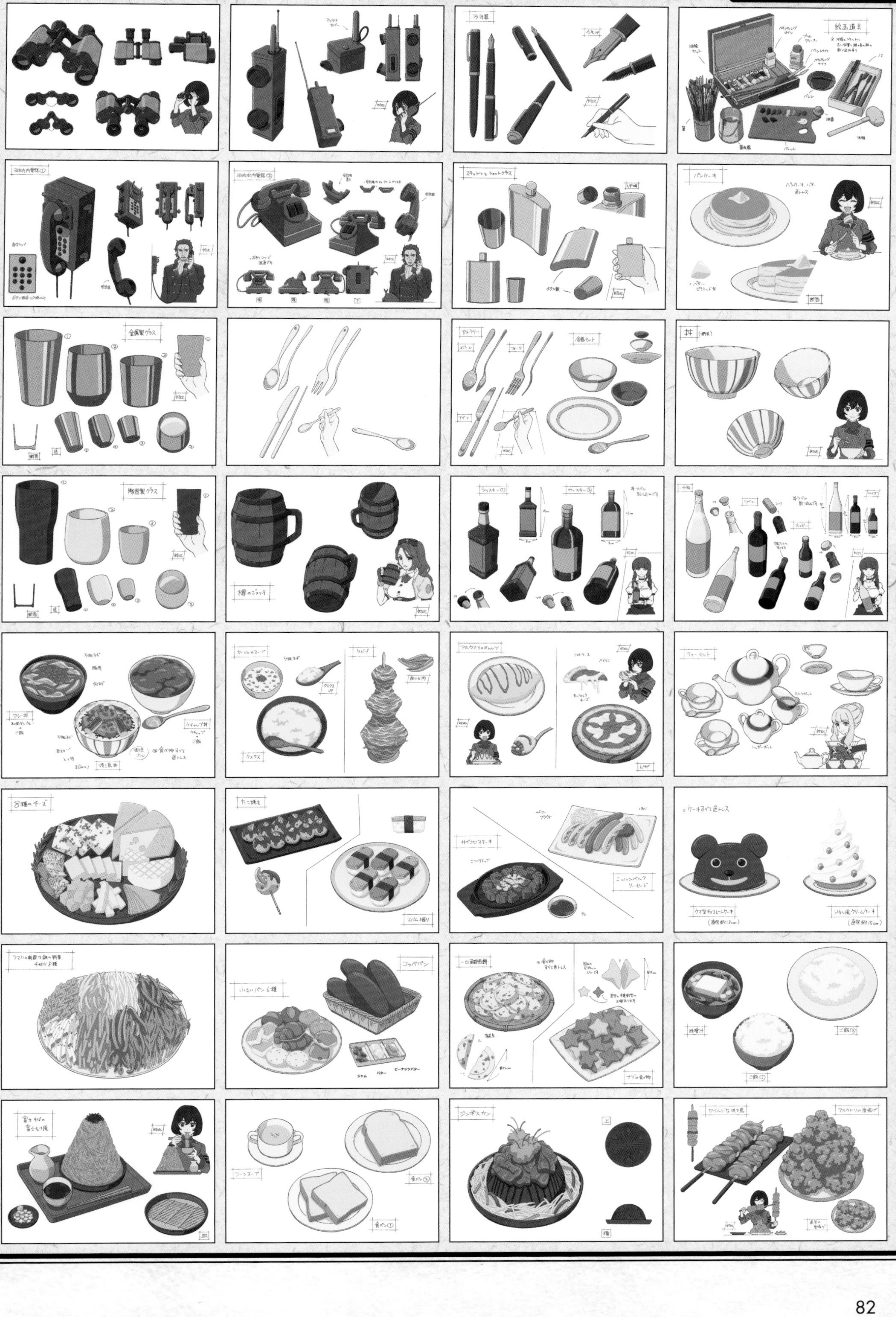
万年筆
絵画道具
パンケーキ
金属製グラス
カトラリー
食器セット
丼
陶器製グラス
ウィスキー①
ウィスキー②
ティーセット
8種のチーズ
たこ焼き
スパム握り
サイコロステーキ
ケーキ2種 色トレス
クマ型チョコレートケーキ
コッペパン
小さいパン6種
ジャム
バター
ピーナッツバター
一口餃子
味噌汁
ご飯①
ご飯②
コーンスープ
食パン①
食パン②
ジンギスカン
ワイルドな焼き鳥

酒瓶ラベル

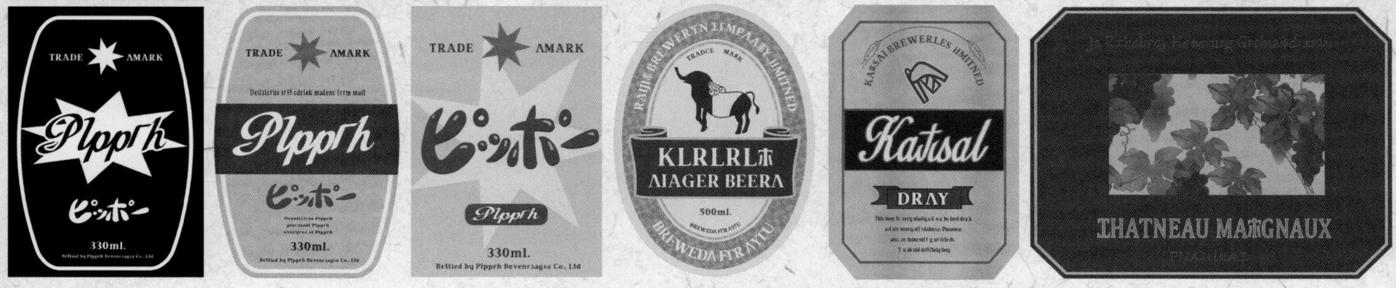

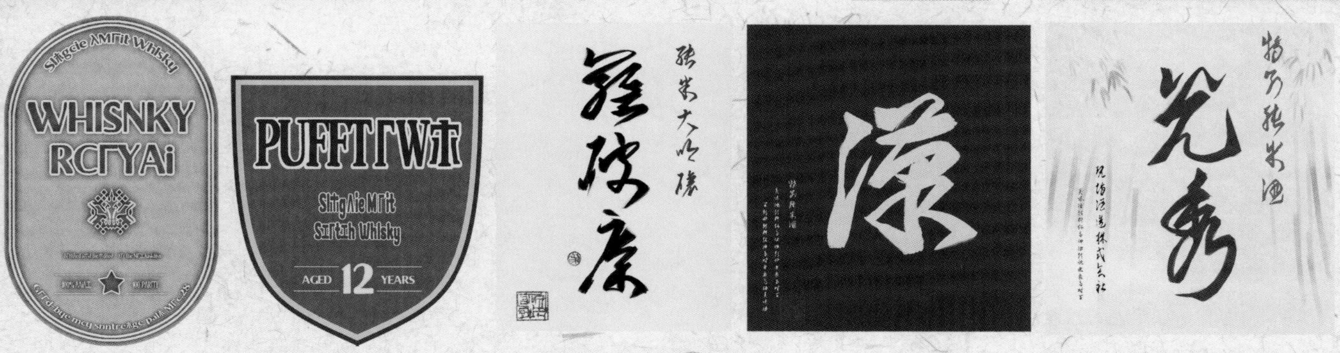

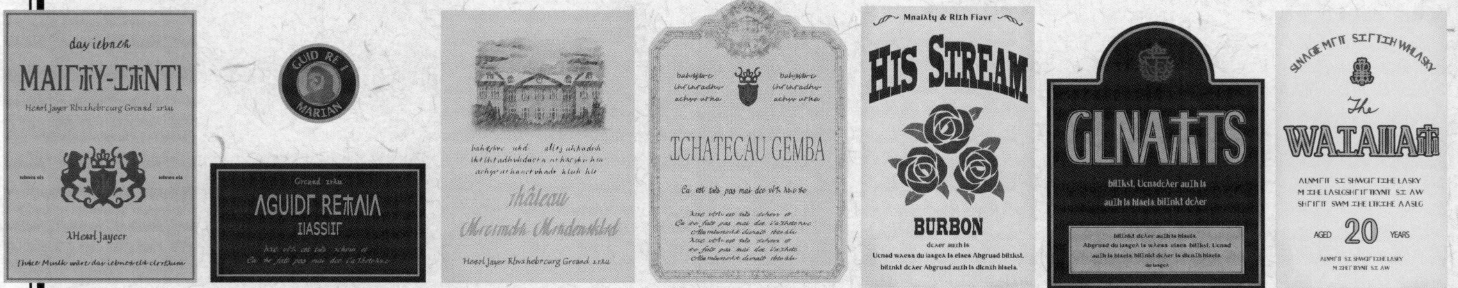

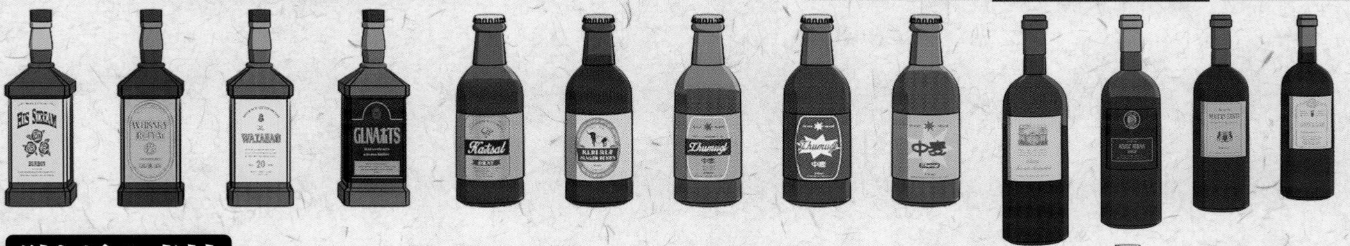

貼り込み素材

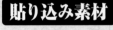

■イジツの紙幣

■地図

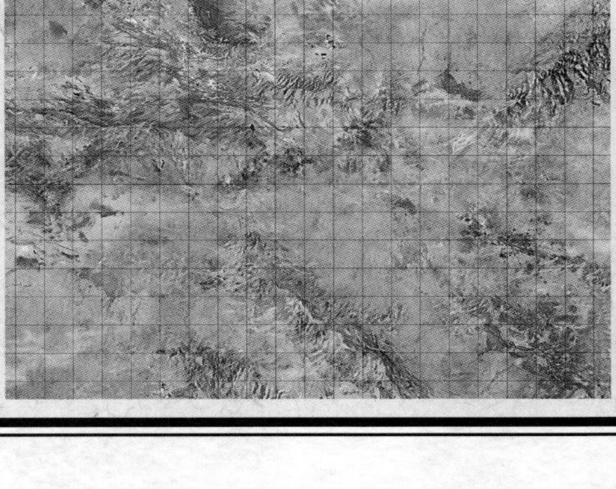

■テレグラフの文字

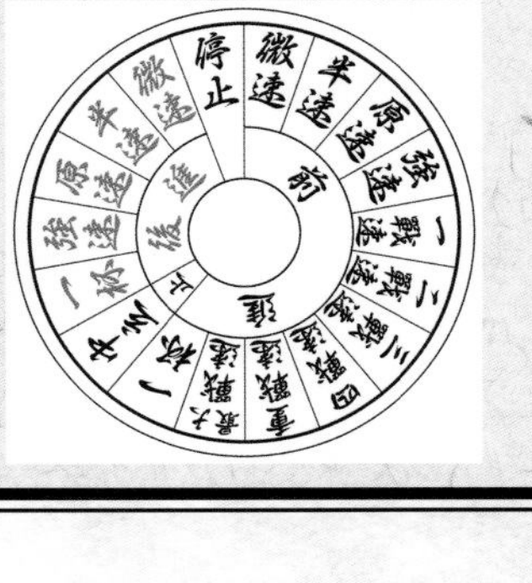

ミキの肖像画

ジョニーズ・サルーンのポスター

羽衣丸船橋

羽衣丸内 ジョニーズ・サルーン

羽衣丸船内

『完全版』新規カット用美術設定

ラハマ自警団詰所・ラハマの街

ラハマ 病院

エンマの家

サブジーの小屋

ラハマ 背景美術ボード

エリート工業のアジト

アレシマ

オフコウ山

ナンコー

ガドール評議会、ユーリア邸

イジツの空

イケスカ・イサオタワー

第1話 エンジン始動シーン大解説！

How to テイクオフ 隼一型

『荒野のコトブキ飛行隊』第1話にて登場した、隼一型の始動シークエンス。「とんでもない映像を見せられている気がするけど、なにがどうなってるのかわからない！」となった方が多いハズ。ということでここで徹底解説！　これさえあれば、アナタも隼を飛ばせる……かも!?

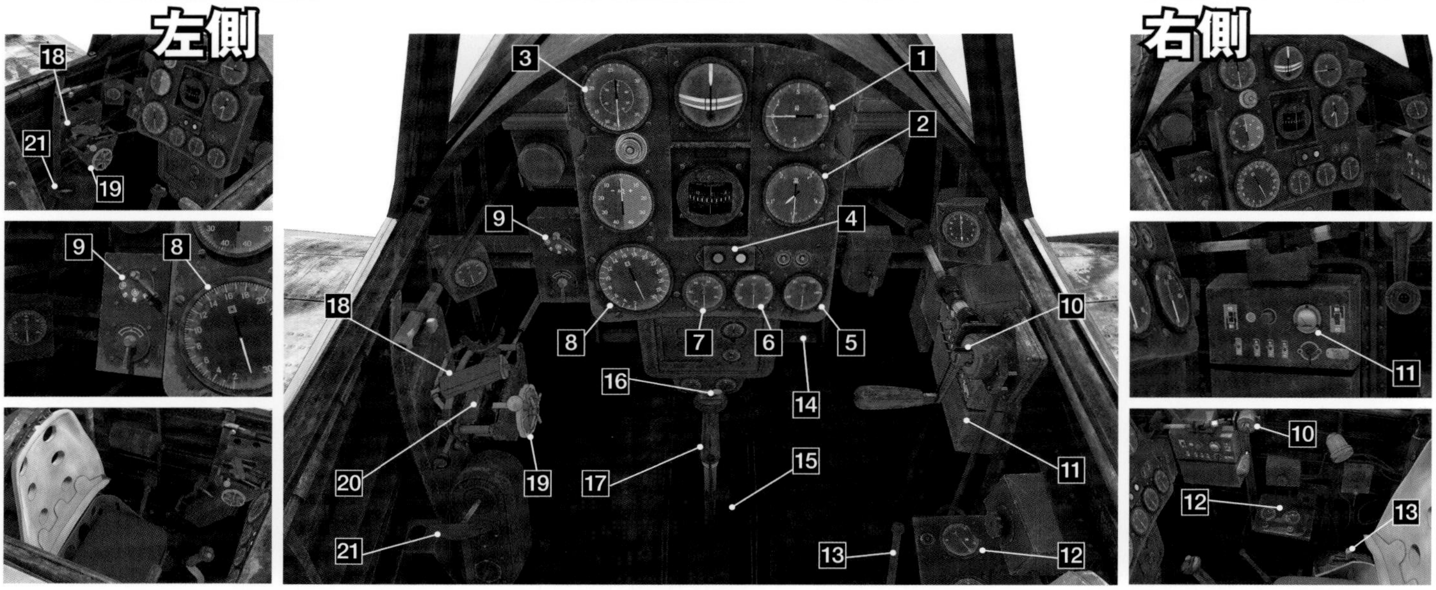

まずはコクピットの機器レイアウトを覚えよう！

●隼一型のコクピット内には多数の計器が並んでいる。ここではとくに始動～離陸までに必要なものを中心に解説していくぞ

1 昇降計
2 高度計
3 速度計
4 脚標識灯
5 油温計
エンジンオイル温度を表示する。通常60～120℃
6 油圧計
エンジンオイル圧力計
7 燃圧計
始動用燃料タンクの加圧状態を表示する
8 回転計
9 点火開閉器
エンジンの点火プラグ用発電機の使用状態を切り替える。信頼性向上のため2重系統化されていて、「左」「右」「両」という表示はどちらを使うか、あるいは両方かを表している
10 カウルフラップハンドル
11 配電盤
12 燃料計
13 発電機
14 ラダーペダル
方向舵を操作するほか、ブレーキペダル（左右独立）も装備されている
15 始動クラッチペダル
慣性始動機とエンジンを連結するペダル
16 フラップ開閉ボタン
高揚力装置を作動させる
17 操縦桿
18 スロットルレバー
燃料の供給量を調節する
プロペラ調速機操作槓桿
19 プロペラの角度を変更することで速度を変化させる
20 高度弁自動装置切替槓桿
燃料の濃さを調節する
21 燃料タンク加圧ハンドル

隼一型の始動手順を実機手順書をもとに映像化

さっそうと隼に乗り込んだキリエが、スイッチやレバーをテンポよく操作、あれよあれよという間にエンジンを始動して飛び立っていく……。『荒野のコトブキ飛行隊』第1話の大きな見どころのひとつだ。

飛行機好きをもうならせるほど、非常に詳細に映像化された始動手順、これだけやるからにはもちろん根拠となる資料が存在する。それは明野陸軍飛行学校で使われ、現在も防衛省の資料室に残されているという隼（二型）の始動手順書だ。映像化するにあたっては二型と一型の違いからくる操作手順の違い（たとえば初期点火に必要な電力はバッテリーから得る二型に対し、一型は発電機で得る）もきちんと落とし込まれ、前代未聞の「映像で見る隼の始動」ができあがった。

この記事をよく読み、運よく隼一型の始動を行なう機会が訪れたときには、よく思い返しながら操作に挑んでみてほしい。■

警報発令！ コトブキ飛行隊発進準備!!

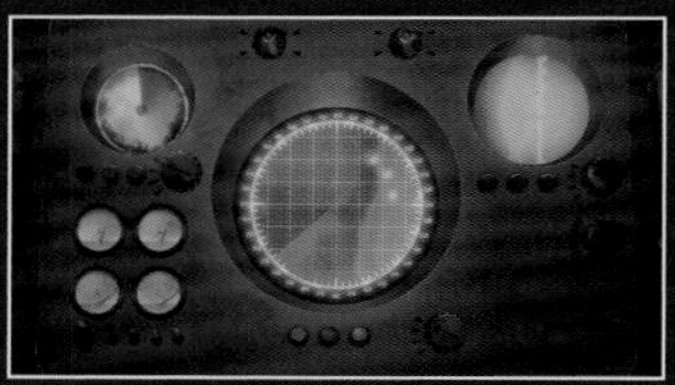

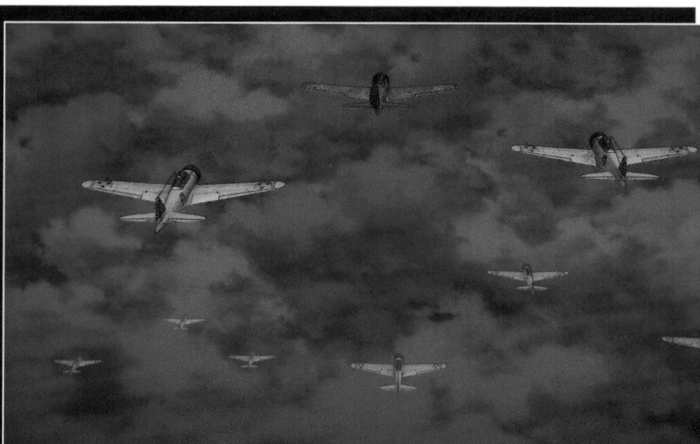

それでは始動手順を見ていこう！

STEP 1 スクランブルでも「チェックヨシ！」でご安全に！ 機器点検からエンジン始動まで

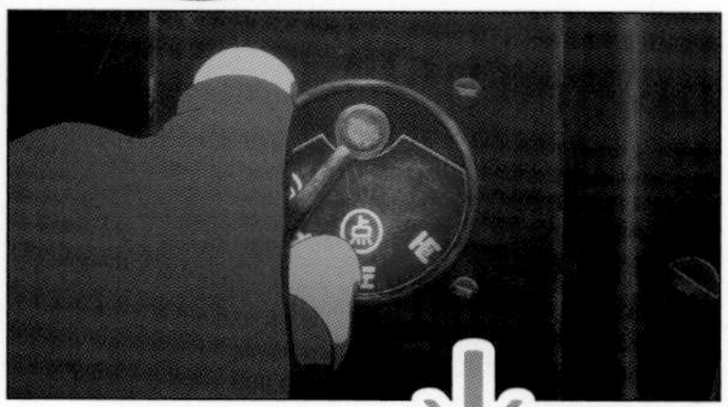

◀燃料確認まで終わったら点火開閉器（9）のチェック。右から順に並んだ「両」「左」「右」「閉」と切り替えていき、異常の兆候が現れないかチェックします。ここはエンジンのスムーズな動作に関係する部分なので、これから何度もチェックしていくことになります

▶プラグに問題がないことがわかったら、ポンプ（21）で始動用燃料タンクを加圧していきます。圧力をかけておくことで、確実にエンジンに燃料が流れ込むようにするわけですね。電源も油圧も作動していないので、レバーを引いての手動操作ですよ。燃料圧計（7）が3・5（単位はkgf/cm2／およそ3・4気圧）を示したところでストップ。何事も、過ぎたればなお及ばざるがごとし

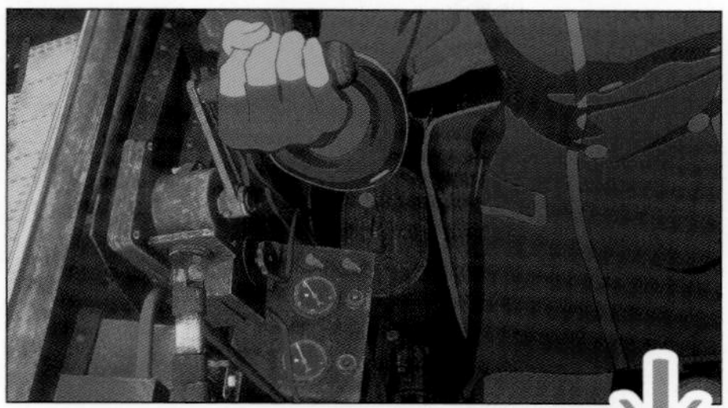

▲▶お次はハンドル（10）を回して、カウルフラップを全開に。開くとエンジンのすき間を通る空気量が増え、冷却効率が上がります。飛行中は閉じておくことが多いものですが、地上では開けないと過熱してしまいます

▶そうそう、充分な燃料が入っているか確認しないといけません。右下にある燃料計（12）を確認しましょう。指さし確認、ヨシ！　ふたつあるメーターの左が胴体前部、右が胴体後部タンクの残量を示しています

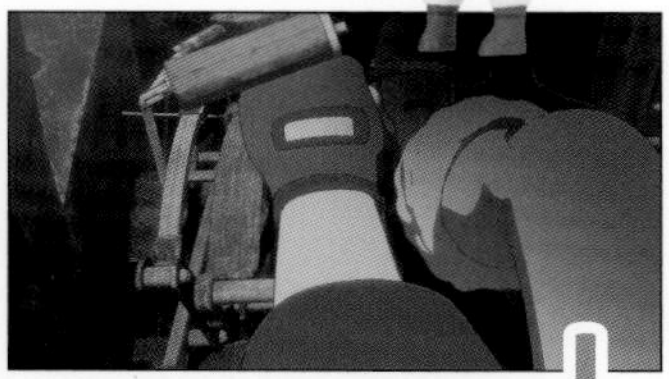

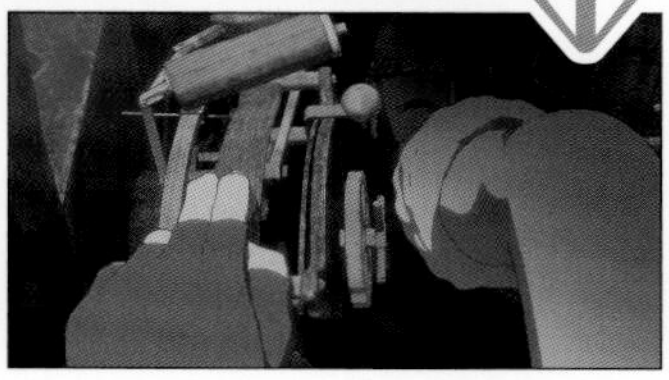

▲乗り込んだら、まずはプロペラ調速機操作槓桿（19）を押し込み、プロペラの角度を「最高節」にセット。これで回転したときの空気抵抗が増えますが、エンジン始動にはある程度抵抗があったほうがよいようです。続いて高度弁自動装置切替槓桿（20）を手前に引き、「常時」にセット。これで始動時（および上昇、空戦時）に必要な、濃い燃料を送り込む準備が整いました

機内と機外で確実な声かけを

●隼の始動は慣性始動機を使ったものと（コトブキ飛行隊の手順）、始動車がプロペラを強制回転させて行なうものの2種類がありますが、どちらもコクピット内だけで完結するものではありません。機外で始動を行なう整備員と確実にやりとりするために、明瞭に声かけし合うことが大切です。まず機上で作業する側ですが、慣性始動に入れるようになった段階で「始動準備」と発声しましょう

◀機外作業者は「始動準備」の掛け声で慣性始動機を回し、充分に回転したら「点火」と発声します。これに応じて機内では点火作業に入ります

▲スロットルレバー（18）を2回、ガチャガチャと煽ります。これによってエンジンシリンダー内に濃い混合気が流れ込み、冷え切ったエンジンでもかかりやすくなります。旧車のチョーク動作みたいなものですね

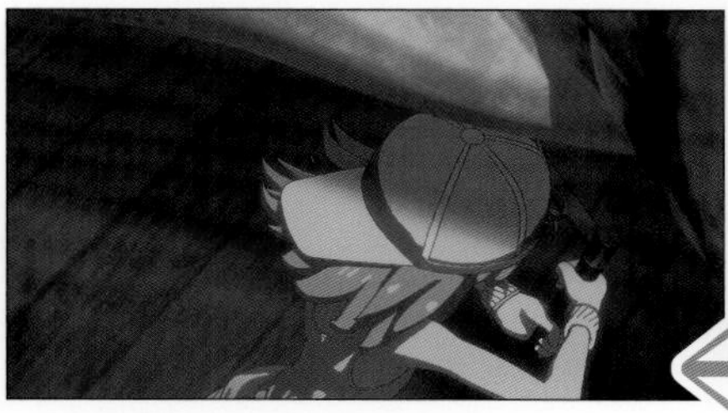

▲脚庫内にある接続口にイナーシャハンドルを突っ込み、回転させます。ここは重い金属製の円盤（フライホイール）を含む慣性始動機に繋がっていて、高速で回転させることでエンジンの始動に必要な回転力を充分に溜め込みます

▲充分にフライホイールが回転し、整備員の「点火」の掛け声を聞いたところからはスピード勝負。まず点火開閉器レバーを「止」から「両」に切り替えます。ここでもし慣性始動機の回転数が落ちるようなことがあれば、発電機や点火プラグまわりに異常が発生しているということ。始動手順は中止、整備員のチェックを受けてください

▲発電機（13）のハンドルを回し、点火に必要な電気を作り出します。エンジンが始動してしまえばそこから電気を得られるので、ずっと回し続ける必要はありません

▲操縦桿のすぐ前、ラダーペダルより手前にあるペダル（15）を踏み込みます。これは慣性始動機とエンジンをつなぐクラッチペダルで、踏み込むことでエンジンに動力が伝わります

▶回転がスタート、火が入ることでエンジンが、動きはじめました。TVアニメ劇中でもちゃんと回転開始から一瞬のちに点火した様子が描写されています

▼勝手に動き出さないよう、ラダーペダル（14）のブレーキを踏み込んでおきましょう

STEP 2 暖機のあいだに機体の再チェック

▶エンジンは熱が充分に回った状態で所定の性能を発揮するように作られているので、充分に暖まるまでは離陸厳禁！　油圧計（6）が4kgf/cm2、回転計（8）が14（分間1400回転）で安定していることを確認しつつ、エンジンオイルの温度が60℃を指すまで暖機を続けます。この間に機体の操作を行なう各操縦翼面が正常に動作をするか、機外作業員とともに、左のように確認作業します

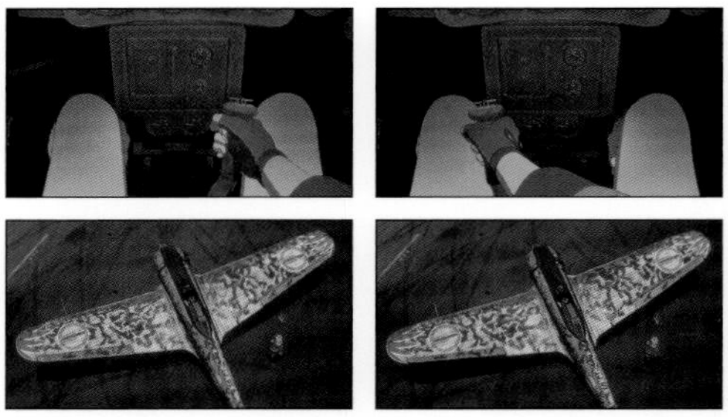

エルロン

●操縦桿（17）を左右に倒すとエルロン（補助翼）の動作になります。右に倒したときに右主翼のものが折れ上がって左主翼が折れ下がり、左に倒すとその逆の動きをしているかを確認します。ここは機内作業をしている人間にも動作の様子がわかりやすい部分となっています

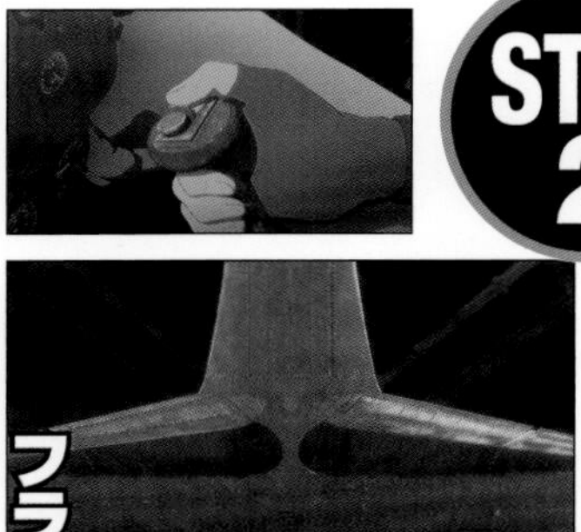

フラップ

●操縦桿のふたつのボタン（16）は高揚力装置、フラップの出し入れを行なうもの。黄色のボタンで出す、赤のボタンで収納する、どちらの動作も滞りなく行なわれることを確認してください

エレベーター

●操縦桿を前後に動かすとエレベーター（昇降舵）の操作になります。エレベーターだけに限りませんが、正常に動作するかどうかだけでなく、操作したときの手ごたえに違和感がないかも併せてチェックしてやります

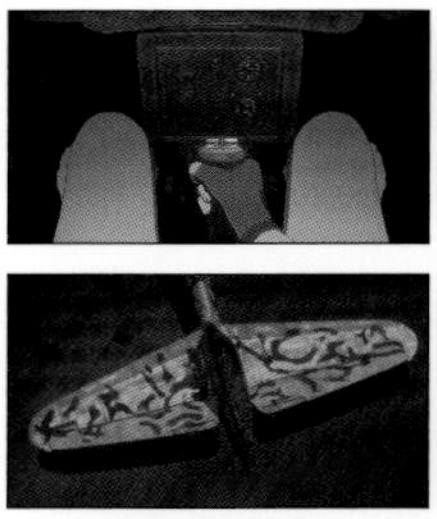

ラダー

●フットペダルは右足を踏み込むか左足を踏み込むかでラダー（方向舵）の動く方向が変化します。ブレーキを緩めてしまうと思わぬ方向に動き出しかねないので、その点は充分に注意しながら行なってください

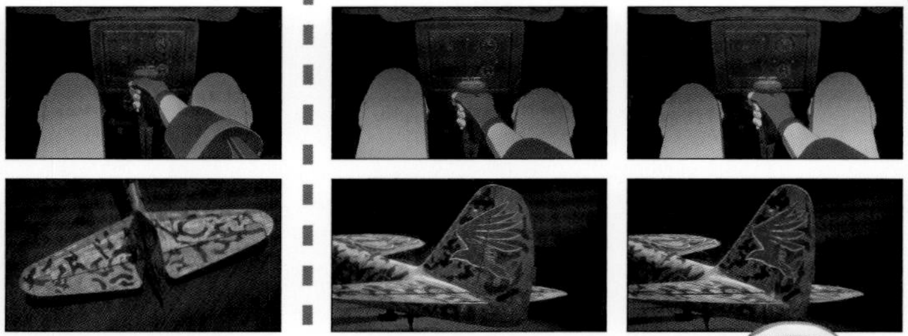

STEP 3 最終チェック（念入りにね）

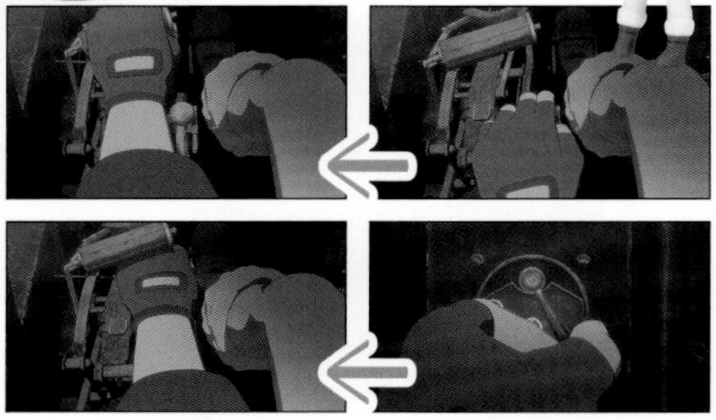

●充分にエンジンが暖まったら最終チェックです。ずっと最大角だったプロペラを最低角度に戻す、スロットルを押し込む、などエンジンの周辺環境を変化させてやり、その状態で点火開閉器を「両」「左」「右」「左」「両」と切り替えて発電機やプラグに問題がないことを確認します。またプロペラ角度を変更するに従い、エンジン回転数も変化していることも確認します

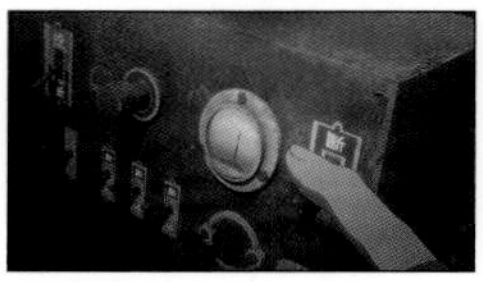

▶ここまでの操作が終わったら配電盤（11）をスイッチオン。電流計の針が動いたこと、脚標識灯（4）が展開状態を示す緑に点灯すれば正常です

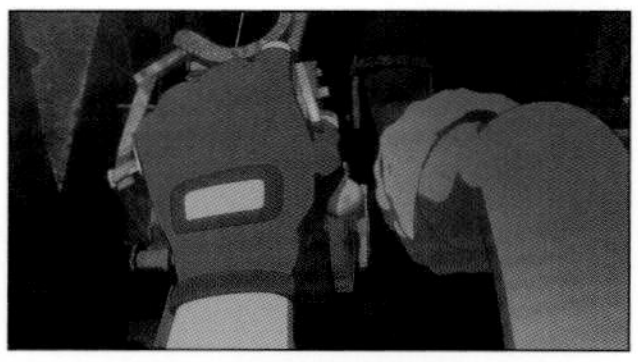

◀ヴェイパーロック（燃料が配管内で気化し、正常に送られなくなること）を防ぐため、スロットルをふたたび煽ります

STEP 4 発進！（ホントはここからがパイロットのおしごと）

▼離陸地点に移動、ここでシートベルトを着用します。隼の場合は2点式なので、地上でつんのめると頭を計器盤や照準器に打ちつけることがあるので注意。フラップの展開も忘れずに

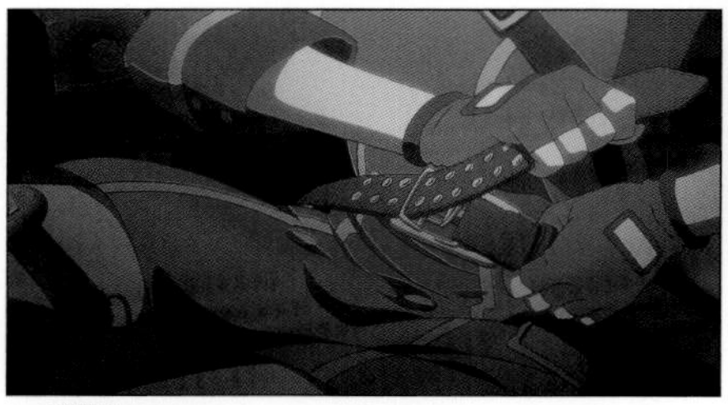

▲始動準備完了、本来はここで機内始動員とパイロットが入れ替わるのですが、コトブキ飛行隊ではパイロットが操作している模様。爆音が轟いているので、発進を知らせるのは手信号です（映画『加藤隼戦闘隊』で手信号をおくるシーンが観られます）

STEP 5 いまの感覚じゃありえない？ 隼一型離陸のお作法

●ほとんどの作業が機器チェックでしたが、飛行機の事故は離着陸時に多発するので、機体が間違いなく正常に動作することを確認するのはとても重要なことです。それでは今日もご安全に、楽しい隼ライフを！

●ジェット機の離陸なら、水平滑走し操縦桿を引いて機首を引き上げます。でも隼の場合、ある程度速度を上げた時点で操縦桿を軽く押さなければいけません！　おしりに車輪があって地上では機首が上を向いている隼は、まず尾輪を浮かせないと空気抵抗が大きくて飛び立てないし、前も見えないのです

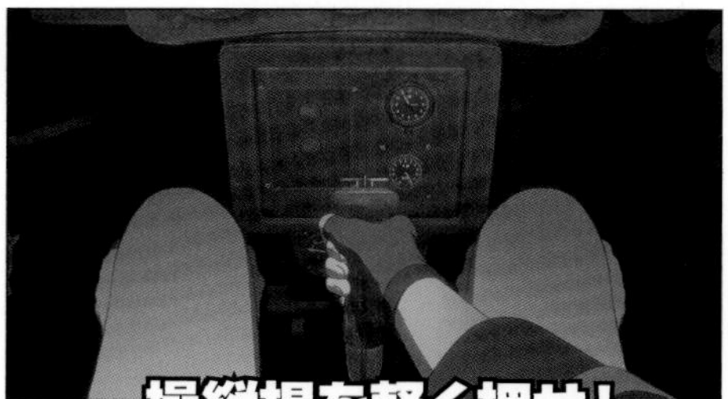

操縦桿を軽く押せ！

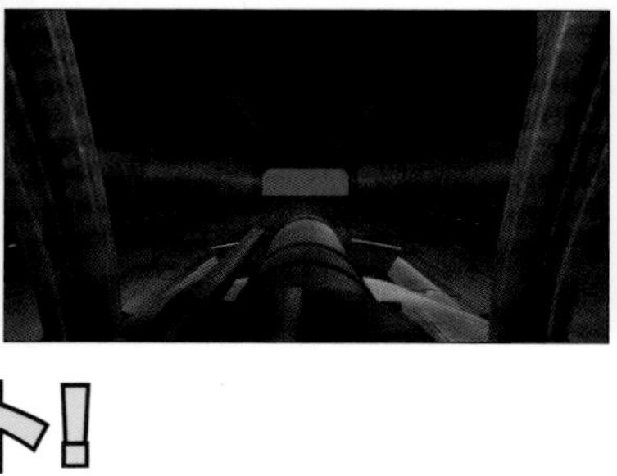

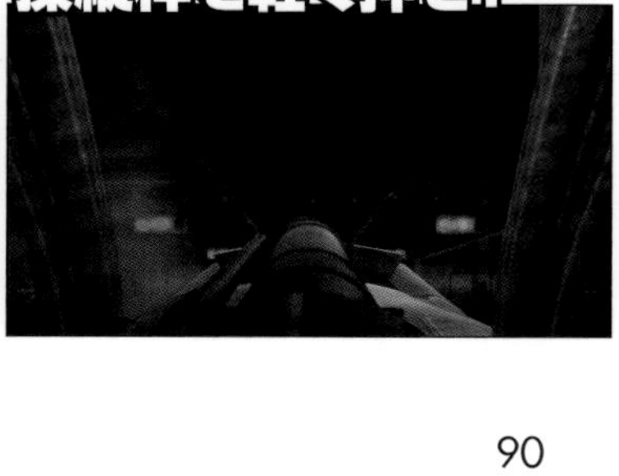

手順を守って今日もハッピーフライト！

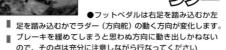

ミリタリー設定時浜次郎氏による「イラストでわかる！飛行機の操作」

ミリタリー設定の時浜次郎氏は漫画家でもあり、隼一型の始動手順など、飛行機の操作について解説するイラストをいくつか描き下ろしている。こういったイラストはアニメ制作スタッフ間で共有され、目指すべき劇中描写の指標となった。

操縦席の基本姿勢

隼、鍾馗など眼鏡式照準器（望遠鏡）の機体は照準時に覗きます

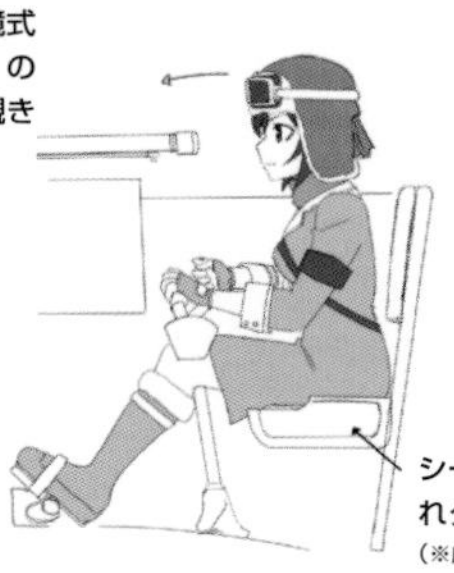

右手は操縦桿、左手はスロットルレバーが定位置です。飛行中は基本的にこの位置です

シートにパラシュートを入れクッションにしています

（※劇中設定とは異なります）

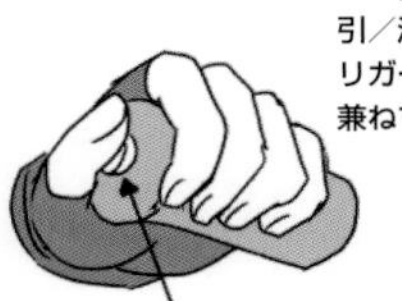

スロットルレバーはエンジン出力操作（押／増速、引／減速）と機銃発射トリガーのふたつの機能を兼ねています

スロットルレバー端のスイッチが機銃発射スイッチになっています

フットバーは垂直尾翼の方向舵を操作します。エンジンの回転モーメントや風向きなどに対して常時小刻みに動かして進行方向を調整しています

操縦桿上面のスイッチは空戦フラップの作動ボタンです

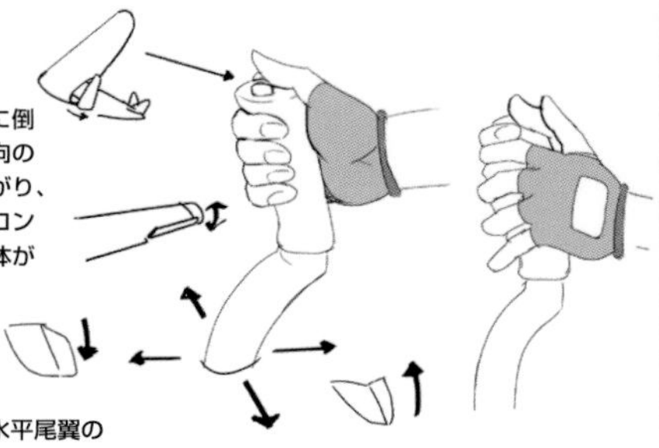

操縦桿を左右に倒すと曲がる方向のエルロンが上がり、反対側のエルロンが下がって機体がロールします

前に倒すと水平尾翼の昇降舵が下がって機首下げ（下降）

引くと水平尾翼の昇降舵が上がって機首上げ（上昇）

× 操縦桿は両手では握りません

急激な引き起こしや緊急回避など、力をこめて両手で操縦桿を操作する場合は左手は右手に添えるようにして握らせてください

隼一型エンジン始動手順

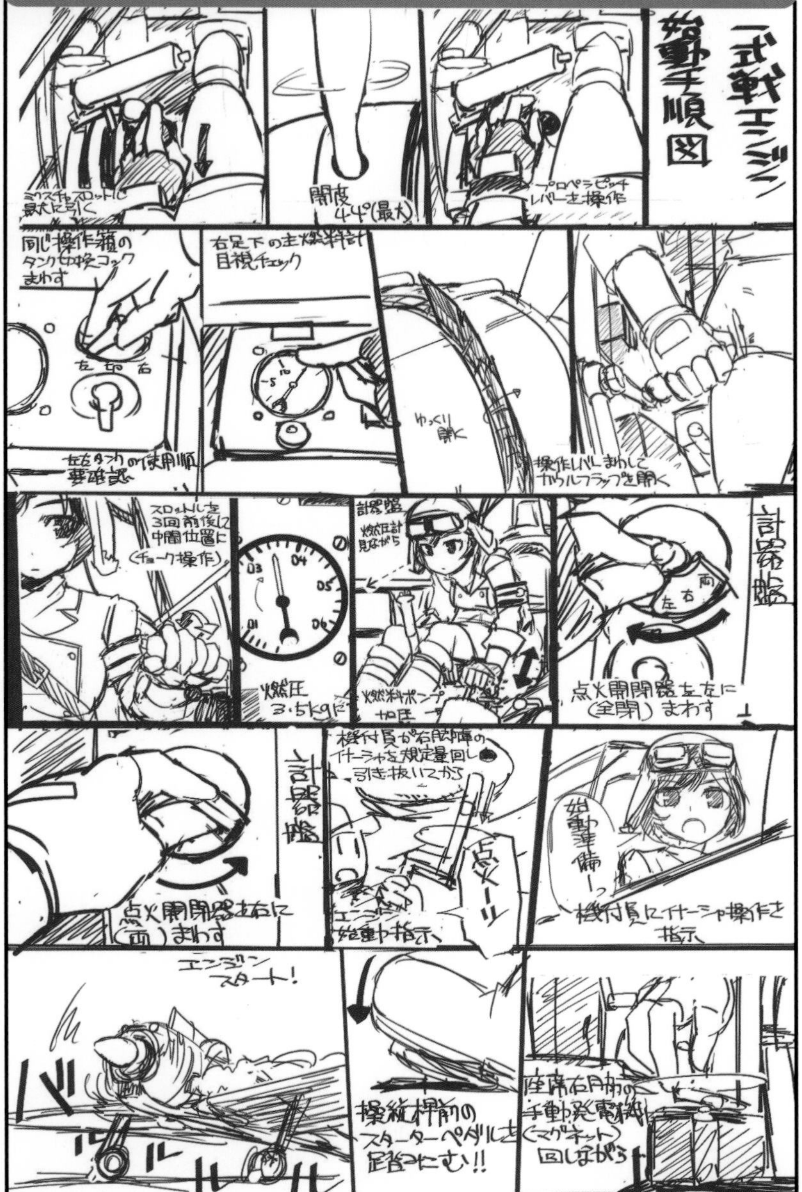

九四式37㎜弾はラップの芯くらいのサイズ感です

弾は某バレー部の57㎜砲よりも細長いカンジ です

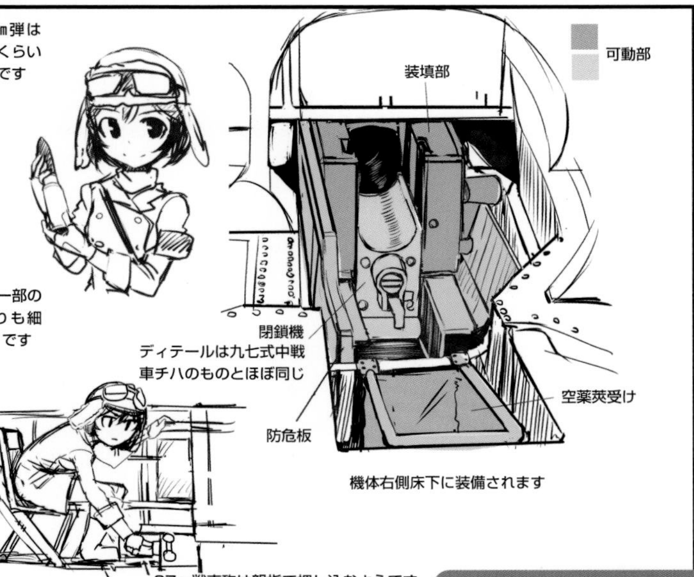
37㎜戦車砲は親指で押し込むようです

砲は床面に近い位置なので装填の際はかなり屈んだ姿勢になります。オーバーアクションで見せるならアンダースロー風でしょうか

屠龍搭載の九四式三十七粍戦車砲配置予想図

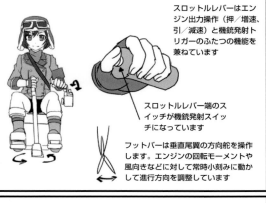

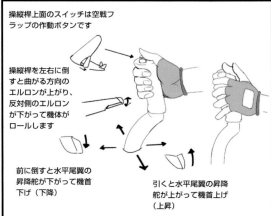

空戦

『コトブキ飛行隊』をより楽しむための空戦＆飛行機Tips集

（※本記事は『月刊モデルグラフィックス』'19年３月号から'19年８月号にかけて連載された記事を再構成したものです）

さて、無事隼を離陸させられたなら、次は空中戦のスタートです。『荒野のコトブキ飛行隊』ではレシプロ戦闘機が入り乱れ、目まぐるしく空戦シーンが展開されていきます。『荒野のコトブキ飛行隊』で初めて観た人はちょっと面食らう一連の空戦シーン、その理解の手助けとなる要素をご紹介しよう。

レシプロ戦闘機の操作方法

三次元を自由自在に飛び回る飛行機は、その動きを制御するために、自動車よりちょっとだけ複雑な操縦システムを搭載している。空中で飛行機の操作に使えるのは「空気」のみなので、翼のあちこちについた装置で空気の流れをねじ曲げることで操縦するのだ。硬い地面に直接力を伝える自動車と違い、空気を介して動くため動作には必ずタイムラグが生じる。まずはそういった飛行機の操縦の特徴について覚えておこう。■

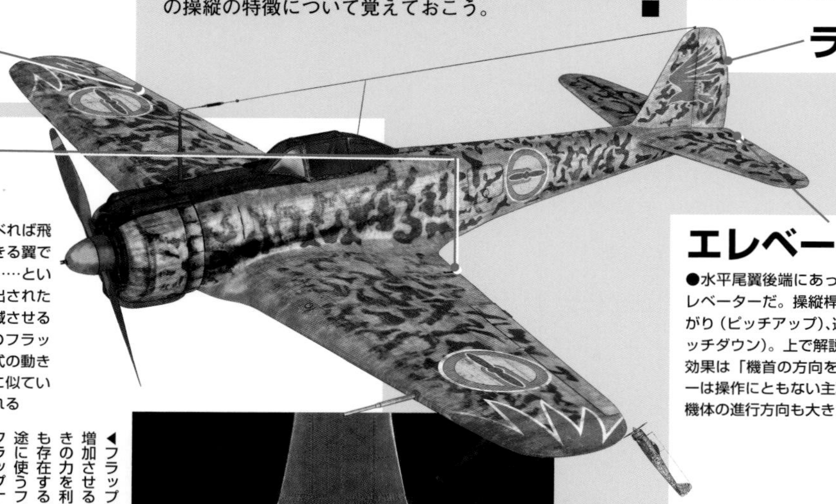

エルロン（補助翼）

●主翼の後外側にあって、操縦桿を横に操作することで左右逆方向に動くのがこのエルロンだ。右に操縦桿を倒せば右主翼のエルロンが上に折れ曲がり、左主翼のエルロンが下に折れ曲がる（左に操縦桿を倒すと逆に動く）。そうすると左右の翼で逆向きの空気の流れが生まれ、機体が進行方向に対して横に倒れる。この機動をロールと呼び、ロール操作などで生じた機体の傾き角はバンク角と呼ぶ。飛行機が旋回するときは、ほとんどの場合バンク角をとったうえでエレベーターを操作することで行なわれる。上昇する動きを横向きにしたら旋回になる、というリクツだ。なおこの操作はひらひら飛び回る戦闘機だけでなく、旅客機でも使われているぞ

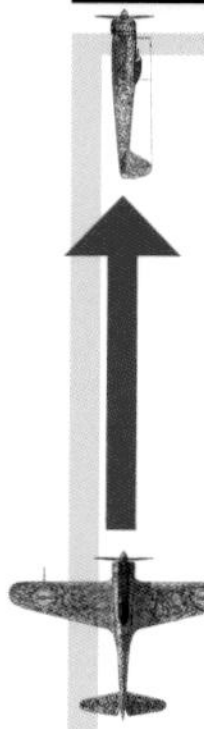

ラダー（方向舵）

●垂直尾翼の後端にあるのがラダー。足元のラダーペダルの操作で左右に動くようになっていて、操作すると機首を左右に向けられる（ヨーイング）。……と聞くと「旋回のための操作」と思うかもしれない。でもラダーはあくまで機首の方向を振るだけ。空気抵抗や推力方向の変化でわずかに横方向にスライドするが、その量はわずかだ。ということでラダーはエルロンやエレベーターと比較して、やや補助的な立場。動きを複雑にして弾を避けやすくしたり、姿勢を微調整したり、劇中では第１話でレオナ機が見せたような「垂直姿勢のまま高度を落とさずに飛び続けるために、機首を上空方向に向ける」機動なども使われている

フラップ（高揚力装置）

●飛行機が離着陸するときは遅く飛べれば飛べるほど安全だが、安全に離着陸できる翼では空気抵抗が大きくて速く飛べない……ということで、それらを両立すべく考え出されたのが、出し入れすることで揚力を増減させる「フラップ」と呼ばれる装置だ。隼のフラップは主翼の内側下にあり、スライド式の動きが止まっている蝶が羽を動かす様子に似ていたことから「蝶形フラップ」と呼ばれる

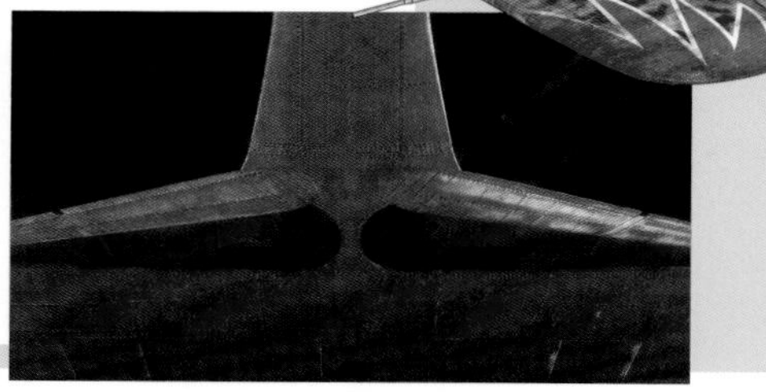

◀フラップを作動し揚力を増加させると生じる、上向きの力を利用した空戦機動も存在する。そういった用途に使うフラップを「空戦フラップ」と呼ぶ

エレベーター（昇降舵）

●水平尾翼後端にあって、尾部の上げ下げをするのがエレベーターだ。操縦桿を押し込むと尾が上がって頭が下がり（ピッチアップ）、逆だと尾が下がって頭が上がる（ピッチダウン）。上で解説しているラダーと同じく、主要な効果は「機首の方向を変える」ことだけど、エレベーターは操作にともない主翼に当たる風の向きが変わるので、機体の進行方向も大きく変化する

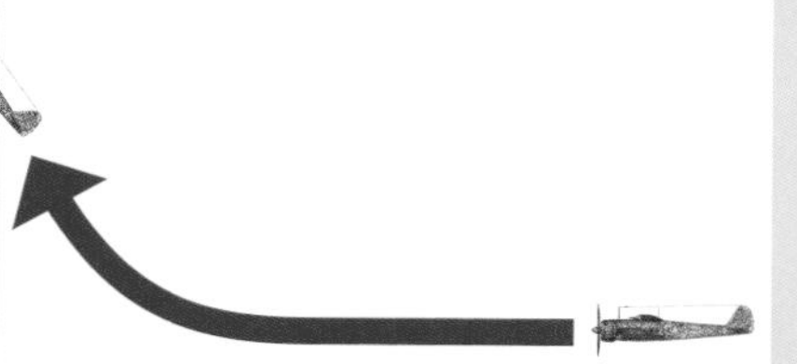

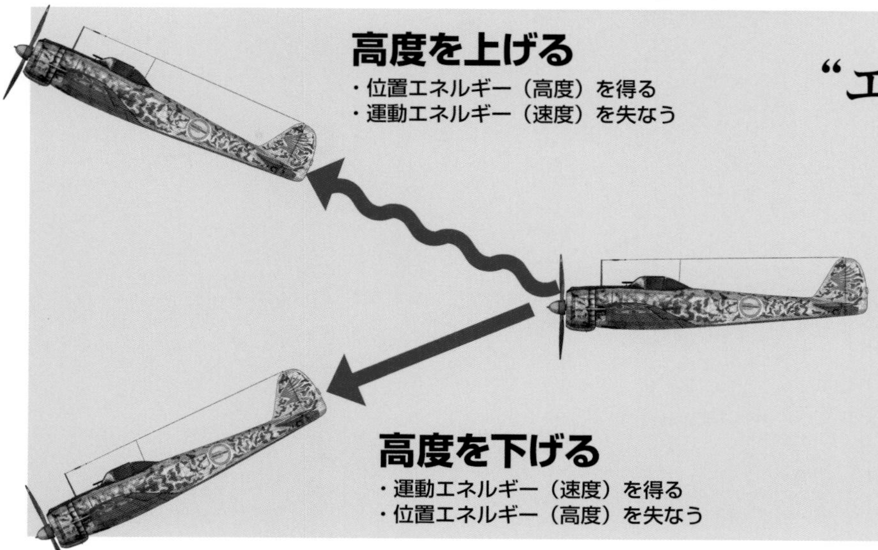

高度と速度の相互変換

“エネルギー機動性理論”

空戦機動を理解するのに役立つのが「戦闘機は旋回時の空気抵抗などによるエネルギーの損失をエンジン出力で補給しながら、運動エネルギー（速度）と位置エネルギー（高度）を相互変換することで戦っている」という考え方だ。高度を上げると、重力に逆らった動きなので速度が落ちるが、稼いだ高度は再加速に必要なエネルギーとして温存できる。空戦中、同じ速度ならば速度や旋回時のロスに変換できる高度を保った側のほうが有利だ。

さらにいえば旋回性能が高く、エンジンパワーが高く機体が軽量であればこれらのエネルギーをすばやく変換できるため、有利な状況にもっていきやすい。このような考え方は、1960年代に**エネルギー機動性理論**という考え方としてまとめられた。そのさわりだけでも覚えておくと、空戦への理解が深まるだろう。■

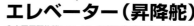

空戦にはさまざまな「技」があり、それらを「空戦機動」と呼ぶ。『荒野のコトブキ飛行隊』ではさまざまな空戦機動が使われているが、ここではそのなかから代表的なものいくつかを解説する。

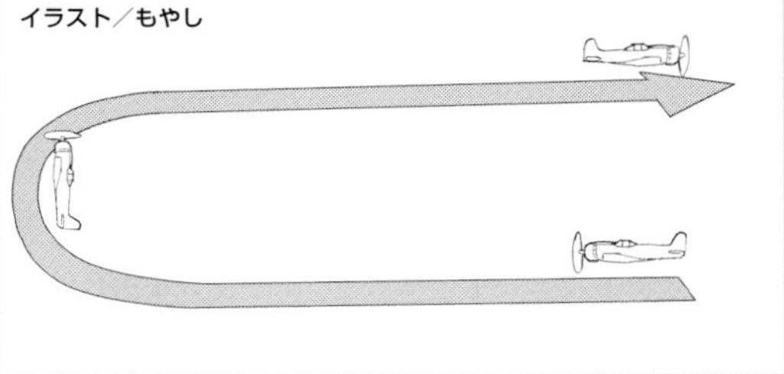

イラスト／もやし

空戦機動 その1

インメルマンターン

水平飛行から上昇して宙返りし、その頂点で機体を180度ロールさせて通常飛行姿勢にうつる機動を「インメルマンターン」と呼ぶ。第一次世界大戦のエース、マックス・インメルマンに由来するかなり古い空戦機動のひとつだが、高度を稼ぎながら進行方向を逆向きにできるため、どの時代でも非常に有用な機動だ。TVアニメ劇中ではキリエ、エンマ、ケイトの３人が正面からすれ違った零戦二一型に再攻撃を仕掛ける際に使用された。■

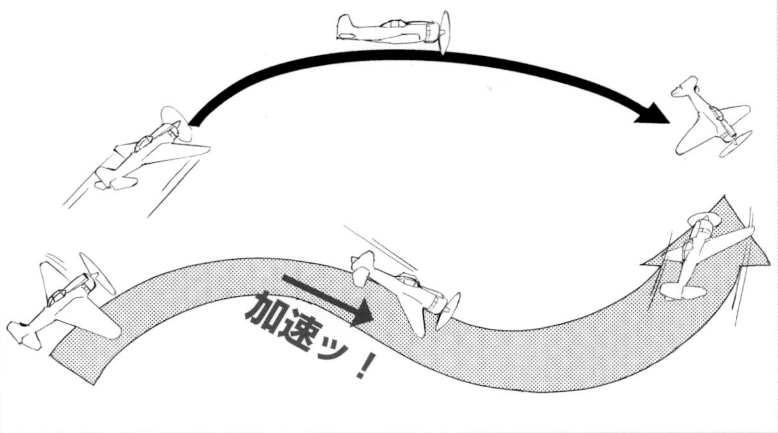

イラスト／もやし

空戦機動 その2

ロー・ヨー・ヨー

自機よりも速いスピードで飛ぶ機体に追いすがり攻撃を加えるために使うのが「ロー・ヨー・ヨー」だ。機体を降下させることで大幅に加速して追いつき、急上昇して一撃を加える機動で、第１話において羽衣丸を襲撃する零戦二一型に追いつくためにエンマが使用した。ロー・ヨー・ヨーとは逆に敵機が遅い場合は上昇して速度を落とし、再降下して攻撃を加える方法があり「ハイ・ヨー・ヨー」と呼ばれる。同じく第１話でキリエのバレルロールをかわしたナオミの零戦三二型の動きがこれにあたると思われる。■

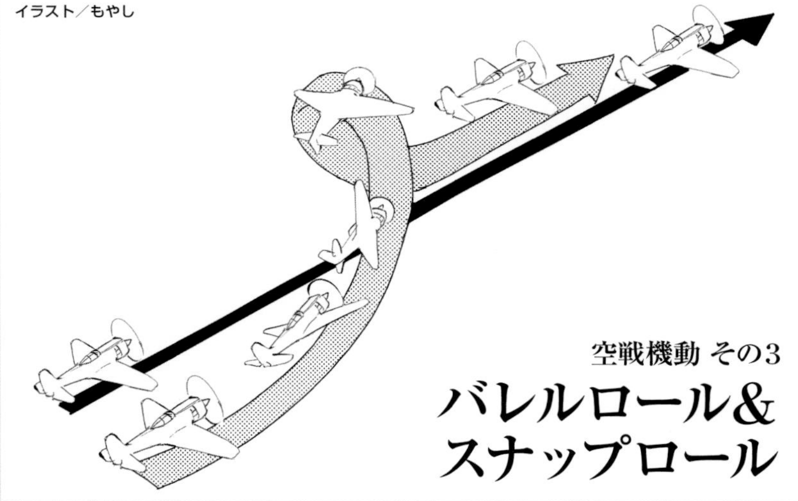

イラスト／もやし

空戦機動 その3

バレルロール＆スナップロール

バレルロール、スナップロールはいずれも前に飛びながら側転するような動きをとる機動だ。このふたつは操作方法が違い、スナップロールの場合はピッチアップとヨーイングを同時に行なうことで発生する。すばやく転回できるが、空気抵抗が大きく、速度が落ちる。第１話ではキリエやザラが零戦に後ろにつかれた際、追い越させる（オーバーシュート）機動として使われた。バレルロールはピッチアップとロールを組み合わせたもので、スナップロールよりも転回スピードは遅いが、エネルギーをあまり失わない。こちらは第２話で飛燕が下方を確認しながら降下する際などに使われている。■

空戦機動 その4

シザーズ

機銃を回避するために、右に左に、ジグザグに飛び回る戦闘機。後方に位置する機体がそれを追いかけると、まるではさみをチョキチョキするみたいに右に左に動いて見えることから「シザーズ」と呼ばれている。

この機動、ただジグザグに飛んでいるように見えかもしれないが、なかなか奥が深い。というのも、前方の機体は適宜フェイントを入れたり速度を上げたり下げたりしながら動かないと、タイミングを読まれてしまい攻撃を受けてしまう。攻撃する側である後方の機体だってただ追いかけるだけではなく、旋回と速度をきっちり制御しながら飛ばないと、前方に飛び出してしまって攻守が逆転してしまうことがあるのだ。

ということでジグザグに飛び回る飛行機たちは、上で紹介したような空戦機動ほど派手な動きではないけれど、旋回のGに耐えながら、次にどう動くべきか読み合いながら飛んでいるのでした。■

◀こちらは空自のブルーインパルスによるシザーズ機動中のようす。場合によってはこのように進路が交錯することもあり、そうすると絶好の攻撃機会を与えてしまうことになる

そういえば……

“レシプロ”ってなんですか？

『荒野のコトブキ飛行隊』に登場する飛行機たちみたいなプロペラ機を「レシプロ飛行機」と呼ぶけれど、これは燃料の燃焼でピストンを往復（レシプロケーティング）させ、動力を得る機関（エンジン）を積んでいることからきている。「プロ」なんてつくからプロペラのことかと思ってしまうけど、直接は関係ないのだ。それが証拠に、プロペラがついたジェットエンジン（ターボプロップエンジン）も存在する。■

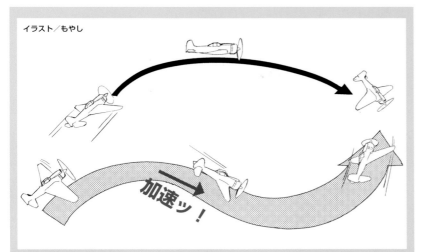

編隊飛行

戦闘機は1機のみで飛ぶにあらず、協力しあうことでより有利な状況を作り出せる。ここでは複数機が連携するための「編隊」から、『荒野のコトブキ飛行隊』劇中で使われたものをいくつかご紹介する。

4機警戒編隊

フィンガー・フォー

第2話、ユーリアの護衛隊として登場した鍾馗がとったのが「フィンガーフォー」という編隊で、並んだ様子が人差し指、中指、薬指、小指の4本に見えることからこの名前がついた。各機に警戒方向を振り分けることができるので、周辺警戒に向いた編隊となっている。敵を発見した場合はここから2機ずつに分かれることもできるし、そのまま攻撃に移れば、ロッテよりも死角が少なくなる。基本に忠実、負ける要素はない……というところだが、シロクマ団の奇襲で虚をつかれたのか、その後はあまり効果的に機能していなかったようだ。■

2機攻撃編隊

ロッテ

第2話ではキリエとチカ、レオナとザラ、エンマとケイトと分かれて2機ずつでの攻撃が描かれる。この2機編隊を「ロッテ」と呼ぶが、そのメリットは攻撃役と警戒役に役割分担できること。前ページの「シザーズ」の項目で解説しているとおり、空中での追いかけっこは壮絶な読み合いで、攻撃する機体は後方にまで充分な注意が払えない。そこで僚機がうしろにつき、後方警戒を担当することで攻撃に集中できるようになるのだ。

ちなみに第1話でちらっとだけ言及された3機による編隊は「ケッテ」と呼ぶ。■

対レーダー／対大型目標攻撃編隊

トレール

第2話で羽衣丸に向かって正対し、縦にずらっと並んで飛ぶことでレーダーに映る機体の数をごまかしたシロクマ団の飛燕。縦一列に並ぶこのような編隊をトレール（尾、ないし「引きずる」を意味する）と呼ぶ。本来は船などの大型目標に対して爆弾や魚雷などで一斉攻撃を加えるときにとることが多い編隊だが、第2話では奇襲のために利用された。映画『トップガン』でMiG-28が同様の戦術をとっていたことを思い出した方もいるだろう。また、もし護衛隊が出撃してこなかった場合、そのまま羽衣丸に一斉に殺到して集中攻撃を加えるつもりだったのかもしれない。■

マニューバキル

撃墜というと機銃などを使って攻撃し、ダメージを与えることによって行なうという印象が強いが、「墜落せざるを得ない状況に追い込む」ことも立派な撃墜の一種とみなされる。狙ってこれを行なえるということは、自分自身および相手の機体の性能を充分に把握し、自分は助かっても相手は墜落する、という状況を作り出しているということであり、それはかなりの技量を有することにほかならないからだ。第4話ではエリート興業を退職したヒデアキ（人事部長）が追いすがるザラの雷電から逃げる際に、急な切り返しで狭い隙間に飛び込んでザラが追従しきれない状況を作り、マニューバキルを狙っている（結局ザラがいち早く対応して上に逃れたため、振り切ることには成功したものの、マニューバキルは失敗している）。余談だが、レシプロ戦闘機は継続的に垂直上昇を続けることは出力の関係上難しい。上に逃れたザラが、もしハイパワーな雷電ではなく隼に乗っていたら、縦穴を登りきれず墜落していた……かもしれない。■

失速

飛行機が進行方向に対してある程度以上上向きの姿勢をとると、翼の上面の気流が乱れ、揚力を失う。これを「失速」と呼び、揚力が失われたことにより機体をコントロールできなくなり、また空気抵抗も増えることから速度も大幅に失う。通常飛行機は失速状態に陥ると自然と機首が下を向き、重力で加速して失速から脱するように作られているが、失速から回復するのに充分な高度がなければ、機体は墜落してしまう。

このように失速は危険な状態だが、急激な速度減少を利用した戦闘機動というものも存在する。第3話でキリエが行なったのがそのひとつで、操縦桿を思い切り引くことで機首を上げて意図的に失速状態を作り出して急減速、後方の機体に追い越させた（オーバーシュート）。ただ、失速状態に陥ったままだと機体の制御ができないため、直後に攻撃を受ければ回避のしようがない。タイミングを誤ると一気にピンチに陥る、諸刃の剣といえる。■

ダメージ

飛行機は被弾したら即墜落……というわけではなく、被弾部位によって、また同じ被弾部位でも機体によって火を噴いたり噴かなかったりする。これらは燃料タンクの配置だったり、隼に積んである自動防漏タンク（ゴムの作用で穴を勝手に塞いでくれるもの）や紫電の自動消火装置（火を吹いたことを検知すると炭酸ガスを噴射して消火する装置）などといった装備の差による。『荒野のコトブキ飛行隊』で撃たれて燃料漏れの白煙を吐いていたはずの隼が、帰還のとき煙を吐いていなかったり、着火した紫電の黒煙が消えて白煙になったりる描写などはそれによる。一方で零戦二一型はそういった装備が少なく、容易に火を吹いて落下している。■

急降下爆撃

爆撃の標準的な方法は水平飛行しながら爆弾を投下する「水平爆撃」だ。しかし、コクピット前下方が死角となるためまっすぐ目標に向かえているかの把握が難しく、またわずかな時間のズレでおおきく着弾点が変化する（時速360km/hで飛んでいた場合、たった0.1秒で10mも変わる）などの要因により、精密に狙いをつけることが難しい。そこで生まれたのが急降下して爆弾を投下する「急降下爆撃」だ。目標を見ながら接近でき、上方からアプローチすることで命中率も高くなる。機体には通常の爆撃より高い強度などが求められるため、この用途には専用設計の「急降下爆撃機」が用いられることが多い。■

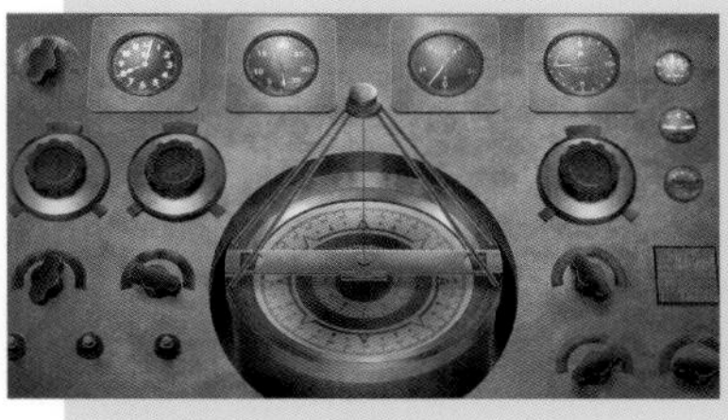

高度計

航空機に装備された高度計は、じつは高度そのものを読み取っているものではなく、正体は気圧計だ。海抜０m、１気圧（=1013.25hPa）で高度０mを示すように調整された気圧計が装備されていて、高い空ほど気圧が下がることを利用して現在高度を読み取っている。こういった仕組みの高度計を「気圧高度計」と呼び、信頼性の高さとコンパクトさから、レーダーやGPSなどが発達した現在においても、航空機の基本装備として採用されることがある。ただ弱点もあり、周囲の気圧が標準気圧より低い、あるいは高い場合に示す高度計の値は実際とは異なってきてしまう。この校正もパイロットの重要な仕事のひとつだ。■

旋回機銃

『荒野のコトブキ飛行隊』に登場する戦闘機は、翼の内部や機首上面などに前向きに装備した「固定機銃」で攻撃を行なう。それに対して第５話でケイト機にダメージを与えた爆撃機「飛龍」の銃座や第９話でアレンが使用したもののように、機体の動きとは独立して動かせる機銃は「旋回機銃」と呼ぶ。爆撃機では機銃が大型化するにつれて動力銃座へと移行し、また戦闘機では重量増加による機体の性能低下やパイロットと機銃手が充分に連携しきれないと威力を発揮できないなどの理由で1930年代以降の機体での採用例は少ない。■

高高度戦闘

高い空は空気が薄い。そうなると翼で得られる揚力が減るし、燃焼に必要な酸素も減るのでエンジンパワーも充分に発揮できない……ということで、高い空での戦闘には特別な装備が必要になる。たとえば劇中で隼一型が装備していた補助ロケットは酸素の供給源を酸化剤として内蔵し、富嶽の搭載エンジンは空気を強制的にエンジン内に送り込む過給器を搭載することで高高度の飛行に対応している。劇中には登場しないが、Ta152Hのように翼をとにかく大きくすることで揚力を稼ぎ高高度に対応した機体も存在する。■

ジェット機

ジェットエンジンは羽根車（タービン）で空気を燃焼室に押し込んで加圧、燃料と混合して燃焼し、後部から高速で排気を噴出、その反作用で前進するという仕組みのエンジンだ。プロペラ機と比べて後方に噴出する排気の速度を大幅に高めることが可能で、それによりプロペラ機とは比較にならない大パワーや高速性能を獲得した。レシプロエンジンより燃料消費率が高いこと（とくに低速時）、実用的なエンジン寿命を得るためにはかなり高度な冶金技術や材料工学が必要となること、などが難点となっている。■

多発機の運動性

一般的に、隼や流星などのように機首にエンジン１基を積んだ機体とくらべ、両方の翼にエンジンを積んだ機体は運動性に劣るとされる。これは飛行機の基本動作であるロール（進行方向に対しての左右回転）性能の差に由来するところが大きい。機体の中心から離れたところにおよそ500〜1000kgという重量物たるエンジンが配置されている双発機は、重いものを動かしたときに動きはじめと止まるときは動作がゆったり、かつ大きな力が必要（慣性モーメントが大きい）という物理法則の影響を大きく受けるためだ。さらに爆撃機など、空戦を目的としない機体の場合は戦闘機ほど強烈なGに耐えられない場合が多い、というのも運動性の低さに拍車をかけている。ただし空賊の四式重爆撃機「飛龍」は急降下爆撃にも対応できる性能をもち、急降下の状態から姿勢をたてなおす（引き起こし）必要があることから、双発機にしてはある程度耐G性能、運動性は高めとなっている。■

離発着と合成風力

羽衣丸の全長400mというのは、じつは飛行機の離発着にとって充分な長さがあるとは言いがたい。そのため、このように母艦から飛行機が離発着するときには風力の足し算、「合成風力」を利用する。飛行機の速力に羽衣丸の速力を足し、主翼から発生する揚力を増やすのだ。このように飛行機の挙動は常に周囲の気流に対する相対的なものとなっている。■

重戦闘機と軽戦闘機

技術的な制約から「なんでもこなせる万能戦闘機」を作るのが難しかったレシプロ飛行機時代、戦闘機は自然と「重武装、高速性重視で爆撃機の迎撃に向いた重戦闘機」「対戦闘機戦を意識して軽く、旋回性能重視の軽戦闘機」という２種類の傾向が生じた。これら同士で空中戦が生じた場合、軽戦闘機は相手を旋回戦に引きずり込めば有利、重戦闘機は一撃離脱を心がければ有利、と戦い方によって有利不利が変化する。■

『荒野のコトブキ飛行隊』見どころ紹介

圧倒的なテンポで空戦や人々の交流、対立などが描かれた『荒野のコトブキ飛行隊』。毎話、あっけに取られてるあいだに30分すぎちゃった、という人も多かったでしょうから、ここで12話どどんと見どころを振り返っていきましょう。

●『荒野のコトブキ飛行隊』第1話「月夜の用心棒」、はじまります。オープニングは無しで、酒場と思しき場所でナサリン飛行隊と名乗る男たちがトランプゲームに興じています。ゲームは「大富豪」のようなそうではないような。ウェイトレスの女の子はリリコ。アドルフォ山田（下写真中央）を冷たくあしらいます

▲ナサリン飛行隊のアドルフォ山田はザラ、レオナにちょっかいを出してきたものの、軽くあしらわれるどころか徹底的にコケにされます。アドルフォは紫電に乗り5年3ヵ月で11と7分の5の星を挙げたと自慢するものの、なんとキリエは43機、4倍近いスコアをたたき出しているとか。と、そんなところに警報が鳴り響き……

▶同じ酒場の一角では、主人公たちコトブキ飛行隊の5人が食事中。リリコさん、アドルフォに対する態度とはうってかわって優しい声でキリエにパンケーキを持ってきました。テーブルの上の料理はどれもうまそうではありますが……肉デカイ！　そしてビールのジョッキもデカい!!　キリエはパンケーキに並々ならぬこだわりがあるもよう

◀ナサリン飛行隊の出撃を終え、ここからBパート。コトブキ飛行隊の面々も出撃準備です。隼の始動シークエンス、そして出撃までが描かれます（詳細な手順はP88にて解説）。ここで護衛対象「羽衣丸」から直接出撃していること、先ほどまで飲み食いしていた酒場も羽衣丸の内部にあったことが判明

▲言動は軽いが仕事は早いナサリン飛行隊、乗機である紫電の準備をいちはやく終え、襲撃者の迎撃に出ていきます。よく見ると機体色や部隊マークはアニメ制作に協力している曲技飛行チーム「ウイスキーパパ」のものにそっくりです

▶レーダーに反応アリ。敵機（空賊）来襲のもよう。レーダーは左から気象、方角／距離、高度を示していると思われる。乗員のあいだではクーリルやボットルという単位を用いた報告がなされており、我々の住む世界とは異なる世界の物語であることがここで示唆される

二宮茂幸（ミリタリー監修・『月刊モデルグラフィックス』ベテランモデラー）×佐々木義人（声優（ナサリン飛行隊ロドリゲス役）・モデラー）×中野哲也（ミリタリー設定・GEMBA CGディレクター）×菊地秀行（ミリタリー設定）×時浜次郎（ミリタリー設定・漫画家・モデラー）

コトブキおじさん再集結！ミリタリー設定座談会

飛行機の挙動やミリタリー描写に定評のある『荒野のコトブキ飛行隊』。そんなミリタリー描写に携わったミリタリー監修、ミリタリー設定の面々が再集結！ とにかくこだわったポイントだったり、マニアックすぎて気づきにくい小ネタだったり、『荒野のコトブキ飛行隊』についてトコトン語ってもらいます!

佐々木義人（以下佐々木）／こうやって関係者で顔を合わせていると、オーディオコメンタリー（※1）の最初のときの収録を思い出しますね。内海さん、二宮さんとはいまほどまだ仲がよくなくて（笑）。進めていくうちに3人の仲がよくなって。ところで座談会といっても、みなさん方はいろいろご存じなので、僕がみなさんのお仕事を聞く会になるかと（笑）。そういうわけでBD付属のブックレットだとかパンフレット、いろんな雑誌取材とか、とにかく読み物が多い作品で、すでに語り尽くしたところはあると思うんですが、あらためてミリタリー監修と設定に関するお話をうかがっていきたいと思います。

二宮茂幸（以下二宮）／よろしくお願いします。

佐々木／中野さんは、3DCG（以下CG）制作チームのチーフ的な立場ですよね？

中野哲也（以下中野）／そうですね。僕はCG専門の立場から入っているので、菊地さんと時浜さんのおふたりからミリタリー関連の情報を出してもらったのをまとめて、CG的にどう落としたらいいかを加味して二宮さんや監督に「どうですかね？」と提案して。で、ご意見をもらったらまたおふたりに一案お願いしますと戻したりとか。あとは無茶なアイディアが出たら、「これはCGでは厳しいので、こっちにしましょう」って揉んでからまた出しに行って、みたいな立場でした。CG映像を作る上での全般の進行係は別にいるんですが、そのなかのミリタリーに関しては普通のスタッフのみでは対応しきれないので、翻訳も含めて僕が機能していたカンジですね。

佐々木／いまさら感のある質問なんですけれど、菊地さんと時浜さんはGEMBAの社員ではないんですよね？

中野／基本的にはフリーランスで、元々『コトブキ』より前から、別件の仕事をそれぞれお願いしていたんです。そして『コトブキ』をやるってなったときに、「こういう作品をやるんですけど、ミリタリー関係に強いですよね？」って声をかけて入ってもらったんです。『コトブキ』のためにオファーしたわけではなく、たまたまそこに適任者がいたという。

菊地／私は、ずっと中野さんのチームで某有名ロボットのゲーム用モデルデータのチェックバック、モデルを見て資料と照らし合わせて修正してもらう、みたいなことをやっていて。そんなカンジでゲーム畑のしごととして30年くらいCGをやっているので、メカは専門的部分ではあるけれど、飛行機については好きだけど超マニアではない……というような状態で中野さんに声をかけられて。あれは脚本会議のときでしたよね？

中野／そうですね。

菊地／で、中野さんと行くと、水島監督から「レシプロ戦闘機のアニメ作品をウチでやろうとしていて、協力してくれない？」

※1／2019年、TOKYO MXとBS11で再放送されたバージョンに収録された副音声『細かすぎて伝わらないオーディオコメンタリー』のこと。出演は二宮茂幸氏、佐々木義人氏、特殊飛行アドバイザーの内海昌浩氏。また、『完全版』BDではそこに軍事評論家岡部いさく氏をまじえ「細かすぎて伝わらないオーディオコメンタリー 完全版」が収録された（本記事中ではこちらは「『完全版』オーディオコメンタリー」と表記する）。

絶対仕留める!

▲コトブキ飛行隊の活躍で空賊の襲撃を退け、零戦たちは撤退していきますが……。そのなかに一機だけ混じっていた零戦三二型をキリエが発見、そのマークが月明かりに照らされ見えた瞬間、キリエが血相を変えて追いかけます

▶最後の1機も被弾し、いままさに撃墜されようかといった場面で、コトブキ飛行隊の隼一型が颯爽と到着。「一機入魂!」のかけ声とともに2機と3機に分かれて空戦に入ります

◀空賊たちのターゲットはあくまでも羽衣丸(巨大飛行船)。隼との戦闘を避けつつ羽衣丸に肉薄します。羽衣丸も対空機銃で迎撃するも、零戦のスピードにはついていけず

▲ここからは怒濤の空戦シーン。夜間戦闘です。さて、先に出撃したナサリン飛行隊はというと……。多勢に無勢でもあり零戦二一型を操る空賊にバタバタと落とされ……。フェルナンド内海が言うには「いままでみたいなただの空賊じゃない!」

▶零戦三二型に完敗。あと数秒戦闘を続けていたら確実に撃墜されていたところを見逃してもらったというかたち。そろそろ夜も明けようかというころ、悔しさに包まれての帰還

◀スタンドプレイを怒られ整備班長のナツオにぶん殴られるキリエ。ちなみにこのシーン、ナツオの足音に注意。機体に乗った最後の2歩だけ音が変わってます

▶なにやら因縁でもあるのかキリエはピンクの零戦三二型に沸騰中。必死の形相で追いかけるも、低空に誘い込まれて墜落しかけるわ隙をつかれて後ろに回り込まれるわであっという間に大ピンチ。起死回生のバレルロールもバレバレ。三二型のパイロットはかなりの手練れのもよう。なおこの一連のシーン、零戦三二型は強力な20㎜機銃を一度も使わず7・7㎜機銃のみ。もしかしてキリエ、ナメられてる……?(20㎜機銃が弾切れしてた可能性もあるけれど)

1on1の壮絶な大空戦……!?

皆、なにやら“ワケ有り”な境遇?

●「その昔、世界の底が抜けてそこからいろいろなものが降ってきた」というキリエのモノローグ。これがこの世界を読み解くキーワードだろうか。護衛任務を終え、コトブキ飛行隊の面々もそれぞれつかの間の休息。各人、いろいろ背負ったものがあるようす……あれ、結局チカは? ってところも含めて第2話へGO!

▶見渡すかぎりの荒野、そして少しの緑があるところに街。そして巨大飛行船。これがこの物語の舞台のようです

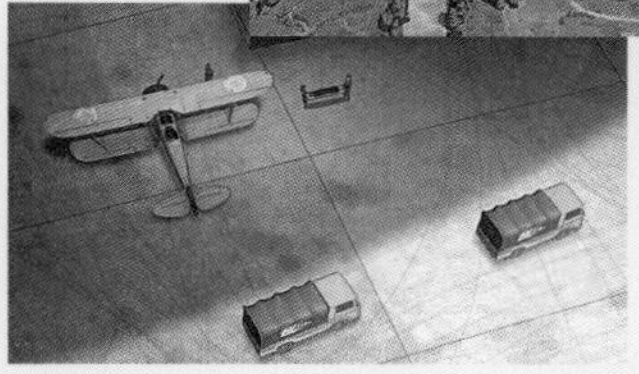

◀零戦、隼以外の飛行機も登場。九五式一型練習機、通称「赤とんぼ」。救難機として使われているようです。

と言われてびっくりして。直前まで『ガルパン』の劇場版のBD買ってファンとして観まくっていて、ドッキリだと思ったから(笑)。時浜さんも同じ中野さんのチームで手伝ってもらっていたんですけれど、『コトブキ』への参加はもうちょっとあとですね。

中野/企画会議後の段階、飛行機の実際のデザイン、マーキングなどを決めるに際してです。絵が描けてイメージを実際のイラストとして起こせる力があるので、三面図に対してマーキングとか塗装のパターンを提示してもらっていました。でも最初は正式に依頼というより、いつの間にか「こんなのどうでしょう?」って提示されて「じゃあ監督に見せますか」みたいなかたちで参加してもらいました。

自発的に作られたものたち

時浜次郎 (以下時浜)/個人的に、コクピット内でのお芝居に気になるところがある作品を視聴した経験があって。序盤は「そこはちゃんとしてほしいから」と思って積極的に絡んでいったカンジです。

中野/マニアとしての不満だよね(笑)。これもいろんなところで話されてる話題だと思うんですが、監督の第1話コンテ作業で、二宮さんたちが用意してくださった資料を元に隼のエンジン始動手順を書いていたとき、わかんないところがあって。シナリオは会社内で共有されていたので、それを見た時浜さんが、漫画形式でいつの間にか描いてくれていたんですよ(※P91に掲載)。

佐々木/それができるっていうのが凄いですよね。みんなでイメージを共有できるじゃないですか。

中野/「こういうときはここをアップで見せるべき」みたいな要素まで最初から入っていたんですよね。で、監督に共有したら切ってコンテに貼り付けて、それで第1話の始動シーンができたという(笑)。

菊地/始動手順の時浜さんよろしく、序盤で具体的な指示が出るより前に能動的に動いてた人たちがいたのは大きいですよね。

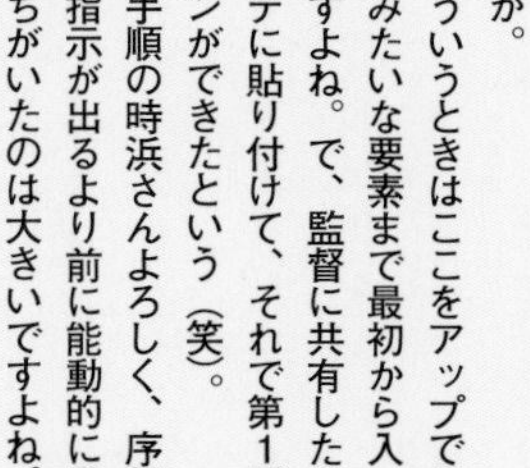

▲ミリタリー設定、時浜次郎氏

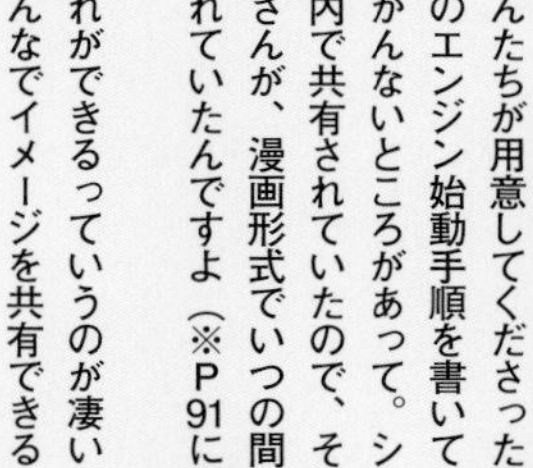

▲ミリタリー設定、菊地秀行氏

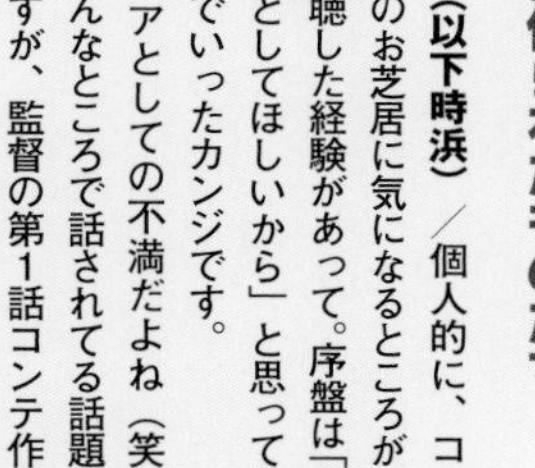

▲ミリタリー設定、中野哲也氏

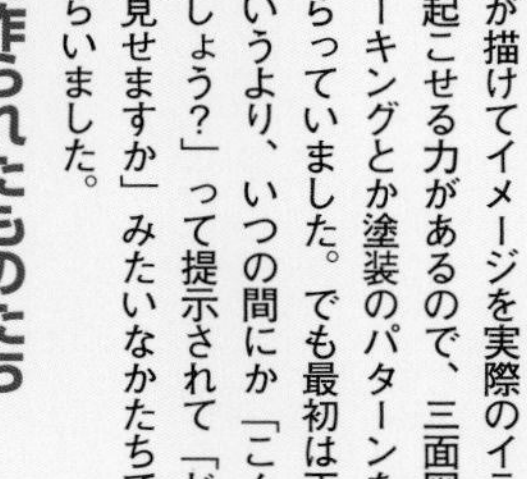

▲声優(ロドリゲス役)、佐々木義人氏

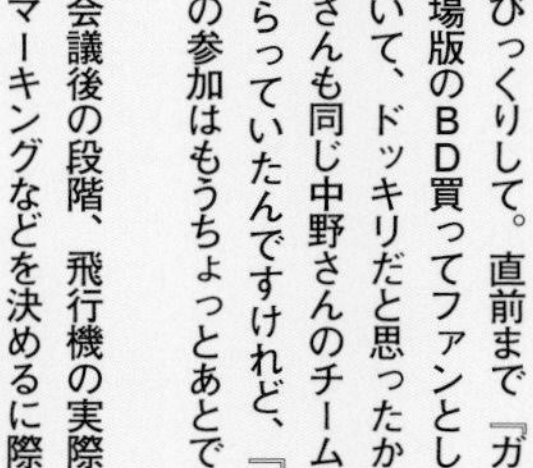

▲ミリタリー監修、二宮茂幸氏

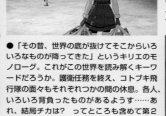

●第2話にもおいしそうな食事シーンが。大酒飲みのザラ、パンケーキジャンキーのキリエなど、各人の個性も徐々にあきらかに。キリエは「疾風迅雷のキリエ」の異名をとるほどの技術の持ち主のようですが、コトブキ飛行隊の隊長、レオナにはいつも叱られているもよう

▲もめ事に巻き込まれてパンケーキが地面に落ちてしまったことをきっかけにキリエが沸騰、大乱闘になりかけますが……レオナが場を締め上げて収めたもよう。キリエとチカはあまり仲がよくないようです

▶店の外ではなにやらもめ事が。列の横入りをしたとか。男はラハマ自警団の第３支部長のトキワギと名乗り、相手を挑発しまくりますが……ケンカはあまり強くはないようです

◀もめ事の相手はコトブキ飛行隊のメンバー、チカ。ここで初登場。全治２ヵ月のケガで入院していたそうで、まだ松葉杖をついています。撃墜されてのケガ?

▶食事中に羽衣丸副船長のサネアツから急な仕事の依頼が舞い込む。1週間の休暇はなくなるが3倍の報酬を出すという。「報酬3倍」を聞いたとたんに笑顔になるエンマ。お嬢様っぽい雰囲気なのに守銭奴!?

◀評議会が派遣した鍾馗のパイロットたちと打ち合わせ。道中、九六艦戦を操る空賊の襲撃が予想されるという。九六艦戦が相手なら鍾馗と隼で問題ないだろう

▶ユーリアの言葉からは、この世界が荒廃が進み厳しい状況におかれているのが推察される。ユーリアは隼の羽根の形がスっとしてて好き、かわいいと言う

▲左の人物はオサナガ、副船長サネアツの友人だ。町外れのユーハング工廠跡から年代物のウィスキー（？）を見つけたという。ユーハングとはこの世界の軍組織かなにか?　その工廠が放棄されたということは、数十年前に何か大きな事件があったのだろうか

▼超～高飛車なユーリア評議会議員をラハマからガドールに送り届ける護衛任務が今回のお仕事。羽衣丸&コトブキ飛行隊だけではなく、ユーハング（←この単語は現時点では謎）二式単座戦闘機「鍾馗」８機を積んだ飛行船も評議会より派遣され同行するという

中野／そうですね。

菊地／たとえばイジツ文字。あれは監督からお話が出て変換表が来たんだけれど、いちいちそれを参照して変換していくのは面倒くさいので、うちの会社のプログラマ的な人に「変換プログラム作れない?」と言って作ってもらったものです。完成後には制作に展開して、結局公式変換ツールみたいになっていました。

佐々木／そのプログラムはアプリで出してほしいですね。なにかの特典に（笑）。

二宮／飛行船の図面もそうですね。かなり最初の方に、飛行船と戦闘機で大きさの対比のイメージがわかない、と脚本家さんなどから聞いて、自発的に作ったものです。

佐々木／監修といってもアイディア出しも兼ねているというか、それがおもしろいですね。水島監督は自分の思うイメージをそれぞれに渡していって作品を作り上げていく、みたいなところがあるんですけれど。

菊地／最初に世界観的なものがあり、戦闘機は明確にネタとしてあったので、その次が飛行船。物語の中心に据える舞台としてのラハマの街と飛行船をどうするかというのは、脚本会議でも話していて。図面の次の段階が構造概念図的なやつで。これもハッチとか格納庫の容量とかを透視図的に作って。さらにこれに中も描いたやつありましたもんね。

二宮／ありましたね。

菊地／そこからペイロードなどの設定を割り出したり、設定したりとかして。

佐々木／こういうことをできる人を探すってすごく大変なんですよ。「自分のところでやれる。俺は作れるぜ」ってアピールしているわけじゃないから、奇跡的というか。たまたまこういうことが得意な人たちが集まったんですよね。

中野／うち（GEMBA）はCG制作会社なので、当然スタッフみんなCGが作れるんですが、そのなかでミリタリーが好きとなると、非常に限られてくるんですよ。作品が世に出たあとはそういうのが好きで入社してくる人も増えたりするんですが、作品を作っている段階ではあまりいない。『コトブキ』より前はダークファンタジーとかのお仕事をやっていたから、そっちが好きな人はいたんですが。そんななかで偶然にもミリタリーがお好きで、CGの知識もあって触ってる菊地さんがいて。菊地さんは映像制作のプロではないですけど、データには触れるから、人とか車の対比とか、羽衣丸の下から見上げてブリッジがあって、バラストがこのへん、貨物区画、滑走路がこうで……みたいなバランスを見られるようにCGを仮組みしてもらったりして。

菊地／そこから、こまかいところは二宮さんがもてる知識を総動員してブラッシュアップしてもらって。

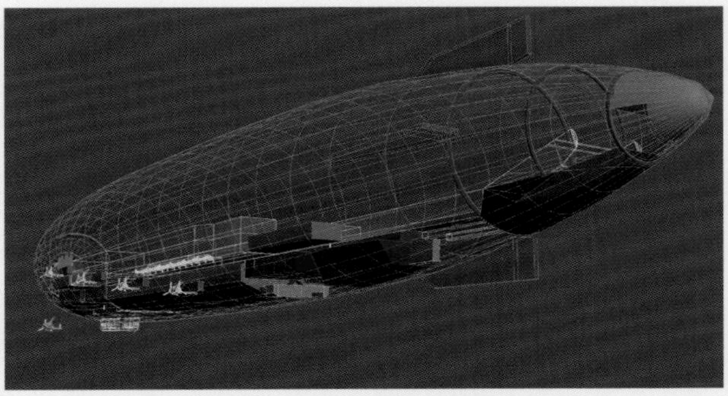

▲内部まで作られた羽衣丸の3DCGモデル（これ以外の画像はP78に掲載）

「演出」と「リアル」そして「アニメ」と「特撮」

佐々木／現実と照らし合わせてできることできないこと、本当はできないけど映像としてはやる、みたいなことってやっぱり発生するものですよね?

菊地／そうですね。大なり小なりありますが、そういう「演出の嘘」で最初にネックになったのは、第1話でエンジンポッドと

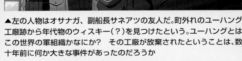

◀第1話の夜間戦闘とは違い、第2話は昼間戦闘。「どこに(飛燕を揃える)そんなお金があったんでしょう!?」というエンマ。お金への執着心、ハンパないです

●第2話の空戦シーン。猫のマークのシロクマ団の乗機は九六艦戦ではなく飛燕の大群！（羽衣丸でレーダーを監視していたアディは「30（機）！」と報告）これはなにげに大ピンチ!? 敵が飛燕の大群とは思っていなかった鍾馗のパイロットたちは大混乱。いきなり旋回戦にもちこまれては、鍾馗で飛燕に対抗するのは難しい

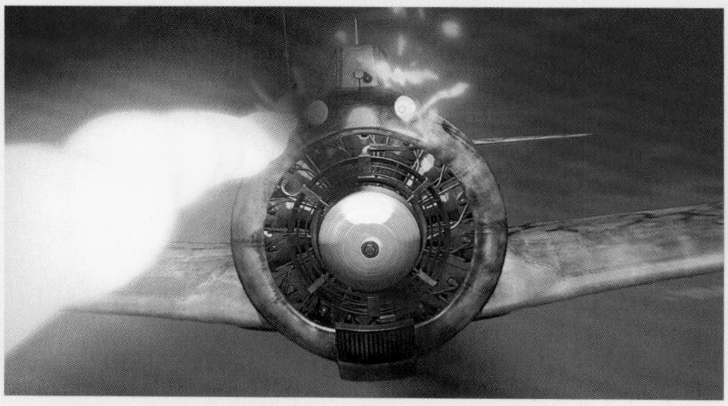

●復帰したばかりのチカは隊長のレオナにキリエ機の援護の役割を厳命されるも、かなり不満そう。いっぽうのキリエもチカに自分の後方を預けるのはおもしろくないようす。ソリが合わないふたりは半分ケンカしながらのような状態でペアを組んでシロクマ団の飛燕と戦っていきますが……

◀第2話はラストカットはラハマの街……ですが、複数箇所から煙と炎が上がっていてちょっと穏やかではない状況。これはいったい……!? といったところで今回はここまで！ 第3話をお楽しみに！

▼今回の仕事のクライアント、ユーリアとオウニ商会の社長、マダム・ルゥルゥは幼稚園のときからの知り合い。ルゥルゥは「二度と（ユーリアを）乗せない」と言っておりますが、なかなかいい性格をしたこのお姉さん、今後の物語にもいろいろからんできそうな気配です

▲飛燕の残存機（画面では8機を確認）は撤退。シロクマ団の襲撃を退けたキリエたちも飛行船に帰還します。コトブキ飛行隊6機は全機無事、鍾馗は2機が生還したもよう（1機は被弾していますが）。墜落機には救援が差し向けられます

羽衣丸をすり抜けるところですね。ここ、戦闘機が通れるほどの隙間はないんですよ。

中野／監督がコンテでここをすり抜ける姿を描いていて、「絶対当たるんで！」って言いましたよ。（目の前に置かれた1／700羽衣丸と隼を示しながら）ほら、こんなふうに。

佐々木／これは絶対通らないですね（笑）。

中野／でも通さないといけない（笑）。CGなんでどっちかの大きさを変えれば通せるのは通せるんですが。

菊地／大きさの比率を変えて「通れることにする」のが決まってから最終的なモデリングをするんですが、エンジンポッドの翼とワイヤーの支柱があるじゃないですか。普通だったらこれを拡大するだけなんだけど、ただ拡大するんじゃなくって「船体内側にめり込んでいいから、支柱やワイヤーを延長して」という注文があったんですよ。演出でなにかあったときに、引き出しても違和感が無いように、って。オーダーとしては笑っちゃいますよね、若干理不尽というか（笑）。

佐々木／いいですね、理不尽（笑）。

時浜／デジタルになっているとはいえ、われわれの作っているのは事実上の特撮映画ですもんね。あらゆる面で。

佐々木／だからおじさんたちがワクワクしたんですかね（笑）。

菊地／最初に作っておくべきものの量が、一般的なアニメと違っていたっていうのは特撮的な部分ですよね。

時浜／手描きアニメと違ってCGだと、「モノ」を壊すと「壊した状態のモノ」を新しく作らなきゃいけないんですよね。だから、キレイに作ったものをどう壊すか指示したりとか。

菊地／こういうのもファン的な視点だと、壊し方が雑だと腹立つんですよね。

佐々木／それは模型でもよくある話ですね。ウェザリングというか（笑）。

中野／あと、ダメージを受けた箇所がどうなるか、という説得力ですね。演出上飛行しつづけなきゃいけないとなると、どこにダメージを受ければ墜ちるまではいかずに済むか、まで考えなきゃいけなくなる。そこらへんの整合性はCGモデラーが考えながら組み立てていくのは難しいので、詳しい人が「エンジン横に食らっても中に入ってなければ平気ですよ」とアドバイスしたりとか、僕のほうでは「演出上壊れていくなら、何番目にこれを壊そう」というよう

第2話 小ネタ集

●コトブキ飛行隊の利き手

ケイトは左利き（右写真参照）、チカは両手利き、ほかは右利き。利き目は全員右。

●イジツの飛行船

飛行船はユーハング由来の技術というわけではなく、ヘリウムが豊富に産出されるイジツではもともと発展していた。飛行機の登場によってその重要性はさらに増し、より大型の飛行船が作られるようになっている。400メートルを超える羽衣丸は比較的メジャーなサイズで、同型艦が多く存在する。

●滅びゆく街

緑がじょじょに減り、人々の生活はどんどん不便になっている。なかでも、資源に乏しい町は生活的にも経済的にも厳しく、人口が減り続けている。それゆえに廃墟となっている町も多い。

●サネアツの友人

ラハマで羽衣丸の帰りを待っていたサネアツの友人、オサナガ。ラハマのはずれにあるユーハングの跡地から貴重な酒を見つけてきている。彼には産まれたばかりの孫がおり、第1話で羽衣丸が運んでいたミルクの到着を心待ちにしていた。

●飛燕に乗る空賊

第2話ではシロクマ団が飛燕に乗って登場。液冷エンジンである飛燕は、隼などが搭載している空冷星型エンジンと比べると整備に手間とコストがかかるため、ならず者集団である空賊が持っているのは不自然だ。もちろんその背景にはイサオからの資金、機体、技術の提供があった。イサオの暗躍により強化されたシロクマ団だが、機体性能の高い飛燕を使いこなせていたかは不明。

▶飛行船内の寝室で早朝トレーニング中のレオナ。大方の人がザラに目がいくと思いますが、引き締まったレオナの腹筋にも注目。かつてレオナは「一心不乱のレオナ」と呼ばれていたそうです

▲街の代表会議では雷電譲渡で話がまとまりそうになるが、怒ったエンマが会議に乱入。どうやらエンマも過去に同じようなもめ事を経験？

▼エリート興業の要求は、ラハマの街が代々町長の専用機として所有している戦闘機「雷電」の引き渡し（最新芸術"ウキヲエ"との交換）。もしこの要求を突っぱねても、ラハマ自警団には11機の九七式戦闘機しかなく、「40機所有」というエリート興業相手に勝ち目があるかどうか……

▶ユーリアのガドール移送ミッションを終えたのちにラハマに帰ってきてみたら、なんとラハマの街が炎上中。彗星（艦爆）と隼三型を使い「エリート興業」と名乗る連中からの襲撃を受けたとのこと。ラハマの自警団は何もできずにやられっぱなし

◀今回はレオナ&ザラ、チカ&ケイト、キリエ&エンマの3つの2機編隊で戦う。戦力差的には厳しい戦いだが、コトブキ飛行隊の高い技量と地上の対空機銃班との連携で次々と戦果を挙げていく

▼コトブキ飛行隊6機は当初、エリート興業が侵攻してくると思われる方角に待ち構えていたが、裏をかかれたため、戦闘空域に遅れて到着。太陽のなかから現れて一気に攻勢、形勢逆転！　となるだろうか!?

▲▶かくして空賊と戦うことになったラハマの街。多勢に無勢というか、この戦力差、いかんともしがたい……

な段階のアセットを用意してあげたりとか。最終的にアニメーターがそれらを組み合わせて途中で破損した状態のモデルに差し替えて描写したりとか。

　似たような例では、羽衣丸が最後エンジン吹かしてブースターで"穴"に向かって飛んでいき、イサオがそれを壊していくシーン。ここは時浜さんのほうで壊れるビジュアルを作ってもらって、元の羽衣丸をベースに、壊したバージョンをCGモデラーが作っています。

時浜／中盤なんかでは派手に翼が吹っ飛んだりするシーンがあんまりないので、観ている人たちがご不満に感じられたら申し訳ないなと（笑）。

菊地／富嶽とかね、主翼派手に折りたかったよね（笑）。

二宮／でもそのおかげでキリエはラハマに帰れたので（笑）。

◆

佐々木／そういえば、富嶽は実物が存在しない飛行機ですが、設定……とりわけ外観ってどのように作られたのですか？

中野／富嶽は想像図しかないので、既存の想像図をまんまやっちゃうとダメだよなって僕らは思ったんです。フジミさんから

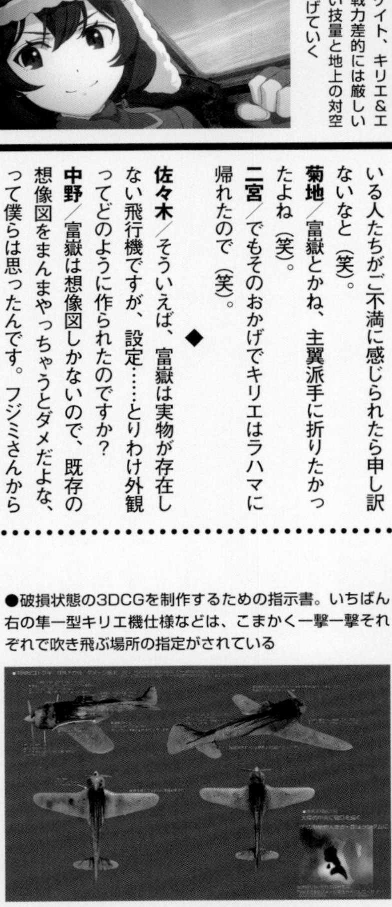

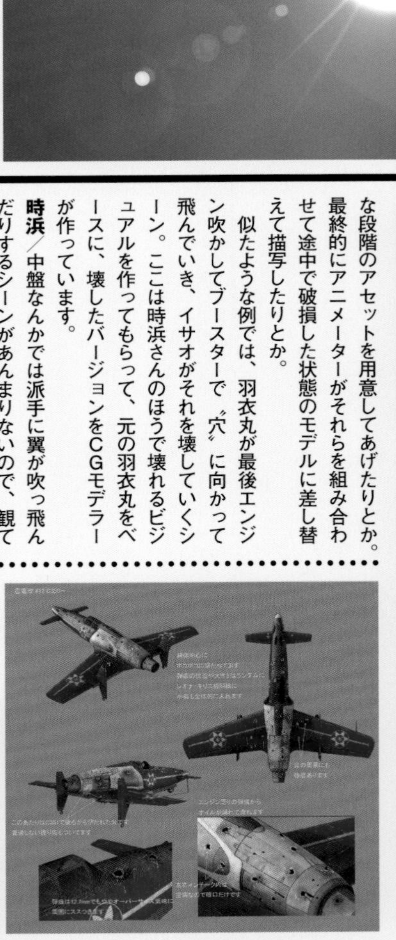

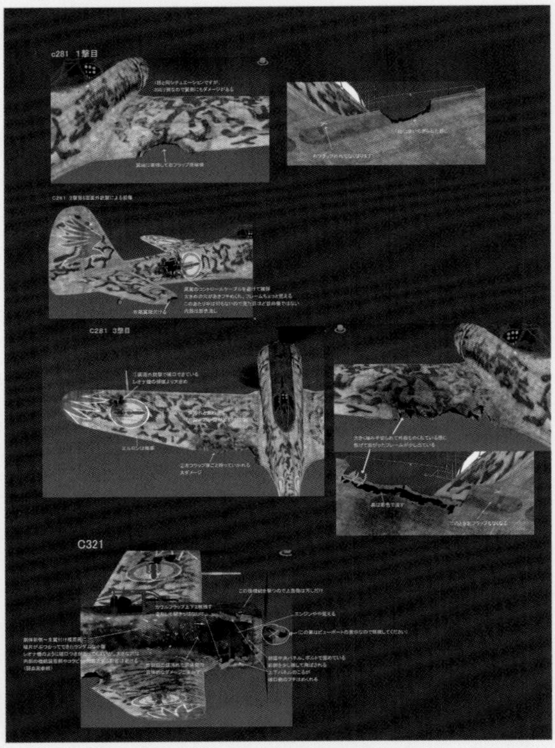

●破損状態の3DCGを制作するための指示書。いちばん右の隼一型キリエ機仕様などは、こまかく一撃一撃それぞれで吹き飛ぶ場所の指定がされている

第3話 小ネタ集

●ラハマ自警団

かつてユーハングが去ったあと、空賊が多く発生した。争いが頻発するようになったため、それぞれの町は自衛のため自警団を設立、戦力を整備した。しかし、ある程度法が整備されてくると町を直接襲う空賊は激減。結果、ラハマ自警団はかたちだけのへなちょこ自警団となっていた。

●ラハマの議会場

一見、相撲場のようなラハマの議会場。ユーハングから伝わった特別な場所として、現在も重要な会議で使用されるようになった。なお、ラハマではこの相撲場を使った「ラハマ相撲」という格闘技があるらしい。

●エリート興業の名刺

トリヘイが持っていた名刺。もともとは単なる空賊であったエリート興行がヒデアキにそそのかされ株式会社を名乗った際に渡したもの。エリート興業の“会社ごっこ”を象徴するアイテム

●空賊マーク

イジツで空賊の象徴として使われるマーク。第2話では作戦会議の際の駒、第3話ではエンマが地上班と連携する際の目印として使用されていた。実は最終話でのイケスカ市内にあった巨大な像もこのマークをモチーフとしている。

●エンマの実家

ラハマのはずれにある古びた洋館がエンマの実家。両親が悪人に財産を奪われたため、現在ではみすぼらしい見た目となってしまっている。第3話のエリート興業の戦いの最中、エンマは実家の無事を確認し、危険にさらしたエリート興業への闘志を燃やしている。

『荒野のコトブキ飛行隊 完全版』有澤P一問一答 Part1

●SNS上で「『完全版』同時視聴会」を開催したのに合わせて、視聴者から寄せられた質問に『荒野のコトブキ飛行隊』プロデューサーの有澤氏が答えていったコーナー。『コトブキ』の世界設定に関わる、劇中では語られなかった部分も多いため、こちらでご紹介

Q1／イジツから海が無くなったのは、どのくらい昔のことでしょうか?

A／おそらくはこちらでいう紀元前……もはや歴史というよりも伝説に近いほど昔だと思います。少し残った海も徐々に干上がっていき、緑は減り、荒野が広がり続けている世界がイジツです。(かなりハードな世界……)

Q2／イジツにはポンドや銭などの通貨が流通していますが、ユーハングが穴に消えたあとはどこが造幣しているのでしょうか?

A／イジツにも造幣局や、貨幣の流通を管理する銀行が存在しています。ただ、イケスカが規模的にも経済の中心だったので、本編終了後はかなりバタバタしていたかもしれません。

Q3／空戦シーンを非現実的な高速飛行での戦闘にしなかったのは、他作品との差別化のためでしょうか?

A／せっかくの3DCGですので、とにかく徹底的にリアルなレシプロ空戦を描く！ というのが企画コンセプトでした。結果的に、ここまでリアルな空戦を描いた作品はほかにほぼないので、差別化することもできた、という感じです。

Q4／ザラは若い頃から一人で働いていたようですが、ザラにも家族はいないのでしょうか?

A／いまはどこで何をしているかわかりませんが、なかなか甲斐性のない父親がいるようです。その父親に苦労をかけられたので、ザラ自身は世渡りのため様々な技能を身に着けていったんでしょうね。酒好きは父親譲りかもしれませんが……。

Q5／コトブキ飛行隊を結成する際に、なぜレオナとザラは数ある戦闘機の中で隼を選んだのでしょうか?

A／結成後、ふたりで話し合って決めました。「シュッとしてて軽やかで、私たちにぴったりじゃない?」「そうだな、私も気に入ったよ」みたいな二人の会話があったんじゃないかなと、想像しちゃいますね。

エンマ機 まさかの墜落……！

▼▶とりわけ活躍していたエンマ。エリート興業のボス、トリヘイの乗る彗星の真後ろにつきあと一歩のところまで追い詰める。しかし彗星の後部旋回機銃の存在を忘れていたため虚を突かれ被弾。炎上し墜落してしまった（パイロットは無事）

◀雷電が弾切れをおこしたところで、彗星が覆い被さり爆弾倉のトビラを開く。なんとトリヘイが雷電に飛び乗ってきてハイジャック！（なのか?）

▼▶町長、雷電に乗り（泣きながら）緊急参戦！　しかし空賊の目的は雷電の奪取なので雷電は攻撃を受けない

▼▶町長に命を救ってもらうかたちとなったエンマは、町長にお礼を言うと同時に先日の非礼をわびる。街の人たちに「自分たちの街は自分たちで守る」という意識を思い出させたものの、コトブキ飛行隊としては「雷電奪取阻止」というミッションは失敗となった。マダム・ルゥルゥは雷電奪還を指示。第4話へ！

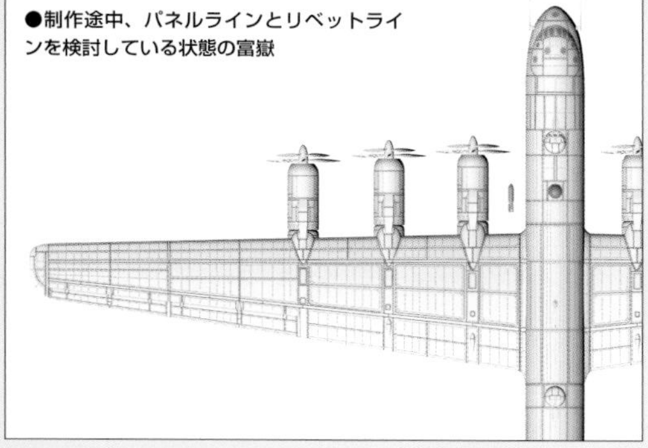

●制作途中、パネルラインとリベットラインを検討している状態の富嶽

1／144で模型が発売されていますけど、あれはフジミさんのものだから、まるまる使うわけにはいかない。だからわざわざ『コトブキ』用の設定を起こしました。菊地さんから「超高空に行くので与圧キャビン的なやつがついてんじゃないの」とか意見をもらって、それを取り入れてみたりとかして。

菊地／富嶽もたしか、さっきお話した羽衣丸と同じように仮モデルを私の方でも作っちゃってましたね。線画を提案書がわりにして、そのときは仕事が詰まっていたので、中野さんに脚本会議に諮ってもらって、監督とか二宮さんからオーダーもらって。

佐々木／普段から作ってる人とやってることは変わらないですね（笑）。

菊地／まずは立体としてチェックする用のものを作って、その次はパネルラインとリベットだけをテクスチャで貼ってもらって、それが実際の飛行機として妥当かどうかをチェックして。そのたびに二宮さんに見てもらうカンジでしたよね。

二宮／そうですね。

菊地／そこから先は次の工程にお渡しするっていう。

佐々木／そういうときに、水島監督から「こうしてくれ」とか、そういうせめぎ合いや要望の飛ばし合いはあったんですか?

中野／飛行機のもつ機能的なところではほとんどなかったですが、ビジュアル的なものはありました。震電をジェット化した震電改、イサオが最後に乗ってるやつですけど。これも富嶽同様に実機がない機体ですが、『コトブキ』に登場する機体のノズル形状とかは、想像図でよく見るスタイルとは違

▲ロータで出会った舞踏団の人たち。依頼主が「エリート興業」とは名乗っているものの空賊であることがわかり、踊り子さんたちが次々に離脱。これじゃあステージが成立しないと困り果てるオーナーに手をさしのべて……

◀▲途中、空の駅「ロータ」に休憩&トイレに立ち寄りますが、そこは何者かの襲撃をうけたあとで、お目当ての食べ物は食べられず……

◀▲マダム・ルゥルゥの命により雷電奪還作戦に赴くコトブキ飛行隊の面々。５機でエリート興業のアジトに向かいます。第３話で自機を失ったエンマは、キリエ機のコクピット後部のスペースにムリヤリ乗っていきますが……はしゃぐキリエのおかげでとんでもない目に遭います

▼その裏で、人事部長たちがなにやらあやしい計画を立ててるもよう。標的は雷電の入手？　当の雷電は鎖にがっちり繋がれ、その鍵は社長のトリヘイと姐さんが持っているとか（という話を盗み聞きするザラ）

▲「昔、ちょっとね」と（？）アルコールにも強いザラ。社長のトリヘイをはじめ、多くのエリート興業社員を酔いつぶします

◀▲ザラ、むかし踊りの経験アリ（？）とのことで、踊り子に変装し、舞踏団の一員としてエリート興業のアジトに潜入成功！　ホントにちゃんと踊れます

昔、ちょっとね♪

▼完全に不意をつかれたエリート興業。対空機銃や手持ちのライフルで反撃を試みるもまったく効果を挙げることができず、駐機中の、あるいは離陸途中の隼三型を大量に破壊されてしまうという大損害を被ります

◀スパイ活動を行なうザラの裏で、残りのコトブキ飛行隊５人もミッションスタート!!　狭い渓谷の間を飛行し、エリート興業のアジトを強襲。戦闘機や燃料タンクを破壊します

▲この少女が「姐さん」。絵を描き続けているが、自分の作品に納得がいかない様子。ザラは「昔、ちょっとね」と絵の話をして取り入ってしまいます

うんですよね。

菊地／あと、エアインテークですね。

中野／そうですね。「空気取り入れ口は大きくしないといけないんじゃないの？（※2）」なんて話もあって。あとは劇中で急遽改修した設定なので、「改造部分は無塗装にして、わざとちぐはぐ感出しましょう」とか。

時浜／これは僕の提案だったかな。昔の特撮ヒーローものだと、最終決戦近くで機械で再生された怪人なり怪獣が出てきたりしたじゃないですか。あんなイメージで。

佐々木／劇中だと震電が撃墜されて震電改に改造されるまで、翌日とか、そんなに日が経ってないんですよね。強化だけど、新しい強大な敵というよりは、見た目が劣化してるような雰囲気もありつつ。

菊地／ビームを撃ったりはしないんですけれどね（笑）。

◆

中野／震電に関しては挙動と音はファンタジーというか、完全に外連味重視ですね。

二宮／音に関しては私のほうで提案しました。この機体はエンジンがうしろにあるんですけれど、排気管がうしろにあるとか、いろいろなものを経由して冷却の空気が後ろに吸気されることで、おそらく凄い音がしたんじゃないかということで、某宇宙戦争映画のですね、イオンエンジンがツインでついてる戦闘機の音がいいんじゃないかというふうに提案して（笑）。悲鳴っぽいやつ。

菊地／中野さんとは以前ちらっと話しましたが、アフターバーナー（※3）の炎も監督のイメージを映像にしたものですよね。

二宮／アフターバーナーが付いているかは謎としておいて、なにかが出ていると（笑）。

中野／最初「このタイプにはアフターバーナーは付いてないので、炎を吹くみたいなのはいりません」ということで進んでたんですけど、画になったときに速度感が出ないよねって話があって。震電改ともう一機、迷子のジェット戦闘機がありますけど、こいつは着けられもするだろうってなって、急遽炎をつけました。本当は要所要所炎をバーンって吐かせるのもアリだと思ったんですが、あのときはもう、わりと勢いでずっと出すということで仕上げちゃいました（笑）。

◆

菊地／最後の決戦は、イケスカの街自体も大変だった（笑）。

中野／まあそうですね（笑）。あそこは本当に。

佐々木／あれこそ特撮ここに極まれりというような舞台でしたよね。

中野／元々監督が「街は3Dでやってほしい」ってずっと言っていたんですよ。で、やっぱり予算がかなりかかるので削りましょうと何回か言ったんですけれど、「最後の空中戦は街でやるから、3D背景じゃないと空中戦ができない」と、そこは全然譲ってくれませんでした（笑）。監督がやるって言うならやるしかないんだろうなって。なので最終回が放送される三ヵ月くらい前、なんとか間に合わせました。ある程度のところで腹をくくれたのがよかったですね（笑）。それまでは空とか荒野だったので、距離感の近いバトルは描けなかったんですけれど、最終話にふさわしい画面密度になったかなと。

佐々木／振り子（執事がザラと戦っているときに使ったもの）とかのアイディアは監督発信なんですか？

中野／あれはコンテで入っていた気がします。イサオタワーの外観を決めていくときに、建設中でクレーンがところどころ下がってるビジュアルは元々あったはずなので、それを見て思いついたアイデアかなって気はしますけれど。

佐々木／ついてるなら動くだろうと。

中野／多分そういうことかなと（笑）。

二宮／シナリオ、脚本で詳しい戦闘をこまかく書いていたのは檜垣さんくらいですね。

◆

佐々木／『完全版』でエンマが赤とんぼに飛び乗るシーンはみんながワクワクしたと思うのですが。TVシリーズでは誰もが、「いつのまにどうやって乗ったんだ？」とは思ったので。

※2／震電の機体側面に開いている空気取り入れ口はエンジンや潤滑油などの冷却用なので、「ここをジェットエンジン用エアインテークとして利用するなら、レシプロエンジンとは比べものにならないほど大量の空気を必要とするジェットエンジンには小さすぎるのではないか？」ということ。

※3／ジェットエンジンの排気は非常に高熱で、そこに燃料を吹き付けると燃焼し、さらなる推力が得られる。アフターバーナーはその装置で、エンジンメーカーなどによりオーギュメンターあるいはリヒートとも呼ばれる。なお、そのダイナミックな動作方法から想像されるとおり使用時の燃費は劣悪。

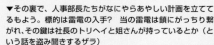

第4話 小ネタ集

●空の駅

荒野が続き、空路が中心となったイジツでは各地に空の駅が存在している。ここでは食事や休憩はもちろん、簡単な補給や整備も行え、飛行機乗りたちの憩いの場となっている。かつては多くあったが、現在は街の減少と同様、数を減らしている。かつてザラは「サボ」と呼ばれる空の駅で働いていた。

●コトブキ飛行隊とお酒

アグア舞踏団の移動酒場でザラとボスが飲んでいた「ウォカジン」。その名の通り、ストレートで飲むにはかなりキツそうなお酒。なお、ボスが頼もうとしていたのは「薄麦ビール」。こちらはこちらで、あまり美味しそうではない名前である。

●ウキヲエ

姐さんが描いている、エリート興業のおもな販売商品である。イジツにはこのウキヲエのように、ユーハングから伝わり独自の変化を遂げた文化が多々存在していて、ユーハングがもたらしたものは飛行機だけでなく、文化面でも大きな影響を及ぼしていることがわかる。なお、姐さんのウキヲエは、通常の浮世絵と比較するとパースがしっかりとしすぎているため、ザラからは「ちゃんとしすぎている」と言われていた。

●エリート興業の役職

自称株式会社を名乗るエリート興業には一応役職者と部署が存在している。人事部長（ヒデアキ。左写真手前左）と営業部長(左写真手前右)がいたが、彼らはエリート興業に対して自由博愛連合から差し向けられた使者であり、決戦の最中に裏切った。ちなみに、裏切られたあとも、エリート興業は会社としての活動を続けているようである。

『荒野のコトブキ飛行隊 完全版』有澤P一問一答 Part2

Q6 ／『完全版』ではコトブキ飛行隊の結成秘話や、キリエとエンマの出会いなどが描かれますが、まだほかに本編では触れていないエンマの幼少期や学生時代の設定があったら教えてください。

A／エンマの過去でいうと、学生寮でルームメイトであったタミルとの出会いや、どうやって絆を深めていったのか……というエピソードの構想はありました。今の自由奔放なタミルは、きっとエンマの影響ですね。

Q7 ／チカが育った街はラハマとは別の街でしょうか?

A／TVシリーズの第2話で廃墟になっていた「キマノ」の街で育ちました。廃墟にはチカのように身寄りのない子供たちが集まり、協力し合いながら生活しています。そのときのグループのリーダーがチト兄です。

Q8 ／キリエのコトブキ飛行隊加入から、TVシリーズ第1話までにはどのくらい時間が経っていたのでしょうか?

A／だいたい半年ちょっと～1年未満くらいです。結成から第1話までの間のエピソードは、コミカライズ版をぜひ！ エンマに誘われて、じょじょにコトブキに馴染んでいくキリエが見られますよ～！

Q9 ／ベティが羽衣丸の現在位置を伝えるときに言う「AのE145度54分、MのB30度17分」とはなんのことでしょうか?

A／イジツの用語で北緯と東経のことです。ちなみに1クーリル=2m、1ボットル=2ℓ、1パウンド=1kg。言葉や計算方法は若干違いますが、やっていることは我々の世界とそう変わらないですね。

Q10 ／発進準備や空戦シーンのBGMがTVシリーズと違い、むしろ派手な演出を削いでいることに驚きました。そういう判断に至ったいきさつなどあったら教えてください。

A／水島監督のアイディアです。総集編部分のオフライン編集（映像の仮組作業）をBGMなしの映像で作業していたのですが、その映像がかなり緊張感がありかっこよかったのがきっかけです。

Q11 ／羽衣丸の対空機銃はどのように操作しているのでしょうか?

A／機銃部分には銃座があり、担当の乗組員がちゃんといます。登場はしていないですが、他にも羽衣丸の機関室担当など、かなりの大人数で羽衣丸を動かしているのです。

▶社長のトリヘイをはじめ何機かようやく離陸、反撃開始……と思いきや、人事部長がトリヘイ機に襲いかかります。仲間割れ？　内紛？

◀人事部長の仲間たちが雷電奪取のために姐さんが持つ鍵を奪いに来るも、ザラが返り討ちに。姐さんはザラに雷電の鍵を託し、トリヘイの救助を要請

◀雷電を離陸させたザラ。トリヘイを襲う人事部長の彗星撃退に向かいます。あと一歩のところまで追い詰めたものの……残念ながら取り逃がしてしまいます。人事部長、別の組織からエリート興業に潜入していたスパイだったのです

▼▶こうして見事に雷電の奪還に成功したコトブキ飛行隊。壊滅的損害を受けたエリート興業の社長トリヘイは、空の駅ロータで謝罪&和解。ロータのオヤジからは、これからはマジメにはたらくように言われるものの……さてどうなりますやら。というわけで一件落着。次回、第5話もお楽しみに!

中野／監督があの要素を追加カットとして入れたいとおっしゃったんですよ。最終的にみんなが飛行機に乗って帰るところに繋がるので、「どうやって救助したかの描写は入れたいよね」って。赤とんぼがエンマを回収するシーンになったのは、本編の最後の画で誰がどの機体に乗って帰るかは決まっていたので、それに繋げるにはどれを描写したらいいか、というところから選ばれました。回収方法については最初は飛行機から垂らした紐を掴むとか……いや、それじゃ手ちぎれちゃいますよ！　みたいなやりとりがあって（笑）、結果走ってストンと飛び乗るみたいな映像になりました。あれも、赤とんぼが布張りなんで抜けちゃいますよ、みたいな話はあったんだけど、ビジュアルとして面白いから、みたいな。

二宮／うしろから座るように飛び乗るのは、たしか私が「こういう風にしたほうがまだ多少現実的じゃないか？」と。

佐々木／あそこの赤とんぼの速度って……。

二宮／着陸速度が80㎞／hなので、本当なら多分死んじゃうと思うんですが（笑）。

◆

佐々木／レオナの機体にキ六四のプロペラが突き刺さるのは気の毒でしたね。あれは二宮さんのアイディアですか？

中野／あれは時浜さんだと思います。傷がどう入るかという話をした記憶があるので。

時浜／絵コンテの時点で「接触して止める」とあって、でもまともにぶつかって翼を切っちゃったりすると、燃料タンクとかもやられちゃうし、そもそもそのあとまともに飛べるかもわからない。それだったら胴体と接触させてはどうか、となって。

中野／レオナ機はその後も飛んでないといけないので、ぶつけて、片っぽが堕ちるけど片っぽが残ってるってどんな傷の入り方かなって話をしたんですよね。

時浜／いろいろ考えたうえで、プロペラに切られた傷は入るだろう、そしてそのときに折れてたやつが突き刺さってたらおもしろいなって監督に提案したんです。

中野／監督も「ありですね」という反応だったんですが、でも「刺さるプロペラが小さいね」という話にもなったので、嘘でかいプロペラを用意して突き刺しました。

時浜／隼の胴体ってハッチがあるじゃないですか。TVシリーズ第4話でエンマが乗降に使っているやつ。あそこにフレームがあるので、そこでプロペラを止めるという指示書を作りました。

▶ウザい男の正体はブユウ商事の会長、イサオ。ユーリア議員の会談の相手であり、コトブキ飛行隊の面々はその会談の航空警備を依頼される

▲▶アレシマ空運当局に航空申請をしにきたコトブキ飛行隊の面々。「パンケーキ」の文字を見て舞い上がって団体行動を乱すキリエと、それを強くとがめる隊長のレオナ。そんなこんなでいろいろ紆余曲折あった後、お付きの者に「会長」と呼ばれるしこたまウザいお調子者の男に出会う

▼ナサリン飛行隊の２機が哨戒にあたっていた方角から、零戦五二型20機と四式重爆撃機「飛龍」２機からなる大編隊が！　アドルフォ山田とフェルナンド内海、絶体絶命!!

▲ユーリアとイサオの会談がはじまる。性善説をベースに理想論を語るイサオの意見は、現実派路線のユーリアにはお気に召さない様子。……とそこに、空賊来襲を知らせる警報の音が！

▼第１話以来の再登場、ナサリン飛行隊のふたり。撃墜されたものの無事生き残っていた。しかし墜ちたり辞めたりで飛行隊はアドルフォ山田（右）とフェルナンド内海（左）のふたりきりとなってしまい、いまはほかの飛行隊に間借りの身だという

▶▼数年前、レオナはリノウチ大空戦でひとりで突っ走ったあげく被撃墜。まだ命があるのはイサオのおかげだという。その借りを返せないまま悩んでいたのだ。目を覚ましたレオナは、仲間たちと協力して飛龍１機の撃墜に成功する

無茶するなら
無茶するって言ってよ！
ついていくから!

▶▼冷静さを欠いたレオナは、ケイト機撃墜の原因を作ってしまう。そしてキリエに強く咎められ、ようやく自分を取り戻す

◀▼戦闘空域にコトブキ飛行隊到着！　が、レオナの様子がおかしい。仲間との連携を考えず、単騎で敵に突っ込んでいく。しかしこれがかつては「一心不乱のレオナ」と言われた本来のスタイルだとか

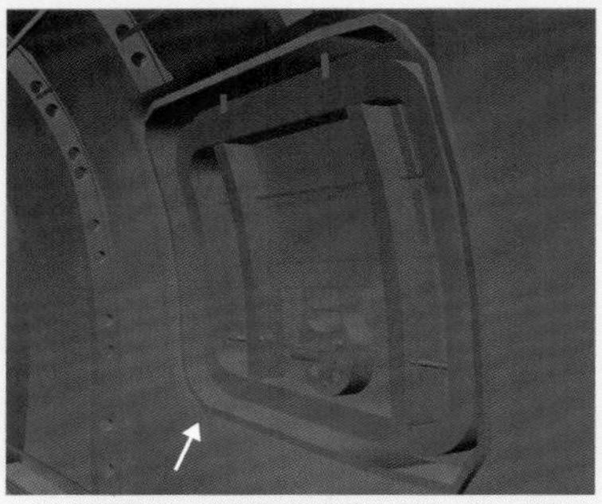

▲隼の左側面ハッチ内側（制作途中のデータ）。矢印で示した部分が文中にある「フレーム」

中野／胴体のほかの部分はバリンといっちゃう可能性があるので、一番硬いフレームが通ってるところで受け止めれば、プロペラのほうが折れるはず、みたいな。ここにちゃんと付けてくださいみたいな指示に（笑）。

時浜／最初、若干傷が深すぎるCGが上がってきたので、フレームで止めてもらうように修正してもらったりもしました。

菊地／あと、そのCGを作るための下地として、機体に走っているリベットのラインがフレームと外板の打ち付けてる位置だから、その下のフレームに食い込んでいるとかいうことも考慮に入れていますね。

佐々木／レシプロ機自体に詳しくないと、メカってどこもかしこもミチミチに詰まっていると思いがちで、「刺さったら爆発するんじゃないか」なんて思うわけですよ。でもその前、ロータを経由してエリート興業の本拠地に行くときにあそこにエンマが乗ってたりして、「ああ、プラモデルみたいに中身は意外とスカスカなんだ」って。いかに軽くするかってことが命題だから、そういう描写も最後のプロペラが刺さったところに効いている気がしますね。「いけなくもないか？」と。

時浜／本当はいけないんですけどね（笑）。中に尾翼のラダー、エレベーターを制御するワイヤーが通ってるので、そこがやられてしまうとどうしようもないんです。

佐々木／奇跡的にそこは無事だったと（笑）。

カラーリングと表現のいろいろ

▲手前は「遊びを入れたもの」３種、奥は「より遊びを入れたもの」２種の、ゲーム向け鍾馗塗装案

佐々木／時浜さんや菊地さんはご自身のTwitterアカウントなどでアプリゲーム『大空のテイクオフガールズ！』でのお仕事もご報告されていますが、中野さんなどは関わっておられるのでしょうか？

中野／じつは、あのゲームに登場する戦闘機のモデルデータはGEMBAで作っているので、そっちのやりとりというか監修というか。あと、デザインの半分くらいはうち提案じゃなかったかな？

時浜／ゲーム側のメインキャラクター搭乗機体とか、各機体の基本カラーとかはゲーム開発会社のほうでデザインされたんですけれど、本編に出てくるキャラクターのゲーム独自塗装機体はGEMBAのほうで。

佐々木／なるほど。紫電改とかですね。

二宮／ゲーム機体のカラーリングを提案されたんですよ。最初にこういうのを提案されて、「もっと遊んだやつがあるんですけれど、どうでしょう」ってなんか遠慮がちに見せてくれたんですね、こういうの（右写真）を（笑）。途中までおとなしめのほうに決まりかかってたんですけれど、私が「ゲームなんだから、はっちゃけたやつでも全然使っちゃってOKだと思います」と言ったことで、ゲームのやつはああいうトンデモな、というか（笑）。

中野／それを受けて、アニメにも登場するアンナとかマリアとかみたいな、本編で飛

第5話 小ネタ集

●アノマロカリス

イジツでは、海が無くなって久しい。その際、古代の海の生き物の一部は地上に適応し独自の進化を遂げているらしい。荒野には人類の敵となる生物も多数生息しているのである。古代に現実の世界と同様の生物がいたことも「穴」と関係しているのかもしれない。

●イジツの食べ物 その①

アレシマのお店でキリエが食べていたのは抹茶味のパンケーキ。街ごとに特産品や文化に差があるイジツでは、街ごとの名物料理も多いようだ。パンケーキ好きのキリエは、どんなパンケーキでも愛しているようで、新しい街に寄るごとに各地のパンケーキを食べ比べているのかもしれない。

●リノウチ大空戦

かつてレオナが参戦していた大きな戦い。治安と政情が不安定なイジツでは過去、いくつか大きな戦いが起きており、そのうちのひとつがリノウチ大空戦。『完全版』ではその様子が少しだけ描かれている。イサオの名を一躍有名にした戦いであり、若かりしレオナが命を救われた。ちなみに、第9話に登場した双子のムサコとヒガコは当時のレオナのチームメイト。

●イジツの花々

イサオがユーリアに渡そうとした花束。よく見るとかなり毒々しい見た目をしている。人間だけでなく、植物にとっても厳しい環境であるイジツでは、このようなたくましい花々が多く生息しているのだ。とはいえ、普通の美しい花々も存在しているので、このセレクトはイサオのセンスによるものだろう。

『荒野のコトブキ飛行隊 完全版』有澤P一問一答 Part3

Q12／TVシリーズ第1話、ラハマ帰還後のアディ、ベティ、シンディの会話の中で、サネアツについて「気持ちわかるかも」と言ったのと、「あんな文句たれがいいの?」と言ったのはそれぞれ誰でしょうか?

A／それぞれベティ、アディです。3人娘もそれぞれ性格が違っており、こまかいリアクションの差にそれが出てます。EDのお風呂シーンでもそれがわかりますね。

Q13／ラハマ防衛戦でのキリエの「木の葉落とし」の直前に、キリエはどうやってうしろの敵機に気付くことができたのでしょうか?

A／この時のキリエとエンマはわざと自分たちを追わせて外の対空機銃陣地に誘導することが役目だったので、常にうしろを警戒していたのです。また、何機か撃墜して他社員を逆上させて、できるだけ多くのエリート興業機を誘導する必要もありました。

Q14／キリエが可愛いすぎて困っています。どうしたらいいですか?

A／奇遇ですね、私もです。あんな性格ですが、ふとした表情が妙に美少女だったり、子供っぽいと思ったら急に達観したことを言ったり、なんか見てて飽きない可愛さがあります。どうしたらいいでしょうか?

Q15／イジツに広く普及しているフード自販機ですが、あれは“穴”の向こうから来たものでしょうか? 普及した経緯などあれば教えてください。

A／元々は“穴”から来たものです。空路しか流通がないイジツでは、まとめて補充できて日持ちする、しかも無人で販売できる自販機は相性がよかったんだと思います。空の駅って、我々の感覚だとかなり町から離れた道の駅やSAのようなものですもんね。

Q16／姐さんの本名はなんというのですか?

A／私も知りたいです……。でも、秘密も女性の魅力のひとつ……ということで!

Q17／イサオがヒデアキとエリート興業を使って、純ユーハング製雷電を狙ったのには理由があるのでしょうか?

A／以前から富嶽での爆撃・制圧を計画していたイサオは、対爆撃機の戦力になり得る迎撃機である雷電を狙っていました。空賊を自分の戦力とするため育てたり、コツコツしたたかに、イサオは計画を進めていたんですねぇ。

Q18／チカが買ったマロちゃんの価格「498ポンド98銭」にエンマが驚いていますが、これは高額なのですか?

A／1ポンドあたり大体100円〜130円くらい。マロちゃんは日本円で5万円以上することになります。高級!

天上の奇術師 復活っ!

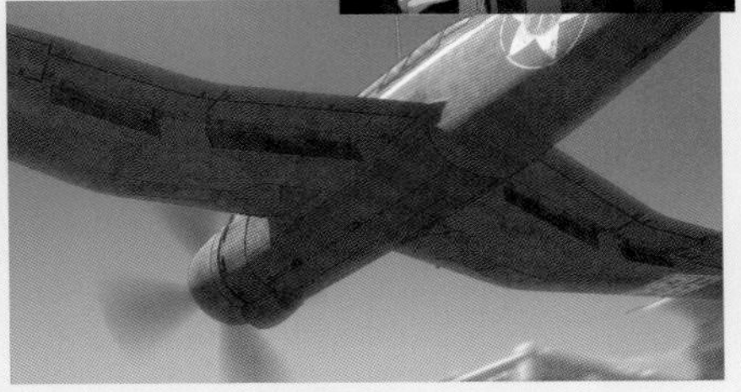

◀イサオはかつてイケスカ所属の飛行隊で名をはせ、過去のリノウチ大空戦にも参加。1回の出撃で12機撃墜した凄腕の持ち主だという

▼しかし護衛の零戦五二型たちに阻まれ、もう1機の飛龍を撃墜することができない。どんどんアレシマに近づいていく飛龍。爆弾倉の扉も開き、もうダメかと思われたとき、アレシマの街からキラリと光る機影が! 艦上攻撃機「流星」、乗っているのはイサオ(と執事)だ

◀技量が高いはずのコトブキ飛行隊の面々ですらも先が読めないイサオの飛行。飛龍は重量物である爆弾を捨てて逃亡を図るものの……

▼流星は戦闘に入るやいなや、またたくまに空賊の零戦五二型2機を撃墜。イサオは圧倒的な技量の高さを見せつける。飛ぶのは久しぶりだというが、かつて「天上の奇術師」と呼ばれたその腕前は錆び付いてはいないようだ

▼▶イサオは流星単機で飛龍の撃墜に成功。飛龍のパイロットは最後のあがきか、ユーリアのいるオーシャンサンフィッシュホテルへの体当たりを敢行。しかし力及ばず、機首が1階フロントに突っ込んだ程度で止まってしまった。それを2階会議室から紅茶を飲みつつ静かに眺めるユーリア(この世界の女性は強い……)

行機に乗らないキャラクターたちもゲームでは乗るので、そういった機体のデザインは僕ら側が提案しています。

時浜／ゲームのデザインといえばおもしろかったのはメタルカラー、金箔を貼ったような表現ですね。ゲームシェーダーの表現を見たときにテカテカの表現がきれいに出てたので、「本編であんまりやってこなかったけど、金のもありだね」みたいになりましたね。

佐々木／実機ではメタルカラーとかってないものですか。

菊地／エアレーサーとかではありますが、『コトブキ』では、ゲームの表現を見るまでその発想はなかった。

中野／基本的に、キラキラ反射したら見つかっちゃうから(笑)。

時浜／あと、あまりこまごま描いたものをアニメのスピード感にすると、わけがわからなくなってしまうのが大きいので。

中野／アニメ版のキャラがゲームに出る場合、そもそものイメージがあまりない状態でのデザインになるので、時浜さん、菊地さんに社内のスタッフを含めた3人でデザインを出し合って監督に選んでもらうという、デザインコンペみたいなことになってました(笑)。そんなこともしていたので、ボツになったものもけっこうあります。

時浜／アニメ用のデザインでもボツ案はかなりありますね。で、そんなボツ案のひとつを、完全版、リノウチ大空戦でレオナを落っことす戦闘機群のカラーリングにしたり。

佐々木／ボツ案、見てみたいなぁ(笑)。デザコンも凄いですよね。みなさんご覧になりましたか?

中野／見ました。インコカラー(※4)のやつとか、「発想がすごいな」って思ったりして。

菊地／内部のデザインコンペは私も参加しましたけれど、やっぱり二宮さんの愛には敵わない(笑)(※5)。

佐々木／イジツでもこうやって塗装を考えている人たちっていそうですよね。それぞれのパイロットのセンスだと、チカみたいに(※6)なっちゃうじゃないですか。

二宮／以前、菊地さんが言ってたんでしたっけ。イジツには「時浜塗装」って会社があるんじゃないか、みたいな。私は「菊地飛行船」って会社があると思ってるんですけどね(笑)。

菊地／文化的に洗練されていないのがやた

※4／「紫電 背黄青鸚哥 仕様」のこと。P165掲載
※5／「流星 リリコ機 仕様」のこと。P172に二宮氏自身が製作した模型作例、およびその誕生秘話を掲載。
※6／チカの搭乗機、とりわけ「鍾馗 チカ機 仕様」を指していると思われる。P31掲載。

▶イサオの活躍を伝える新聞。羽衣丸のクルーたちからは「一心不乱のレオナ」の活躍を褒めらたものの、暴走して我を忘れたレオナは浮かない表情

▲▶アレシマでの警備の報酬を受け取るために、ユーリアを訪ねるキリエ。ユーリアに値切らせないために、マダム・ルゥルゥはあえてキリエを派遣したのだ。目論みどおり見事大金をGET ！

◀報酬を受け取った帰り道、キリエは零戦三二型に乗る因縁の相手と遭遇。挑発に乗り戦いを挑むも……あえなく敗北、エンジンに被弾してしまう

▼無意識ながらきちんと着陸してはいたものの、目覚めたのは周囲から孤立した高台、オフコウ山。頂上は平らで、離陸に充分な距離もあるが、まずは損傷したエンジンを直さないと……。さいわいオフコウ山はかつてユーハングのパイロット訓練に使われていた場所で、なんとかパーツは調達できるかも?

▲コクピットのなかで眠るキリエは夢を見る。町外れに住む嫌われ者、“ユーハングに帰れなかった”老人、サブジーとの想い出の日々だ

◀かつてユーハングは飛行機に乗って〝穴〟から現れ、工場を建てたり飛行機を作ったりしたものの、なぜかいろいろなものを置きっ放しにして〝穴〟から帰っていったという。そして〝穴〟は消滅したと……

▲サブジーはキリエを冷たくあしらうが、キリエはそんなサブジーをまったく怖がることなくどんどん絡んでいく。知らないことはなんでも知りたいと質問攻め。そして根負けしたサブジーも徐々に心を開きはじめる

知らないから、知りたいの！

◀サブジーの所有機は零戦三二型。キリエを膝の上に乗せ、飛行。キリエがいままで見たことのない、体験したことのない空の上の世界を見せてくれた

らめったらいっぱいあるカンジなんでしょうね。

佐々木／日本の戦国時代、それぞれの国で全然別の文化が花開いた、みたいなのが各街で。時浜さんは前にGS－クレオスさんに模型用特色作ってもらったじゃないですか。グリーンは『コトブキ』グリーンでしたが、ほかの色はどういう基準でしたか？

時浜／僕が気持ちのいい色で（笑）。『コトブキ』のCGって日照光源の色が明るいんですね。なので塗料も明るいほうに振ってもらって、シャドウはお客さんで吹いてもらうことで劇中っぽいブラウンにしてもらおうと。それからプラモデル用のミリタリーの色って、ツヤ消しが多いんですが、それをグロス（光沢）で出してくれ、とくにブラウンはグロスがないんでぜひグロスで出してくれってお願いしましたね。

◆

佐々木／紫電（※7）とかでもそうなんですが、プラモデルだと水色の塗装指示になってますが、劇中飛んでるイメージだとこんなふうにも見えたりするんですよね（自身で製作した、メタリックブルーで塗られた紫電を掲げながら）。

菊地／特に第1話の紫電ね。シズル感。

佐々木／シズル感？

時浜／基本的にはアルミとかの金属でも、ツヤ消しシルバーの質感なんですけれど、そこに特殊な映像処理で、メタルっぽい反射のツヤ感とかを乗せてるんですよね。

中野／元々入れない方針で進んでいたんですけれど、第1話ってかなり時間かけて作っていたんですね。手をつけたのが早かったので。それで、制作も後半になって「もうちょっとキラっとしたカンジ、動いたときにキラってなるカンジが欲しいよね」ってなって、急きょ専用の素材を作って、重ねて足すみたいなことをやりました。その作業を「シズル感を出す」とか言ってて、その素材も「シズル素材」って名前で（笑）。シズルってCM用語で、食べ物の美味しさを出す演出みたいな、映像的な味付けを言うんですが、第1話はアップのカットが多いので数カットそういうのを入れました。途中の回では工数が増しちゃうのでやらない……というかやれなかったんですが、最終話の迷子のジェット戦闘機とかには入れました。「こいつはこういうもんなので入れましょう」みたいな。

菊地／会社で制作の進捗状況とかを見ていると、ある日急に第1話の格納庫カットとかでシズル感が入ってて「なにこれ!? すげぇ！」ってなりましたね。

時浜／そのときに最初は隼のラダー、動翼部分にまでシズル素材が張り込んであったので、「これはやめてくれ」と言いました。動翼部分って布が張ってあるんです。

中野／布張りのところはやめよう、と。

時浜／だから、これまではあまり表現されてきていない、本体のメタルとラダーの布張りの質感を表現できましたね。

菊地／フラップの塗り分けなんかも、グレーで塗ってるところは「スペキュラー」っていう反射とかを表現する素材でその部分だけ反射を抑えてくれって指示して。

時浜／あとはエッジの部分には実線は入れないで、デコボコだけで表現してくれといったりとか。

菊地／テクスチャ素材としては、リベットとパネルラインってレイヤーで別々に描いて重ねているんで、この素材も布張りのレイヤーとして描いていて、CGの人が素材を作るときにそれぞれのレイヤーを抜いてフォーマットに沿って加工するカンジですね。

佐々木／どこがなんの素材でできているかって、あまり意識していないのでイメージがわきにくいですね。SFもののロボットなんかは、戦闘機に比べるとあんまり動いたりしないじゃないですか。なので「イジツにこんな飛行機がいたらいいな」って自分オリジナルのマーキング作りたいってなったときに、どこに貼ったらいいのか、「ノルナ（※8）」みたいなのはどこに貼るべきなのか、って資料とかにあたって調べて、切り分けないと、って。そういうところで躓くわけじゃないですけど、なかなか大変ですよね。

菊地／そういう、飛行機のどの部分が動く

※7／ここではとくに佐々木氏がCVを担当した、ロドリゲスも所属しているナサリン飛行隊の機体を指す。
※8／飛行機の外板は非常に薄く、重いものが乗ったり硬いものが当たったりするだけで凹んでしまう。なので直下に機械があるなど、とくに重要な部分は日本機ならカタカナで「ノルナ」「フムナ」、米軍機や日本の現用ジェット機なら「NO STEP」などと書いておいて保護する。

第6話 小ネタ集

●ユーリアの部屋

ガドールにある巨大なユーリア邸。そのなかでも特別広いユーリアの部屋。その中にはなぜかブランコやシーソーなど、子供向けの遊具が置いてある。普段は外に敵が多い方が燃えるタイプのユーリアの内面が垣間見える瞬間なのかもしれない。

●オフコウ山

かつてユーハングは、イジツに飛行機の生産工場を作るだけでなく、若き戦闘機乗りの訓練の場としても活用していた。そのなかでも、空母の飛行甲板と同等の広さと形をしたオフコウ山は、艦上発着の訓練場として使用されていた。残った残骸を見るに、失敗する者も多かったようだ。

●イジツの月

ひとり夜を明かすキリエが見上げた月にある奇妙な模様。われわれの世界では「月にはウサギがいる」といわれるが、イジツの月にはタヌキがいる。しかも逆さづりで釜茹でにされそうになっている。ちなみにこのタヌキは、第1話でチラッと映る月にもちゃんといるので、確認してみてほしい。

●幼いキリエ

サブジーと出会った当時、すでにキリエには両親はおらず、知り合いの家を転々としていた。そのためか、ひとりで遊ぶことが多いキリエは、シオヤマのはずれにひとりで住むサブジーに興味を持ったのかもしれない。興味津々でサブジーを質問攻めにするキリエは、本に興味を示したり意外と知的な一面も持ち合わせている。

●サブジーの部屋

かつてユーハングの“軍属”として働いていたサブジーの部屋には、飛行機関連の資料や研究書が積まれていた。中には文学書などもあり、サブジーが博識であったことを物語っている。幼いキリエが子供向けの本を読んでいたので、当時は子連れでイジツに来ていたユーハングの人間もいたのかもしれない。

●サブジーの零戦三二型

サブジーがラハマのはずれに置いていた零戦三二型は、よく見るとなにかの模様を塗りつぶしたような跡がある。故郷と決別することとなったサブジーがみずから塗りつぶしたのだろうか。70年の時を経ても問題なく飛んでいたので、サブジーはまめに手入れと整備を行っていたようだ。

●謎の男

サブジーを勧誘に来ていた謎の男。その正体はイサオの執事その人である。かつてよりユーハングや“穴”を研究していたイサオは、ユーハングのサブジーの知識や技術を狙い続けていた。それを嫌ったサブジーは、見つからないよう各地を転々としながら暮らしていた。この時も居場所が見つかり、キリエを面倒に巻き込まないためにラハマを離れたのであった。

『荒野のコトブキ飛行隊 完全版』有澤P一問一答 Part4

Q19 ／キリエがパンケーキ狂い、もといパンケーキ好きになったきっかけなどはありますか?

A／子供時代、親戚の家をたらい回しにされ、食事も争奪戦だったキリエにとって、まん丸なパンケーキは食べたくても食べられない憧れの食べ物でした。なので、大人になったいまでも一番の大好物なのです。

Q20 ／TVシリーズと完全版ではイサオの印象が少し違いました。完全版ではより悪者っぽくなっていたと思うのですが、狙っていたのでしょうか。

A／そのとおり！　狙いです。TVシリーズでは、物語がどう展開していくか先が読めないよう構成されていました。完全版では決着まで一気に描くので、最初からイサオの悪だくみがわかるように描かれています。

Q21 ／レオナがシャワーを浴びているのはどこですか?。

A／羽衣丸の船内です。シャワー室はもちろん、浴室もあります。ちなみに、EDでアンナ達が入っていたのはラハマの銭湯（公衆浴場）です。雨はないですが、水資源はあるので結構みんなお風呂好きなのかも！

Q22 ／イサオたち以外に戦闘機の研究を進めている勢力はあるのでしょうか?

A／いろんな町や組織がそれぞれ研究をしています。ただ、新たな機体を開発するという野心と、それを実現するだけの力を持っていたのはきっとあの時点ではイサオくらいだったのだと思います。

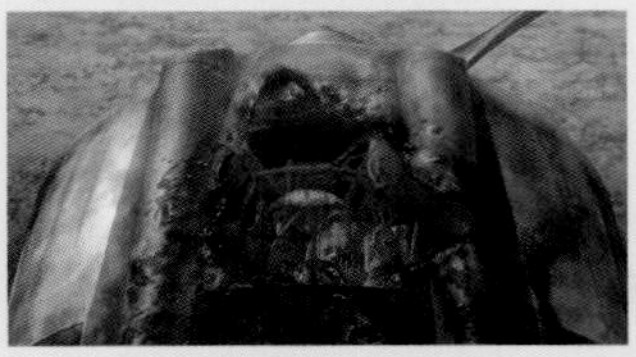

◀▼目を覚ましたキリエは、帰還に向けて動き出す。周囲に転がっている零戦の残骸からプラグを取ったり、レオナにもらったマフラーで穴を塞いだりしながら隼の応急修理を行なった。そしてエンジンの再始動を試みるも……ブスン。失敗

◀再び回想シーン。サブジーの元に男が訪れ、勧誘を行なう。サブジーはどうやらかつては優秀なエンジニアだったようだ。思うところがあるのかサブジーは再び心を閉ざし、キリエさえも突き放す。住んでいた家もろともすべてを焼き払い、キリエを置いて零戦三二型でどこかへ飛んで行ってしまった

▲キリエは再び隼の始動にチャレンジ。完調からはほど遠いものの、エンジンは息を吹き返した。そして一か八かの離陸を試みる。パワーが足りないのかあやうく墜落しかけるものの、なんとか離陸にも成功。羽衣丸&コトブキ飛行隊の仲間の元に無事に帰還することができたのだった

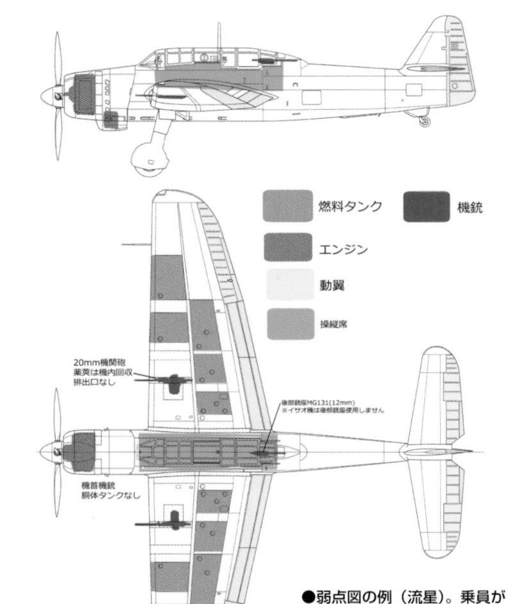

●弱点図の例（流星）。乗員がダメージを受ける操縦席、火を吹く可能性のある燃料タンクなど、機銃などが命中したときのダメージの受けかたによって色分けされている

かっていうスタッフ向けの説明資料って時浜さんが作成されたんですよね？

時浜／市販書籍の三面図とかを使って、「このパーツは動きます」「ここに燃料タンクが入っています」みたいなのを、簡単に色分けした資料を作りましたね。

中野／弾が当たったら火が出る場所、落ちる場所がわかるみたいな。

時浜／「ここに当てるとパイロットが死んじゃう」みたいな。

中野／そういう資料は全機分用意しました。

二宮／第1話の絵コンテの時点ではそのへん大雑把で、私のほうで逐一修正を入れていたんですね。

時浜／それがかなり手間というか。

二宮／編隊の組み方とか、コンテに「黒煙

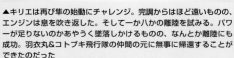

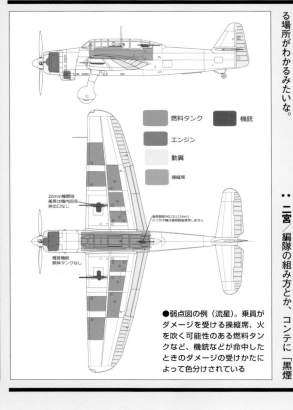

▲▶いまより少し前のこと。九七式戦闘機でのんびり飛ぶのはケイトの兄、アレン。彼はユーハングについての調査をしているもよう。ユーハングは70年前にこの場所に突然現れ、そして帰っていったと……。と、突如現れた3機の五式戦の襲撃を受け、エンジンに被弾してしまう

▶時は戻っていま。キリエとケイトが1対1の模擬空戦中。キリエが後ろをとってもケイトは逆Gのターンで簡単に逃げてしまう

▶キリエは苦手なケイト相手に善戦できたと喜びかけるが、じつはケイト搭乗機にはイケスカの大手企業「スタンドン石油」から売り込みがあった、安価だが低オクタンの燃料がテストとして入れられており、性能が落ちていたと知らされる

▶模擬戦後の食事の席で、飛行機を飛ばすこと自体は教官になれるレベルにうまいが、素直すぎて動きが読みやすいと指摘を受けるキリエ。しかも我慢が足りない、冷静さもないと……

◀外出許可をとり、兄のアレンのもとを訪れるケイト。前出の撃墜事故でのケガの治療中ということだろうか、入院生活となっている。アレンはケイトとは異なり、明るく表情豊かで口数も多い。&酒豪？

▼ケイトのプラベートが知りたくてこっそりあとをつけていたチカとキリエだったが、ケイトにはしっかりと気付かれていた。帰路、本屋に立ち寄る3人。ケイトが読むのは科学、工学、物理学などの本ばかりで、作者の都合でどうとでもなってしまう空想の物語は意味がないと言う

▲▶故郷のナンコーに戻ってきたナサリン飛行隊のふたり。ナンコーにはスタンドン石油が来ており、油井まるごと買い取りたいと申し出たという。一方、アドルフォはそろそろ潮時、パイロット稼業から足を洗うことを考えていると言い出す。……と、そこに爆発音が！　大規模な油田火災発生！

▼消火には人手が必要。ナサリン飛行隊はオウニ商会に協力を要請する。ナンコーを見捨てることは、巡り巡ってコトブキ飛行隊が飛べない事態も引き起こしかねないと、要請を受諾するが、マダム・ルゥルゥ、報酬はきっちりとつり上げます

が出る」と書いてあるのに対して、「この機体でこういう当たりかたなら白煙です。黒煙が出たら即落ちます」とか。

菊地／煙の種類とかは二宮さんが大変だったと思います。

時浜／僕らは映像制作に入っちゃうと自分の作業に戻っちゃうので。でも映像制作の過程はある程度中野さん経由で聞こえてきたりして、そこで二宮さんがどういう指示を出しているかを聞いて、「大変だな」ってなって。「弱点表もそういうところから「用意しないとね」ってなって作るようになりました。

中野／なので、第3話か第4話くらいからだったかな。そういう補助資料が全部、色指定とかカットリストに入るようになっていきましたね。

二宮／ミゲルは後ろからコクピット後方を撃たれるんですよね。紫電って座席の下に燃料タンクがあるんで、本来ならばそこをやられると丸焦げになってしまう。

菊地／空中戦映画でよく丸焼けシーンあるんだけど、あれをやったら『コトブキ』では洒落にならないですよね。

佐々木／西部劇じゃなくなっちゃいますね。

時浜／「完全に頭から戦争映画じゃないか」っていう。

佐々木／戦争してるわけじゃないですからね。

二宮／第1話では「ここを撃たれると零戦では火が付くけれど、隼だと……」とか、そういうのをやったのはよかったですね。

イジツの世界観あれこれ

佐々木／二宮さんが監修や設定などを通じてあまりにイジツに通じすぎた結果「イジツ帰りの男」なんて呼ばれた……なんて話もありましたが、イジツの世界にまつわるエピソードってみなさんありますか？　『完全版』オーディオコメンタリーからの話ですが、「イジツって漢字で書けるんですよね」っていうのとか。

二宮／まるっきりイジツのイメージどおりの、横手さんが探してきて下さった案です。

菊地／脚本家の方々といえば私も最初は打ち合わせに参加していたんだけれど、半分以上雑談ですよね（笑）。わけのわからないセンスというか、凄いなこの人たちって。いろんな映画の話やらをしてイメージを固めていくんだろうけれど、あのとっちらかってる感は逆に凄くコトブキっぽくなってきてるのかなって。

中野／見せたいエピソードから、だんだん本筋の流れを作っていく、みたいな。いちばん最初に本筋のイサオのくだりを決めていたわけじゃなくて、各話でこういう要素を見せたいねっていうのを並べて、最終的にはイサオの悪巧みに話を持っていった、みたいなかたちでシナリオを繋げていっていましたね。割とライブ感があるというか、シナリオ会議で転がっていって、「最後イサオとの戦いだったのね！　こいつそんなキャラだったんだ！」みたいな（笑）。

時浜／「空賊はイサオの配下でした」ってバラすじゃないですか。でもCGの発注段階では、バックボーンは伝わっていなかったですね（笑）。だけど第1話の零戦に赤帯が入っていて、それをほかの機体にも踏襲していったら、全部空賊のマーキングになっていたという。

菊地／結果空賊の印に（笑）。

佐々木／イジツでも、さっき話に出た「時浜塗装」の人とかが同じようなこと思ってそうですよね。「胴体に線を引けって発注がずいぶん多かったけど、そういうことだったの⁉」って（笑）。

菊地／世界観的なものでいうと、脚本会議でアノマロカリスとかカンブリア紀の生き物の話で凄い盛り上がって。でも、マロちゃんみたいな名残はあるけど、本編にまったく出てこないんだよね（笑）。でも、設定としては生きてますよね。

二宮／生きてますね。荒野には巨大陸棲アノマロカリスがいるはずなんですよ。

菊地／一歩間違えると『ス〇ーシップ・トゥ〇ーパーズ』みたいな世界観（笑）。

佐々木／そんな雰囲気ですよね（笑）。

二宮／「陸路が使えない」っていうイジツの世界としての前提があるので、当然障害物があるだろうっていう。

第7話 小ネタ集

●アレンを襲った者

冒頭で“穴”の研究のため飛行していたアレンの九七式戦闘機を撃墜した五式戦にはイサオが搭乗していた。イサオは以前より“穴”の独占のため、アレン同様に“穴”とユーハングを研究していた。そのなかで、いずれ自分の脅威となり得るアレンの研究を妨害、あわよくば亡き者にしようとした。

●ナンコーのガソリン

ナンコーでは高オクタン価で高品質なガソリンを精製、販売していた。かつてはかなり賑わった石油の街だったが、石油の産出量が減少したため寂れている。また、重労働かつ品質に妥協しない姿勢のためか、若者も離れていっているようだ。

●コトブキの七不思議

ほかのメンバーが評価するとおり、キリエは天然で非常に正確な操縦を行なっている。正確かつ非常に高い技術で操縦しているため、軌道が非常に綺麗で、メンバーの誰よりも単純なミスは少ない。しかし、正確さゆえに天才肌のケイトや、野性で戦うナオミにはその機動は読み切られており、じつはキリエはこのふたりに勝てたことが一度もない。ちなみに、七不思議のほかの6つは不明。

●エリート興業の彗星

ケイトの作戦立案後、すぐにエリート興業に連絡し、ロータの空の駅でランデブーし借りてきた彗星。第4話で和解後、カタギの企業として再出発を果たしたエリート興業が、ビジネスの一環として貸してくれたようだ。しかし、貸しのあるコトブキとオウニ商会のことだから、かなり安く借りてきたに違いない。

●海のウーミ

イジツでは非常にメジャーな、児童文学の金字塔的作品。子供向け絵本の見た目だが、意外と毒が効いており、世の中の真理を鋭く突いた内容も多い。幼いチカは、ストリートチルドレンのリーダー的な存在であったチト兄に読み聞かせてもらっていたらしい。第7話のラストでケイトが読んでいた話は、まさにイサオの企みそのものであった。

●ケイトとアレン

見た目はそっくりだが、中身は対照的な兄妹。知識欲や研究意欲にあふれ、天才的なセンスと頭脳を持つ点は共通している。飛行機乗り時代からレオナと知り合いだったアレンは、妹ケイトの自立を促すために、コトブキ飛行隊への入隊を勧めたようだ。いまでも仲がよく、ケイトは時間を見つけてはアレンの病院にかよっている。

『荒野のコトブキ飛行隊 完全版』有澤P一問一答 Part5

Q23／チカはなぜ空賊になったのですか？　そして、チト兄はどんな人物で、今はなにをしているのでしょうか？

A／生活苦のためです。用心棒になってからも、きっと仲間たちに仕送りしています。チト兄はチカにとって兄であり育ての親です。いまは行方不明ですが、どこかで再会することがあるかも……

Q24／アドルフォ山田、フェルナンド内海の“山田”や“内海”は苗字にあたるものなのでしょうか？　ナサリン飛行隊の面々やほかのキャラクターにもあるのでしょうか？

A／基本的にイジツの人に苗字はありません。が、ユーハング式の名前が好きな人が、自由に名乗っています。フェルナンドやアドルフォには先祖がユーハング関連など、なにかしら繋がりがあったのかもしれませんね。

Q25／黒い疾風と遭遇した際にキリエとケイトが乗る彗星だけ高度を下げていますが、なぜでしょうか？

A／消火が目的なのでキリエ機が落とされたらミッション失敗です。なので隼4機は囮となって疾風を引き付け、キリエ機は見つからないように低空でナンコーに向かうことにしたのです。結局あの目立つ塗装で見つかってしまいましたが。

Q26／イジツでの戦闘機の価格はどれくらいですか？

A／機体によりけりですが、こちらの感覚だと九七式で国産の軽自動車を買うくらいでしょうか。生活に不可欠なので、ローンで買ってもなんとかなるくらい。隼が5ナンバー車で、疾風なんかはなかなか手が届かない輸入高級セダンみたいなカンジだと思います。

Q26／アプリゲーム内でキリエが「私もお酒飲みたいなあ」という趣旨の発言をしていましたが、なぜ飲めないのでしょうか？　年齢的なものでしょうか？

A／キリエは下戸なのです。同い年のエンマやケイトは普通に飲んでいますが、キリエは一度も飲んでないですよね。じつは一緒に飲んでみたいのかも（かわいい）。チカは年齢的にまだ飲んでいませんが、あそこはイジツなので飲んでも捕まることはなさそうです。

▼消火隊は疾風を駆る空賊の襲撃をうける。本来の消火活動は彗星１機（前席：キリエ、後席：ケイト）でもよかったのだが、“こんなこともあろうかと”マダム・ルゥルゥは護衛の戦闘機をつけていたのだ。敵の疾風の性能は隼一型や紫電よりもかなり上。さぁ、どうする!?

▶航空機より爆弾を投下、酸素を吹き飛ばして消火することに。エリート興業より彗星を借り、増槽を改造して作った即席爆弾を抱えて飛び立ちます

どっこい生きてる

▼アドルフォ山田が被弾しただけではなく、ザラまで撃墜されてしまう。なんとか敵を避けつつ急降下爆撃モードに入る彗星。迫り来る敵機。絶体絶命！　と、そこにフェルナンド内海が割って入り、身を挺して彗星を守る。フェルナンドは!?　……生きてました！

◀油田消火ミッションは成功。作戦後の酒の席で、絵本『海のウーミ』を初めて読むケイト。そこにはお酒を独り占めしようとしたカニのことが書かれていたが、そのストーリーは今回の一件とどことなく似ていて……なにやらきな臭くなってまいりました

菊地／私の好きな『スパ○ダーパニック』っていう、巨大蜘蛛が人を襲うよくできたモンスターパニック映画があるんですが、それの『コトブキ』版みたいなネタを一回どこかの街でやりたいなって。

二宮／村が巨大アノマロカリスに襲われて……みたいな（笑）。

佐々木／そうやって滅んだ街もありそうな……。油田とかに急に住み着いたりしてそうじゃないですか（笑）。

菊地／あのテの映画だと、油田目当てで強欲なおっちゃんが、科学者の忠告を無視して掘削してたら出てきた……みたいなのが定番ですよね。

中野／ゲームのイベントネタでありましたね（笑）。

佐々木／ゲームの種類が空戦から対地攻撃になりますね（笑）。

時浜／そうしたら、爆撃機の出番とかもあったかもしれませんね（※富嶽のみ、ゲームにも登場している）。

佐々木／アニメには出てきた飛龍とかは、ゲームでは出番なかったですもんね。

中野／偵察機とかも実際の偵察の役割を組み込みたいねって話はあったんですけれど、普通の使い方になったので、ちょっともったいなかったですね。

「劇中描写のための考証」って楽しいけれど大変だぁ

佐々木／赤とんぼとか、機銃の位置が普通の機体と違いましたよね。

中野／あれも結構無理矢理でしたよね。

菊地／あれも監督の無茶振りのひとつみたいなものでしたよね。「第９話で、なにがなんでも赤とんぼで空中戦をする」ってなって、「機銃はどうするんだ」って。うしろに穴を開けるとか。いろいろ考えて。結局アイディアを考えて、中野さんに託してやってもらってるんだけれど、無理矢理に。赤とんぼって後ろ向けないですからね。

二宮／座席が回るわけじゃないからね（笑）。

菊地／そういう飛行機もあるけれど。そもそも赤とんぼだと、機銃を積み込むことはできるかもしれないけれど、開口部の大きさ的に取り出すことが……。

二宮／いろいろと作劇の嘘が（笑）。

菊地／最初は第一次世界大戦のイギリス空軍戦闘機をまねて、それとおなじルイス式機銃を上主翼の上に固定でマウントして……っていうのを仮モデルで作ったんです

▼今回の任務は、貴重な貴重な“サカナ”の輸送ミッション。このサカナは淡水魚のアロワナによく似ている。この世界、海はないけど川や池はあるもよう。依頼主は、イケスカの新市長に就任したイサオだ

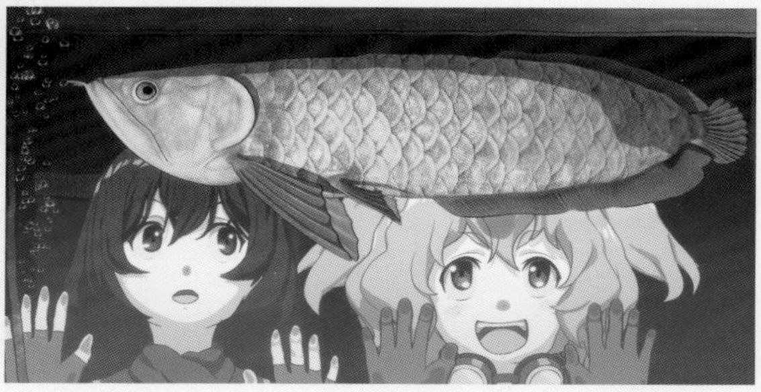

▲空賊の疾風が15機来襲。数も機体性能も敵機が上回るが、コトブキ飛行隊は優勢に戦いを進めていく

▼が、それは囮で、新たに疾風と屠龍からなる別働隊が現れる。敵は単なる空賊とは思えぬ統率を見せる

◀出し抜かれた格好のコトブキ飛行隊。敵機に羽衣丸に乗り込まれてしまった。ブリッジは乗っ取られ、クルーたちも皆拘束される。腹を壊してトイレに籠もっていたサネアツ副船長は拘束を逃れたもよう

▲空賊たちは、イサオに市長辞任と自由博愛連合の即時解散というふたつの要求をつきつける。もし受け入れられなかったら羽衣丸をイケスカの街に墜落させ、爆弾を爆発させるという……

▶空賊の指示により一度は退散させられたコトブキ飛行隊だったが、サネアツと連絡を取り敵の情報を聞き出しつつ。羽衣丸奪還に動き出す。レーダーの死角から近づいていく……

▼「副船が役に立ってる!」とチカ。「副船長」と「複座戦闘機」、さらには「伏線」の3つをかけた言葉のお遊びだろうか。今回登場している屠龍が複座戦闘機。単座戦闘機には歯が立たないが駄作機とまでは……という機体だ

▼右舷のエンジンポッドから羽衣丸への潜入を試みるキリエとレオナ。ふたりの輸送役を担当したのはエンマだ。残りの3人のメンバーは敵の目を引きつけるために空戦を挑んでいる

▲羽衣丸奪還のための戦闘開始！　レオナ、リリコ、そしてまさかのジョニーの3人で、あっというまに酒場を占拠していた4人の敵を倒してしまう。じつはジョニーは天下にその名をとどろかせた早撃ちの名手「逃げられジョニー」であったのだ。ちなみに、これまたとてつもなく強いリリコさんは「ただのウェイトレス」だそうな

◀▼ハイジャックされた羽衣丸に対し、武力で対抗することを宣言するイサオ。多数の五式戦が迎撃のためにスタンバイ

がボツって。それは結局ゲーム版の赤とんぼの固定武装になったんですが。

佐々木／ゲームだとふたり乗れる設定でもよかったかもしれないですね（※9）。機体の性能が低いからそのぶん。

菊地／それはまあ、言いたいことはいろいろ（笑）。屠龍なんかもね。

佐々木／屠龍は戦車砲の発射ギミックだとか、戦車砲自体がどこについていたのか、インターネットで調べる程度じゃ、なんにも出てこないですよね？

時浜／そこは外観が凄くはっきり映ってる写真を二宮さんからいただいて。でも、どうやって内部で砲をマウントしてるかがわからない。でも、「キリエに装填させる」と監督は言っている状態で。

二宮／戦車砲なんで、手動で装填するっていうのはなにかの本で書いていたんですね。ただ、そういう記述があるだけで、具体的にどう装填するかはわからなかった。

時浜／普通の、機関銃がぶら下がってるタイプの機体の内部写真はあるのでガワの内側部分はそれにするとして、戦車砲の仕様ですね。そこは世界でいちばん日本戦車のプラモデルを開発していて、『月刊モデルグラフィックス』隼一型マガジンキットのメーカーでもあるファインモールドさんから資料をご提供いただいて。「九五式軽戦車の主砲と同じものが入っています」ということで、その設計図をいただくという。

二宮／ちょうど「ください」と言ったときに九五式軽戦車関連で調べ物をしていたらしくて、すぐ出てきて（笑）。

佐々木／「いまから探します」じゃなくて「ああ、ありますあります」と（笑）。

時浜／偶然って恐ろしい（笑）。

佐々木／当たり前のようにシーンとして流れていますけれど、どこに付いているのかとか。

二宮／照準がどうなっているのか、そこがわからないといえばわからないままでした。で、そのあともいろいろ調べていたんですけど、そもそもなぜ37㎜戦車砲なんてものを載っけたのかというところなんですが、第二次世界大戦当時、南方で捕獲したB-17フライングフォートレス（※10）の燃料タンクが分厚い防弾ゴムで覆われていたんで、それを撃ち抜ける銃がないかといろいろ試して、37㎜がやっと抜けたから、ということらしいんですね。なのでそれを屠龍にくっつけて。覆いも丸く整形するのが面倒くさいので、四角い板金をくっつけたカンジで（笑）。そんな機体でもけっこう量産はされていて、編隊を組んでいる姿とかが米軍機のガンカメラに映ったりしてるんですよね。

時浜／最終的に口径はおなじ37㎜で、もうちょっとコンパクトにして自動装填式にしたものを機首に積むようになるんですけど。

◆

佐々木／『コトブキ』のプラモを作るようになると、「零戦」だけじゃなく当然「三二型」とか「二一型」とか気にするようになるじゃないですか。実機ではそのあとに甲乙丙ってついたりしますけれど、これは大元があって、それの改造型を示しているわけで、イジツではその概念がなかったんじゃないかと思うんですよね、あれは。だから、紫電も11型で止まってるわけですよね。

二宮／そこらへんは微妙なところがあって、たとえば戦後のミリタリー雑誌では、隼一型って甲（7・7㎜機銃2挺）、乙（7・7㎜機銃、12・7㎜機関砲各1挺）、丙（12・7㎜機関砲2挺）って分類されているんですけれど、戦争中はそう区別されていなかった。少なくとも隼一型にはそういう区別はなかった、それが途中でわかりまして。だから隼に関しては一型、二型（※11）、三型の表記にしてくださいと。それ以降にはあるんですけれど。ただ、飛燕なんかはね……。

時浜／アニメに登場する飛燕はドイツ製の20㎜マウザー機関砲を積んで、主翼から砲身が飛び出した一型丙の形状になっていますが、翼から銃身が飛び出していない一型甲（7・7㎜機銃搭載）、一型乙（12・7㎜機関砲搭載）があったり、機首に国産20㎜機関砲を積んで胴体が伸びた一型丁（主翼は12・7㎜機関砲）、エンジンを換装した二型といろいろある。のちのち二型のエン

※9／『大空のテイクオフガールズ！』では機体とパイロットを組み合わせて2機分隊×3の編隊を作る。実装されていないが、もし1機にパイロットがふたり乗れる機能があればそのぶん使えるスキルも多くなり、赤とんぼの低い性能を補えるだろう……ということ。
※10／B-17はアメリカの爆撃機。分厚い装甲と大量の爆弾搭載量で、とくに欧州戦線で猛威を振るったが、日本ではB-29に押され知名度はやや低め。

第8話 小ネタ集

●イジツの食べ物 その②

海のないイジツではサカナは非常に珍しい生き物であり、超高級食材でもある。イジツの一般人の多くはサカナを食べるどころか、実物を見たことがないというものも多い。結婚式で食べたというジョニーはかなり奮発したのだろう。今回コトブキ飛行隊が護衛したのは、イケスカ市長就任祝いにイサオが購入したアロワナモドキという種類。淡水魚で、食べてもあまり美味しくない……かもしれない。

●謎の空賊

第7話から登場し、コトブキ飛行隊を何度も苦しめた謎空賊の疾風。よく見ると機体が黒いものと茶色いものの2種類が存在している。黒がイケスカ直属で、フリーランスの凄腕飛行機乗りが搭乗している。茶色は自由博愛連合に組み込まれた組織の人間が乗っている。黒と茶色では機体色以外にマークも違っている。第8話で羽衣丸を襲ったのは茶色のほう。黒は第7話で登場し、第12話の最後の最後までコトブキ飛行隊と戦っている。

●謎のハイジャック犯

羽衣丸を襲ったハイジャック犯。乗っていた機体が自由博愛連合の茶色の疾風であることからもわかるように、奴らはイサオが手配した者。そのまま羽衣丸を潰せれば御の字、任務が失敗した場合でもオウニ商会とコトブキ飛行隊の名は地に落とせる。さらに万が一イケスカに突っ込むことになったとしても、みずからの戦力の有用性を世間に知らしめることができるという、どう転んでもイサオに有利になる自作自演であった。

●レオナが戦う理由

レオナは自身の出身地であるラハマの孤児院（ホーム）を存続させるため、稼ぎがよい用心棒の飛行機乗りをやっている。また、時間を見つけてはホームにプレゼントを持って行ったり、直接子供達の面倒を見たりしている。ただ空を飛ぶ楽しさだけでここまできたキリエはそんなレオナの姿を見て、あらためて自分が飛ぶ意味を考えるのであった。

●リリコとジョニー

羽衣丸のサルーンを切り盛りするふたり。料理の腕前だけでなく、ハイジャック犯相手にも活躍した。元々凄腕の用心棒であったジョニーはコレクションの銃を使いこなし相手を壊滅状態に。リリコも華麗な体術で敵を撃退。そんなリリコはあくまで“ただのウェイトレス”である。

●飛行船内の銃

ジョニーが使用していた銃は全てゴム弾。これは飛行船内で実弾を使用するのが危険だからである。本来威嚇程度の威力しかないが、達人が使えば敵を無力化することも可能。しかし、ハイジャック犯は船橋でも実弾を使用し、操舵不能にしてしまった。

●羽衣丸の操舵

巨大な飛行船の場合、船橋はあくまで各所への指示を出す場所である。なので、船橋の設備を破壊しただけでは操舵不能にはならない。今回の敵はご丁寧に予備系統や、操舵に関わる各機関部への入口を塞いでいたため、船橋を破壊されて、羽衣丸は止まることができなくなった。マヌケなようで、意外と抜け目ない奴らだったようだ。

『荒野のコトブキ飛行隊 完全版』有澤P一問一答 Part6

Q27／レオナ（CV.瀬戸麻沙美）達が乗っている屠龍には37㎜戦車砲が装備されていますが、水島監督作品でこの組み合わせはなにかを思い出します。偶然ですか?

A／偶然です(笑)。ただ、一瞬の戦車砲の描写にもきちんとこだわっているので、ぜひチェックしてみてください！

Q28／なぜリリコさんは羽衣丸でウェイトレスをしているのでしょうか?

A／リリコに限らず、羽衣丸のクルーはマダム・ルゥルゥが各方面に声をかけて集めたんだと思います。なので、凄腕だけどクセが強いメンバーが集まっているんじゃないかなと。類は友を呼ぶというかなんというか……ですね（笑）

Q29／アニメ、ゲームでイジツの世界を描いていくにあたって、大切にしていたり力を入れた所はありますか?

A／作品全体では監督はじめ皆さんのいろんな想いがあると思いますが、個人的には「とにかく前向きであること」を意識してました。

Q30／ヒデアキの「んふ」という笑いかたは最初から台本にあったのか、あるいは真殿光昭氏のアドリブですか?

A／もともと台本にもありましたが、あそこまで癖が強いキャラクターになったのは、間違いなく声を演じられた真殿さんの演技のおかげです。収録中もどんどんエスカレートしていくヒデアキが最高でした。

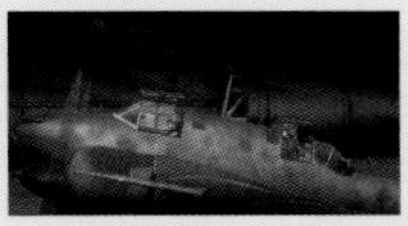

◀▼レオナとキリエは屠龍を分捕って、逃げた敵の追撃に。ジョニーは仕掛けられた爆弾の解体に向かうも……このコードの数！ 解体には1時間はかかるとか

逃げられジョニー参上!

▲ルゥルゥによる指示でクルー全員が反撃開始。派手なガンアクションで多数の敵を次々と倒していくジョニーが強い！ が、敵に操縦系統を潰され、羽衣丸はイケスカに一直線！ ピンチ！

▼イケスカ領空侵入直前、つまり自由博愛連合の飛行隊の攻撃がはじまる直前のタイミングでなんとか羽衣丸を軟着陸させることに成功。積み荷のサカナは無事。被害も最小限に抑えた

▶羽衣丸撃墜のために近づいてくるイケスカの戦闘機隊。キリエたちは飛行船のガスバルブを破壊し、ヘリウムガスを抜いて羽衣丸を軟着陸させようとする。慣れない機体で失敗の許されない任務に挑む

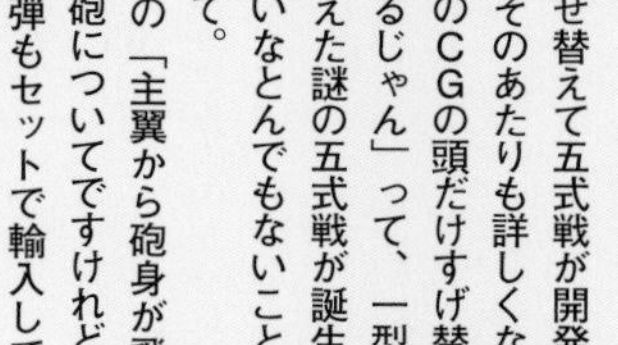

▲▶かつてプロの用心棒をしていたというジョニー。ミキと出会ってから足を洗い堅気になって結婚。しかし銃好きだけはやめられなくて、コレクションを増やした結果、愛想を尽かされ逃げられたという。一方、イサオはルゥルゥたちが捕らえた多数の犯人を半強制的に手放させて引き受けた。さてその意図は……？

ジンを載せ替えて五式戦が開発されるわけですが、そのあたりも詳しくないと「なんだ、飛燕のCGの頭だけすげ替えれば五式戦ができるじゃん」って、一型丙の機首だけすげ替えた謎の五式戦が誕生しそうになる、みたいなとんでもないことも発生しかけたりして。

二宮／その「主翼から砲身が飛び出てる」マウザー砲についてですけれど、あれはドイツから弾もセットで輸入してたんです。だから弾数も限られてるのに、イジツではバカバカ撃ってて平気なのかというのが（笑）。

時浜／だからきっと、ユーハングから持ってきたマウザー砲の弾じゃなくて、イジツで作った専用弾を使用してるんですよね。

佐々木／それでなんすね。１／１４４の飛燕を作ったら機銃が出ていなくて、「なんだ、ないじゃないか」と真ちゅう線とかで足したんですけど、足さない方がもしかしたら……？

二宮／イジツにも、もちろんそういうタイプもあったろうと。というか多分そっちの方が多数で、シロクマ団のマウザー砲積んだ方が少数だったんじゃないかなと（笑）。

時浜／イサオ陣営の力で押し込まれてきた飛燕なので、高級なんじゃないかと（笑）。

二宮／ただ、シロクマ団の人たちは上手く使えない。九六艦戦（※12）を使っていた人たちだから。

佐々木／いろんなものを作っているうちに、イジツ独自の航空機もできてそうですね。

二宮／たくさんあると思います。劇中に出てこないだけで。

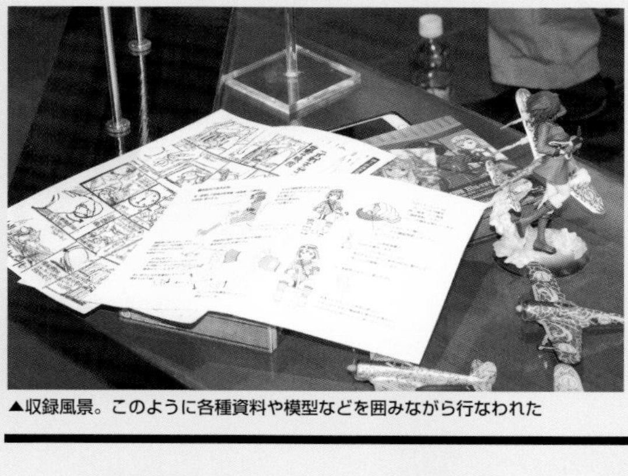

▲収録風景。このように各種資料や模型などを囲みながら行なわれた

※11／劇中未登場。ものすごくざっくりいうと「隼一型とおなじ位置に排気管を装備した隼三型」のような見た目。
※12／劇中未登場。零戦の前任機で、九七式戦闘機みたいに固定脚。

●ハイジャック事件の影響で大規模修理中の羽衣丸。約一ヵ月のあいだ運航ができないとのことで、コトブキ飛行隊の面々はそれぞれソロ活動。各地に飛んで高報酬で仕事を請け負うことに。しかしキリエだけはそれらのオファーにまったく興味が持てず、お留守番を選択。つまらなさそうに、羽衣丸船内やラハマの街をふ～らふら

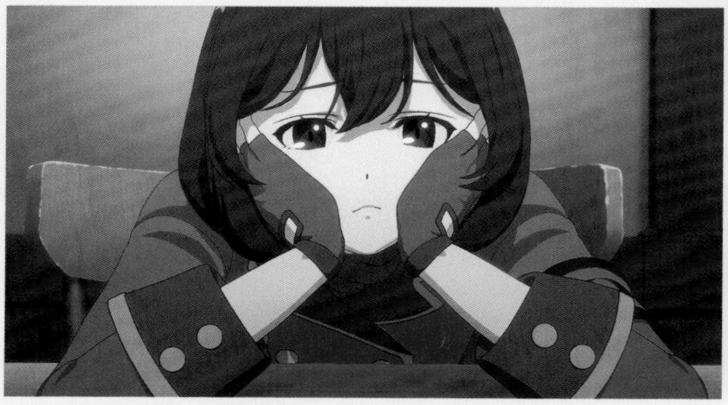

▶エンマは航空祭の警備任務。厳戒態勢のなかの任務を覚悟してたものの、ほんわかしたムードで拍子抜け。学生時代の旧友、タミルとの会話では、エンマの過去と現在置かれている状況が語られます

▶レオナは郵便飛行機の助っ人任務。双子のベテラン郵便パイロット、ムサコ&ヒガコと、最近課せられたパイロットの免許制度と組合への登録について、窮屈な時代になったとぼやき節

▶仕事の合間だろうか、チカはシブシクの図書館で探していた『ウーミ、最後のお買い物』を発見♪そしてほかの図書館利用者と司書の会話、いま世界中の目がイケスカに向いていることを耳にします

▶そしてガドールの議会。議会はすっかりイケスカに取り込まれた状態になってしまっており、ガドールの独立自治を守りたいユーリアは完全孤立状態に

▶議会を追放され自室で悪態をつくユーリア。反撃の算段に思いを巡らすも……身に迫る危機。不当逮捕を逃れるため、航空機による逃亡を試みます

◀▲ラハマの街で遊ぶキリエの元に、マダム・ルゥルゥからの帰還の要請が。アレンからのラハマ上空の遊覧飛行の依頼があったことと、コトブキ飛行隊全員に、いまより良い条件での移籍のオファーが舞い込んだことが告げられます

菊地／独自戦闘機もそうだし、既存のを掛け合わせたような、たとえば隼の機体に無理やり別のエンジンくっつけたり、要するにアメ車的な？　そういうのも。

佐々木／そういう機体を（プラモデルで）生み出していきたい（笑）。

二宮／イケスカの湖に二式水戦（※13）とか。

佐々木／一式陸攻（※14）とかも飛龍とかにくらべれば旧型だから、多分守り神のような街があるんだろうとか。

二宮／そんなふうに、いろんなことができると思います。『完全版』オーディオコメンタリーで「イサオが乗ってるみたいな車をどう運んだか」っていう話題になったとき、「ギガント（※15）使ったんじゃないか」って話題になったりとかしたみたいに。

佐々木／我々の知らないイジツがいっぱいある（笑）。劇中で飛んでないものも、存在していないとは限らない、というのは勇気を与えてくれますね（笑）。

時浜／車といえばこういう話題もありますね。第3話でラハマの街とかにいた、爆撃機の銃塔をトラックに積んだもの。モチーフはイギリスの機銃座で、飛行機の銃塔だけ引っこ抜いて台車に載せている訓練用の車両があるんです。

菊地／爆撃機の機銃座訓練用のもので、写真が残っているんです。それまんま真似してよくない？　っていう。時浜さんのほうでデザインして、でもイチからCGを作るのはめんどくさいので、あとあと作る飛龍……というかすでに作ってあったのかな？　そこから機銃座のアセットを引っこ抜いてきて。

佐々木／なるほど。

菊地／制作初期の段階で「いかにイジツをでっち上げるか」っていうのが、いちばん楽しかったですね。

中野／元ネタを知っている人が楽しめる、かつ演出上の嘘を上手くミックスするという。たとえば羽衣丸の上面の機銃とかも、元ネタは月光（※16）の元になった、十三試双発陸上戦闘機という機体用に開発されていた2連自動銃塔というか、遠隔銃塔があって。もちろん戦闘機と400mからの大型飛行船なのでサイズ感はまったく違う……十三試双戦は7・7㎜機銃で、羽衣丸は20㎜機銃だったかな？　なんですけれど、背負式になっているところとか、意匠は持ってきたんです。そうするとやっぱり気付いてくれた人がいましたね。GEMBAのスタッフのお父さんでミリタリー好きな人がいて、うちのスタッフに「これの元ネタ、あれじゃね？」って聞いてきたりして（笑）。気付く人は気付くんだなと思って。

菊地／羽衣丸の側面にも対空機銃があって、そこもしっかり作ってあるんですが、画面にまったく出ない。

中野／第11話とかの遠景で火線がちょっと出てるくらい。

菊地／ちゃんと飛行船としてのフレーム、補強材をぶった切らないようにまたぐようにしてハッチの位置とか決めて。こっちは上部銃座と違って人力銃座なんだけれど、私の好きな金剛級戦艦の副砲っぽく。

時浜／菊地さんがデザインしてモデル作られて、僕がディテーリングしたんですけれど、ちゃんと脇の所に収納状態の点検用の通路があるんですよね。

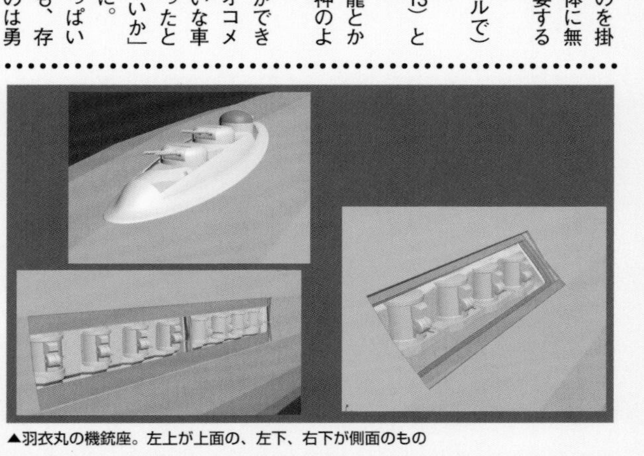

▲羽衣丸の機銃座。左上が上面の、左下、右下が側面のもの

※13／劇中未登場。見た目は「フロートが生えた零戦21型」。
※14／劇中未登場。飛龍と近いクラスの、日本海軍の攻撃機（魚雷攻撃機）。
※15／Me323ギガント。戦車も運べる大型輸送機。もちろん劇中未登場。
※16／ゲームにのみ登場したエンジン2発の夜間戦闘機。

第9話 小ネタ集

●コトブキ飛行隊の休日

羽衣丸の大規模修理によって約一ヵ月の休暇となったコトブキ飛行隊の面々。各々かつての知り合いの手伝いや、以前から行きたかった場所に向かうなど、いつもと違った一面を見せた。一方でキリエだけは、お留守番。案外人見知りなのか、羽衣丸クルー以外とはあまり交流がないようだ。

●エンマとタミル

タミルはエンマの学生時代の友人。エンマはラハマの実家を離れ、単身全寮制のお嬢様学校に特待生として入学。エンマの実家の状況や激しい性格も理解してくれている。タミル自身は金持ちの実家の援助を断ち、働きながら研究を続ける考古学者だ。研究に没頭するあまり、服装などには無頓着なようだ。

●レオナとムサコ・ヒガコ

コトブキ飛行隊結成前にレオナが所属していた飛行隊の仲間。パンクロックテイストのほうが姉のムサコ、ゆるふわガーリーファッションのほうがヒガコで、服装などは全く違うがふたりは双子。「永遠の17歳」と言っていたが、少なくともレオナと一緒かそれ以上の年齢のはず。余談だが、二人のCVを務める松田利冴、松田颯水のふたりも実際の双子である。

●シブシクの図書館

大きな街であるシブシクは、図書館の蔵書も豊富。しかし、ここでもイケスカ関連の書籍は全て貸出中で入荷待ち。イジツ全体を巻き込んで、イサオ率いるイケスカが台頭してきていることがわかる。

●アレンの研究

調査中に負傷して以降も、アレンは“穴”の研究を続けていた。そのため常にイサオの配下からマークされており、今回留守のタイミングで研究の成果を全て奪われてしまった。アレンの生存を知りながら、ここまで行動しなかったのは、いつか研究が進んだところで奪おうとしていたからだろう。

●ラハマ上空の“穴”

“穴”は自然現象であり、完璧には解明されていないが、ある程度推測は可能。今回アレンの予測通りラハマ上空に“穴”が空こうとしていた。イジツでは大なり小なり、“穴”が空いている。しかし、大きさ・期間ともにユーハングが往来していた時代のものとは比べものにならない。

『荒野のコトブキ飛行隊 完全版』有澤P一問一答 Part7

Q31／実際に隼で富嶽は迎撃できるものなのでしょうか?

A／実際にやってみたことはないですが……おそらく難しいと思います。やはりそこはコトブキのみんなの操縦技術と、ナツオ整備班長のおかげではないでしょうか。

Q32／パイロットとしての腕前に順位をつけるとしたら上位はイサオ、ザラ、サブジー、ナオミの順でしょうか?

A／単純な技術ではなく空戦の“強さ”だと、1位イサオ、2位ナオミ、3位ケイト、でしょうか。サブジーは飛ばすのが上手いですが、戦いを嫌うので“強さ”はそれほどでもないと思います。

Q33／作品制作における3DCGソフトでHoudiniは使われていますか?

A／メインツールは3dsMAXで、Houdiniはエフェクトで使用しています。他に使用したソフトとしてはMaya、MotionBuilder、SubstancePainter、Pencil+、Vrayなどがあるそうです。

Q34／イジツでは日本語とは異なる文字を用いていますが、ゴドロウの助役の退職願やポロッカの飛行船の“逆さ福”など漢字をそのまま利用している場面があります。イジツでは漢字の読み書きもできるということなのですか?

A／ユーハングから伝わった漢字もある程度読み書きできると思います。ただ、常用ではなく、感覚的には日本国内の生活の中でタイトルや看板などで英語のフレーズを使うようなカンジだと思います。

Q35／数ある戦闘機から、ラスボス機に震電が選ばれた理由はなんでしょうか。

A／最後の敵として、わかりやすく目立つというか“異質”な存在感がある機体を選びました。試作機や構想だけの幻の機体はいくつかありますが、その中でもフォルムが全く違う震電はぴったりでした。

Q36／レオナの隼だけ修理跡が多いようですが、コトブキ飛行隊結成から6人が揃うまでの間はまだ、レオナは“一心不乱”モードだったということでしょうか?

A／パイロットとしてのキャリアが長いレオナの機体には必然的に傷や修理跡が多くなります。あえてそれを残したままにしているのは、かつて一心不乱だった自分への戒めのためなのかもしれません。

▶アレンを乗せてラハマ上空を遊覧飛行するキリエ。話し好きのアレンは、キリエにこの世の謎“穴”について話しはじめる

▼アレンが外出しているあいだ、アレンの病室には元エリート興業人事部長のヒデアキら暴漢たちが乱入。アレンの“穴”研究ノートを奪いつつ、アレンの「抹消」をほのめかすという……

没収ですねぇ!

◀▼善戦はするもののしょせんは多勢に無勢、被撃墜。キリエの技術でうまく機体を降ろしたので、ふたりとも無事ですが

▲アレンの言うとおりに飛行を続けるキリエ。すると……アレンの研究による予測どおり、“穴”の萌芽を発見! とそこに、敵機、紫電改の大編隊が! ある程度の危険も予測していたアレンは、旋回機銃を取り出し、反撃を試みますが……

私、コトブキから
出ていかないよ!

▲チカに救出され羽衣丸に戻ってきたキリエ。マダム・ルゥルゥに移籍には応じない、コトブキ飛行隊を出ていかないことを宣言。そして、もうすぐラハマ上空に“穴”が空きそうだと伝えます

▶そのころ、イサオの執事は某市市長と電話会談。要求を飲まない市に対し、「空賊に与する市だと見なす」と難癖をつけ、市庁舎を爆撃……

菊地／ちゃんと、これが乗ってこう行く……ってギミックも考えた上で描いてます。

佐々木／これはやはりVRで体験できるコンテンツを……。そのためには我々が買い支えて応援するのが一番の(笑)。

菊地／そういう「ちゃんと作ってたけど劇中であんまり見えなかったのでもっと見てもらいたい」部分で大きいのは、第7話の消火爆弾。彗星の爆弾投下アームですね。

中野／もともと彗星が登場する第3話とかの時点で爆弾倉ハッチとか爆弾投下アームまで作り込んではいるんですけれど、そもそも爆弾投下するシーンがなくて。

菊地／しょうがない。第7話では投下したけれど、それでも爆弾そのものが増槽を改造した特殊なもので、そこでひと揉めというか、二宮さんが爆発増すための構造考えた結果爆弾倉は開けたままでいいからってなっちゃって。でさらに、いざ爆撃するぞってところで、視点が爆弾に追従するかたちになってるから、爆弾投下にあわせて展開するアームが映らないという(笑)。

時浜／彗星はどこを取っても揉めましたよね。後部銃座の回転風防もなかなか構造がわからなかったりして。

菊地／監督はびっくりどっきり演出を重視

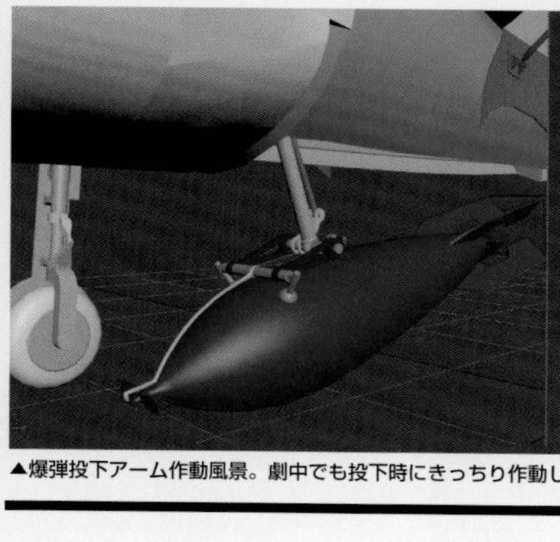

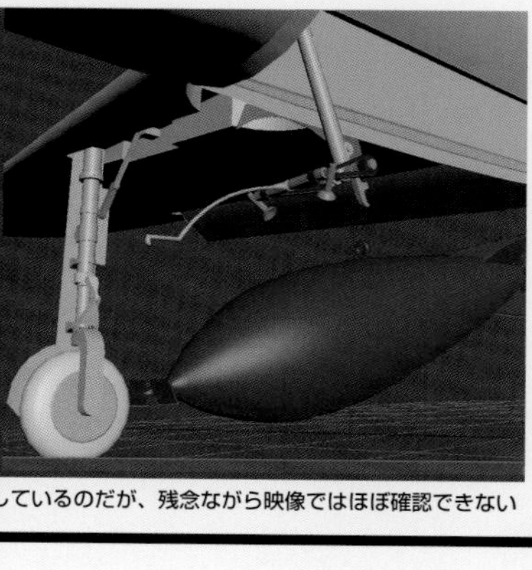

▲爆弾投下アーム作動風景。劇中でも投下時にきっちり作動しているのだが、残念ながら映像ではほぼ確認できない

▶羽衣丸に集まり、〝穴〟のこと、自由博愛連合／イサオのことについて情報交換をする面々。イサオの政策についてはまだ賛否両論といった具合だが……

▼成長を続ける“穴”の萌芽。まだ開通はしていないようだ。イサオの過去の行動から考えるにイサオの目的は“穴”の独占ではないかと考察するアレン。そのために“穴”のことを知ろうとする者を排除してきたと

◀イサオに爆撃を受けた町、ショウトからやってきたのは、自警団長のカミラ。彼女は羽衣丸とコトブキ飛行隊に貴重な情報をもたらしてくれた

▶ラハマでの代表会議に乗り込むヒデアキ。逃亡者ユーリアの引き渡しと、ラハマの自由博愛連合への加入を強要。受け入れないと爆撃を行なうと言うが……優柔不断だったはずの町長はなんと拒否！

▼高高度から侵攻してくる爆撃機に対し、隼一型に補助ロケットブースターとロケット弾を装着し出撃（ちなみにイサオがラハマの雷電を狙っていたのは、高高度迎撃能力を持った戦闘機による反撃能力を奪うため）

▲隼の12.7㎜機銃では撃墜が難しい超大型爆撃機、富嶽。白燐の子爆弾が炸裂するロケット弾による攻撃で、富嶽を炎上・墜落させることを狙う

▲ロケット弾を撃ち尽くしたコトブキ飛行隊はいったん羽衣丸に帰還し、弾薬と燃料の補給を受ける。戦闘はまだ続いたまま、補給の時間がもどかしい

▶ナサリンのふたりや、カミラ、ラハマ自警団らも迎撃戦に参加。あら、あなたは第2話でチカとケンカしていたトキワギ？　チカの弟子になったようです

◀▲突如、戦闘に零戦三二型、キリエの因縁の相手が乱入してきた！　なぜか防衛隊の味方をし、富嶽を1機撃墜する

して、そのためには〝ウソ〟をつく。そのウソをウソっぽくしないために走り回っていたのがここらへんのメンツですよね。飛龍の側面機銃もそうですよね。あれはあのとおりにいくんだけど、対空戦闘中だからといってずっと出てたらピンチ感が薄いので、いきなり出すという。

中野／そのウソが大きいのは彗星から雷電を奪うときに飛び移るところですかね。

時浜／そもそも彗星にはあんなところに通路はないっていう。

中野／座席下を通って、爆弾ラックには行けるはず……っていうのがたしかあったんですよね。

二宮／隙間があるので行けないことはないんです。ただ観測窓みたいなカンジですよね。

佐々木／どちらかといえばそのあとですよね。飛び移って、銃を構えて。

二宮／そこは水島監督がずっとそれを「やる」と言ってるんで、無理だってことを伝える、みたいな押し問答を一ヵ月くらい続けてて（笑）。「こうしたらいいんじゃないですか？」と……たとえば爆弾倉開けて、雷電のコクピットに被せちゃう。そこで殴り合う音とかさせて、パカッと開けたら町長が落ちる、みたいな具体的なアニメ的演出どうですか？　とかそこまで言ったんですけれど（笑）。でもそうすると監督はいったんこちらに歩み寄るフリをして、次のときにはまた戻っているんです（笑）。水島監督は最終的にああいう……（笑）。

中野／やりたいことをやる（笑）。

菊地／私と時浜さんは会社の隅っこで作業をやってて、脚本会議が終わると中野さんが来る。そこで「あの件どうなりました？」って聞くと「飛び降りとか赤とんぼの機銃でまだ揉めてる」って（笑）。

佐々木／視聴者的には誰にやらせるかが重要で。あれをヒデアキとかがやると「とんでもない能力の持ち主だな……」ってなるんだけれど、トリヘイみたいな人間がやるなら姐さんもやるだろう、みたいな。

中野／演出としては面白いよね、みたいな（笑）。

菊地／あの世界にはああいう人たちが日常的にいる。まあ現実の我々とはいろいろ違うんだろうなっていう。

二宮／飛び降りについては水島監督がスカイダイビングをやっている方なので「絶対できる！」って言うんですよ（笑）。

菊地／昔の『007』のスタントならあるかもだけど（笑）。

時浜／たしかに昔のアクション映画っぽさはありますね。

菊地／監督はそういう、昔の映画からよくモチーフを持ってきたりしています。飛び降りといえばパラシュートのハーネスは股の下までベルトがあって体をしっかり保持するようになってるんですけれど、「女子がメインだから嫌だ」と。ナサリン飛行隊（フェルナンド内海）が使うところでだったかな？　「これ（股下ベルト）ないやつデザインしてください」って言われたので「男はありのやつでいいんじゃないですか？」って言ったら、共通で、ということで。そうして股下ベルトを取った旧日本軍風のものを描き起こしました。で、最終的には第11話のチカの飛び降りるところでも使用されました。当初コトブキ飛行隊の脱出シーンはやらないって言っていたけれど、いつの間にかやることになってて（笑）。

時浜／パラシュートの開き方とかでも結構揉めましたね。

中野／ありましたね。

菊地／CG的な表現方法とかアセット数が増えるから、とか問題が多いので、パラシュートっていうのは論点にはなってましたよね。

中野／さすがに「パラシュートを開く瞬間を見せるのは本当に勘弁してください」って言って。開き方をちゃんとやると本当に大変なので。なので音で「バッ」とやったら開いているという。

時浜／でもテンポ感が出てよかったですよね。

二宮／チカの脱出シーンは芝居の指導を水島監督がやってて。パラシュートを開くためにうしろに手を持っていってコードを引っ張るんですけれど、うしろに手を持って

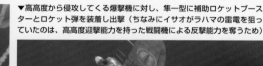

第10話 小ネタ集

●ユーリアの亡命

自由博愛連合に加盟することに単身反対を続けるユーリアは、ついに議会から追放、さまざまな濡れ衣を着せられたためガドールから亡命することに。同じガドール機でも、ユーリア派と、自由博愛連合についた議会派の機体ではパーソナルマークが微妙に違う。

●ショウト

カミラが自警団長を務めるショウトの町。自警団が飛燕を使用していることからわかる通り、小さいが上品でお金持ちが多い町だったが、イサオにより焼け野原にされてしまった。これは、ショウト、ポロッカなどが次に“穴”が空く可能性が高い地域だったからだ。

●自由博愛連合の富嶽

ユーハングでは実機が製造されることはなく、コンセプトのみだった重爆撃機。イサオは長年研究したユーハングの知識と、持てる財力を駆使し、ついに完成させた。そのためその形状などもイジツ独自の要素がいくつも見られる。

●燃える穴

ナオミに撃墜された富嶽が“穴”にぶつかり、“穴”は炎上。最後に一気に吸引し、そのまま消滅してしまった。アレンはこれを目撃し分析。空ききる前の“穴”であれば火薬を使って破壊、塞ぐことができると知り、これが最終話の作戦につながる。なお、イサオが落とした爆弾も穴に吸い込まれたためにラハマに被害は出ていない。

●零戦三二型のパイロット

第1話からキリエのライバルとして登場していた謎の零戦三二型。そのパイロットはキリエよりさらに鼻っ柱の強いナオミだった。彼女はかつてサブジーの弟子であり、フリーのパイロットとして空賊の手伝いをしていたこともある。自由を愛する彼女は、イサオの思想に反対し、今回からユーリアとともに行動している。

●サブジーの思い出

キリエとナオミが話をしているのは、かつてサブジーが住んでいたシオヤマ。キリエはここで初めて人にサブジーとの思い出を語り、ナオミと意気投合している。結局2人も似た者同士だったようだ。それにしても、サブジーは案外面倒見がいいのかもしれない。

『荒野のコトブキ飛行隊 完全版』有澤P一問一答 Part8

Q37／“穴”は日本以外にも繋がっているのでしょうか?

A／きっといろんなところに繋がっています! もっとも大きく長期間安定して空いていたのがユーハングなだけで、きっと世界のいろいろなところから……あんな機体やこんな機体が……。

Q38／なぜキリエはイサオをケツ頭野郎と呼ぶのですか?

A／あれは厳密にはイサオ自身ではなく、前後が逆さまになったような特殊な形状の震電のことを“ケツ頭”と表現しています。イサオはケツ頭じゃないですからね。

Q39／イサオがケイトに撃墜される場面で、イサオは撃たれて背後を振り返ってからエンジンを撃たれたことに気づき驚いています。撃たれた時点で、爆発音やエンジン停止で気づきそうなものですが……。

A／イサオは撃たれるとは夢にも思ってもいませんでした。音がして振り返ったら撃たれていたので驚いたんじゃないでしょうか。

Q40／ユーリア議員の部屋にもあったガドールのナゾウサギですが、イジツでは人気なのでしょうか? それともイロモノ扱いですか?

A／キリエとユーリアが持ってて、エンマたちが知らない……つまり、そういうことです(笑)。ロイグやミヤビは案外好きかもしれません。つまり……やっぱりそういうことです(笑)。

Q41／イジツの気候はどのような感じなのでしょうか? ソメイヨシノが咲くから、寒い季節もありそうですが、日本の様に四季が明確にあるのでしょうか? それとも年間を通して気候の変化はあまりないのでしょうか?

A／荒野の世界なので変化は少ないですが、一応四季はあるようです。海はないですが、地下水がしっかりあるので雨も降ります。雪は滅多になさそうですね。季節よりも、昼夜の寒暖差が大きそうです。

Q42／イケスカ最終決戦でのエンマのハーフキューバンエイトは、機体の動きを理解した上でMX4Dで観てとても爽快なシーンでした。このステキなシーンは、やはり内海さんの実演を元に制作されたのでしょうか?

A／内海さんの実演はありませんでしたが、ハーフキューバンエイトとはこういうものとの説明をしていただき制作しました。完成映像は内海さんにもご満足いただけたようです。

▲▶零戦三二型が攻撃した富嶽がコントロールを失い、できかけの“穴”に突っ込んでしまいます。“穴”は爆発、イサオがラハマに投下した爆弾などを吸い込みながら消滅してしまいました

◀ようやくキリエの目の前に現れた“因縁の相手”は、強～烈な個性のお姉さん、ナオミ。一方的にまくし立てられ、キリエは地上でも完敗してしまいます

▼めでたしめでたし、かと思いきや、目の前に因縁の零戦三二型が現れたことでキリエが瞬間的に激昂。1 on 1の空戦に入ってしまいます……が、両者燃料切れにつきこの戦闘は強制終了

▼が、ナオミはサブジーの弟子だったとのことで、一転意気投合。キリエの元を去ったサブジーは、ナオミと出会い、「いろいろあった」あげく、ナオミを弟子に迎えた。これが8年前のこと。しかしサブジーはキリエのときと同じように、突如去っていったという……

いくと、モーメントで体が回転しちゃうんです。だから、反対側の手を前に持っていく。水島監督はスカイダイビングの経験を活かして、そういう動作はみんな必ずやってる……という話をね。

中野／いま知った……(笑)。

佐々木／そのくらい日常というか、テキトーそうなチカでも当たり前のようにやるということですね。

中野／めちゃくちゃこだわってるところと、知った上で嘘をついているところが散りばめられていて。

時浜／めちゃくちゃこだわった側の話といえば、これですか。

佐々木／ああー、サブジーの零戦。三二型自体が謎の機体というか。二一型より航続距離も短くなっちゃってるし。三二型って二一型とか五二型とくらべるとキット自体がやや少ないですよね。

二宮／航続距離が短いってのは、イジツじゃ使いにくいでしょうね。

時浜／それをスペシャルタイプなカンジで使いました。僕、かなり三二型が好きなので、それをいい役で使っていただいてよかったなと。

中野／強キャラが乗っている設定ですもんね。

菊地／三二型の存在は知っていたけど、細かい得失はわからなくって、個人的なイメージでは高機動型? ロボットアニメでよくあるそういうカスタム的な印象はあって。ナオミの機動とかを見ると、なんかキャラ的に合ってるなって。

時浜／とくにサブジーの機体はユーハングから持ち込んだもの、というのが明確に出ていたので。迷彩とかも当時のものをかなり研究して、機体の形もイジツ独自仕様に変えないって話だったんですよね。日本軍仕様でアンテナ支柱をぶっ飛ばしてもらったりして(※17)。普段の塗装指定ってそんなにこまかく書いてないんですが、これ

▶サブジー機(上)とナオミ機(下)のアンテナ周辺

※17／日本のエースパイロット、坂井三郎氏の著書で有名になった、無線機を降ろして軽量化、木製の支柱も切り落とした改造のこと。『コトブキ』劇中CGを見ると、ナオミ機はアンテナ支柱、アンテナ線とも装備しているのに対し、サブジー仕様ではどちらも装備していない。

▶イサオは富と幸福を分かち合うため、とイケスカを中心とした自由博愛連合を組織。参加に反対した街を極悪非道な輩と決めつける

◀イサオは多数の富嶽を使って、ラハマ同様に自由博愛連合に参加しない決断をしたポロッカを爆撃、ポロッカの街は火の海に

◀コトブキ飛行隊の6機は富嶽の生産工場を叩く部隊に参加することに。しかしキリエは心ここにあらず、まったく気乗りしないもよう。この戦いに意義が見い出せずにいた

▼反イサオの者たちはナオミを隊長にした囮部隊をオフコウ山付近に進出させ、自由博愛連合軍を引きつける。その隙に本隊が富嶽の生産工場を叩く作戦に

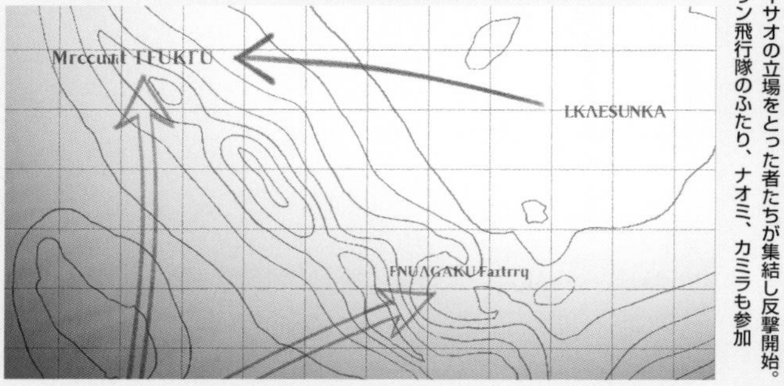

▶反イサオの立場をとった者たちが集結し反撃開始。ナサリン飛行隊のふたり、ナオミ、カミラも参加

◀戦場は大乱戦になっており、撤退もままならない。そこにイサオが震電で乱入。かつてイサオに命を助けてもらったことがあるレオナはイサオに停戦の話し合いを申し入れるが、撃墜されてしまった

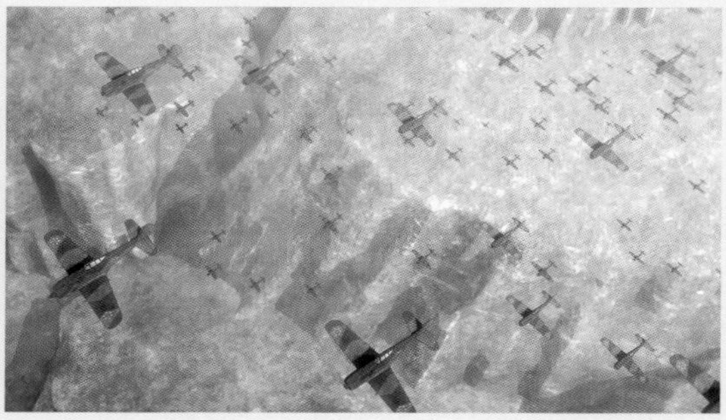

◀▲自由博愛連合勢を罠にはめたつもりが、スパイが紛れ込んでいたことにより、形勢は逆転。マダム・ルゥルゥは早々に撤退を決断する

は本当に好きなのでこだわってしまって、質感指定までしてしまいました（笑）。ユーハング時代の塗装と、サブジーが戦後に日の丸を塗り潰した塗料と、その退色したカンジとか。そういうのを仕掛けておくと、のちのち「ユーハングというのはじつは日本軍でした」ってところに持っていくのによいと思ったので。

“その後”のイジツはどうなっていくのだろう?

佐々木／サブジーとイサオの動向はイジツに大きく影響していきそうですね。イケスカの動乱以後でさらにイジツも変わりそうな気がします。また動乱の時代になるのか。

有澤プロデューサー（以下有澤P）／アプリゲームのほうでちょっとだけ触れましたね。水島監督も、「基本的には本編が終わってからのほうが、イジツは大変なことになってるだろう」と。

佐々木／そうですよね。強烈な指導者を失うと。

菊地／西部劇で、『ワイルドバンチ』って映画があります。開拓時代に終焉が訪れて、平和になっていく……っていう話です。でも、『コトブキ』は逆に落ち着く方に行かなかったとしたら、西部開拓時代のような世界がもっと群雄割拠になっていくんだろうなって思いますね。

中野／アナザーストーリー的に視点を変えると、じつは「コトブキが秩序を乱した側になる」みたいに話を膨らますストーリー案もあったんですけど、ゲームでは。

佐々木／そうですよね、F6Fヘルキャットとか……。

菊地／みたいな海外機が出てくるから。

佐々木／出てくるだけで済むわけないじゃないですか。

有澤P／ただ、あまりやるとコトブキが悪人になっちゃいますからね（笑）。

菊地／ナイショで見せてもらったやつとか、いつか表に出せるのかなあって。

中野／まあ、どこかでリトライとか。

有澤P／できたらいいですね。

時浜／でも、アニメ第2期としても繋げそうな話ですよね（笑）。

有澤P／続きがあったらやらざるをえないエピソードですね。

佐々木／こうして今回書籍として一冊にまとまる、みたいなのは、すごいことだと思うんですよね。『ガルパン』とは状況が違ったりするので。

菊地／前もちょっと言ったことがあるけど、『ガルパン』と比べると、横手さんほか、脚本のクセが強いというか。

二宮／そうですね。『ガルパン』の脚本って、綺麗ですから。

佐々木／非常に真っ当な青春ものですよね。

菊地／そこらへんが『コトブキ』ではクセが強くて。かなり偏った作品にはなるだろうなって、最初のころから感じていましたね。言い方は悪いけれど、『ガルパン』とはまったく違うものになるという確信はあった（笑）。

佐々木／演者としては、僕はTVシリーズでは第1話しか参加してないんですけれど、そのときは画はまだ完成してないし、役者もアドリブとか入れるんです。よくロボット物とかメカ物だと、メカの外観が出ているときに、そこに「うわっ!」とか声を入れたりするんですが、それは聞こえないから。『コトブキ』もレオナ（役の瀬戸麻沙美さん）とかみんな入れていましたけれど、「それはいらないと思います」って判断になって。そっちの方向なんだ、リアル寄りだなって思いました。マイク付いてないから、外に音は出ないよな……って。よくモ○ルスーツ同士が会話してるみたいなのってあるじゃないですか。あ、モビ○スーツって言っちゃいましたけど（笑）。そういうシーンが『コトブキ』ではほとんどなかったですよね。

菊地／生々しさじゃないけれど、カメラに映っていることそのもののアウトプットのみってカンジがして、でも出てくるキャラクターはピーキーで。独特の感覚が世界観とかキャラクターの雰囲気に出てたなと。

佐々木／『完全版』BDの「手引き」だったか、「飛行機が映ってるってことは撮っている人がいて、常にそのズレを意識して

第11話 小ネタ集

●ポロッカのゴドロウ

ショウトと同じくイサオの手で爆撃されてしまったポロッカ。イジツの中ではかなり大きな町であり、飛行船や戦闘機など、戦力も充実していた。豪快なリーダーであるゴドロウは初期段階では上半身裸のもっとワイルドなデザインだった。

●助役

ゴドロウの側近で、イケスカへのスパイ行為なども行っていた助役。今回の作戦を立てるにあたり、イケスカの動きや戦力の情報は全てこの助役からもたらされたものだ。しかしじつはこの助役こそがイケスカから派遣された2重スパイ。ユーリア達の作戦はイサオに筒抜けとなっており、一網打尽にされてしまった。

●反自由博愛連合の勢力

反イサオ同盟軍とも呼ぶべき今回の寄せ集め部隊。もともと自由博愛連合の思想に反対していた町や、爆撃の被害にあった町がユーリアとゴドロウの声がけによって集結している。戦力の中心はやはりコトブキ飛行隊と羽衣丸。ラハマ自警団も参加している。

●レオナとイサオ

以前リノウチ大空戦でイサオに命を救われたレオナ。爆撃の事実を知ってもなお、対話による休戦を申し込んだ。他人の意見や情報に流されず、自分自身で確かめるために行動するのは、ある意味マダム・ルゥルゥに通ずるレオナの頑固さかもしれない。

●ケイトの狙い

発進前に「確かめたいことを確かめに行く」と言っていたケイト。当初からアレンを撃墜した犯人をイサオではないかと推測しており、キリエの後ろに付き、執事のキ六四を相手にしながらもイサオへの接触の機会を伺っていた。あの乱戦の最中、これだけやってのけるのはさすがケイトである。

◀機体性能に大きく差があることもあり、善戦するも撃墜されてしまったチカ。いよいよ形勢は不利に

サブジーは……
お前なんか大っ嫌いだ!!!!

▲レオナを不意打ちで撃墜したのみならず、かつてサブジーまで“撃った”（生死は不明）ことを白状したイサオに、逆上するキリエ。イサオの震電に襲いかかる

◀技量差はいかんともしがたく、イサオに撃墜されてしまったキリエ。油断したイサオはケイトに撃墜されてしまうが、アレンを撃墜したことを白状した

▲と、そこにエリート興業が助太刀に！　姐さんはトリヘイを「あんた」と呼んでますね……

『荒野のコトブキ飛行隊 完全版』有澤P一問一答 Part9

Q43／イケスカ最終決戦で、ナツオ整備班長が赤とんぼでエンマを救助するシーンがありましたが、人間の走行速度での飛行は可能なのでしょうか?それともエンマが鬼速で走っていたのでしょうか?

A／赤とんぼの着陸速度は約80km/hなので、通常のスピードではまず難しいと思います。ナツオの操縦技術とエンマの身体能力のなせる業ですね。イジツの人は頑丈、なのかも……。

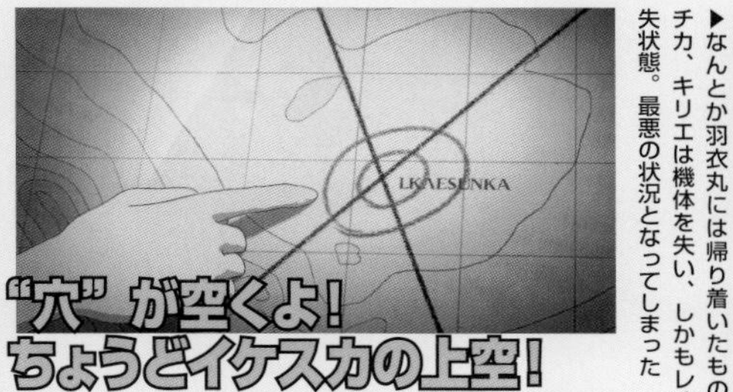
LKAESUNKA
“穴”が空くよ!
ちょうどイケスカの上空!

▲とそこに、アレンが新しい情報を持ってくる、次はちょうどイケスカの上空に“穴”が空くことが予想されると。手ひどくやられた直後だが、敵の本拠地に乗り込まざるをえないといったところだろうか……

▶なんとか羽衣丸には帰り着いたものの、レオナ、チカ、キリエは機体を失い、しかもレオナは茫然自失状態。最悪の状況となってしまった

カメラを作ってほしい」みたいな監督の言葉が書いてあって。あれがおもしろいなと思って。

中野／いちばん最初の監督のオーダーで、飛んでいる飛行機を撮るためのカメラを載せた機体がいるはずで、それはピタッと止まっているはずがない。記録映像とかがまさにそうで、「その印象を大事にしてほしい」と。

佐々木／撮影機が対象とまったくおなじ機動で撮れるわけがないから。

菊地／目指す映像の方向としてはCGでも特撮でもなくて、記録映像もそうだし、『空軍大戦略』的な昔の映画で本当に飛行機を飛ばして撮っている映像、そういうものがほしかったということですよね。

佐々木／ゲームに登場するサクラみたいな記者とか、イケスカの戦いのときもどこかにいたんじゃないかと（笑）。ちらちら飛んで記録してた、みたいな。

二宮／あと、隼の左側面ハッチ……第4話でエンマが乗り降りに使ったり、第8話で羽衣丸に侵入するレオナとキリエが使ったやつですけれども。ここのドアを開放して、カメラマンを乗せて撮影したっていう話もありますよね。

菊地／ああ実際に。

二宮／「二度と乗らない」と評判だったようです（笑）。

佐々木／固定するものがないから、こうする（と言いながら手足を突っ張る格好をする）しかないですよね（笑）。

中野／撮りたいと思ったら翼が邪魔ですよね（笑）。

菊地／それこそイジツの報道偵察機的なもの、双発で前がガラス張りの……東海（※18）とか。ああいうのは獲物になりやすいですよね。逆に、やられる上等でパパラッチ的に無理矢理盗み撮りしてくるのとかがいたりするのかな、と。それこそ流星とかで高速で突っ切ったりして。

佐々木／有澤さんたちが宣伝用に作られた、コトブキ飛行隊の連中を悪者にしてる新聞（イケスカ新聞。左写真）みたいな（笑）。

菊地／そういうイジツのなかの文化として、ピーキーな飛行機パパラッチみたいなやつ、それこそ産業スパイ的なのはあるかもしれないし。

佐々木／だから僕はプラモデルを作るときに、あまり機体の再現とかに執着がないの

▲隼の左側面ハッチ。整備、点検用で飛行中に使うことは想定されていない

▶イケスカ新聞

The Ikesuka Times

許されざる輩“コトブキ飛行隊”の悪事を暴く!!

「これは陰謀である」会見を開く イケスカ市長 イサオ氏

無法者に正義の鉄槌を!!

レオナ

ザラ

キリエ

エンマ

ケイト

チカ

“コトブキ飛行隊”悪行?!の数々を振り返る

さすらいの6人

ラハマの長い日

華麗なるアレシマ

WANTED

※18／劇中未登場。長時間の対潜哨戒任務のために開発された見晴らしがよい機体。ただし速度、機動力は戦闘機や爆撃機と比べると貧弱。

▲豊かな街、イケスカ。イサオたちは反抗勢力の来襲を察知、住民の避難を含め、迎撃体制を整えていく

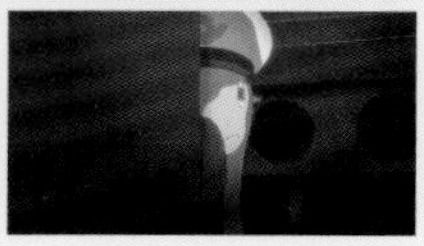

▶予備機もすべて出して戦力の立て直しをはかる反イサオ勢。一騎当千の者たちはみんな残ってはいるが、戦闘機の数はかなり減ってしまっている

◀最後の戦いを目前に、ルゥルゥに告白を試みる副船長……が、ルゥルゥのほうが一枚上手。失敗。

◀▼建物のあいだを縦横無尽に縫って飛びながらの戦闘。チカ&キリエの連携で謎のジェット戦闘機の撃墜に成功するも、この乱戦にまたもやイサオが乱入！　しかも今度の機体は震電をジェット戦闘機化した「震電改」だ！

▶コトブキ飛行隊6機が別働隊となり、密かに近寄ってイサオタワーに迫る作戦に。しかしイサオ軍はこの動きも察知、迅速に対応していく

▼羽衣丸を墜とそうとするイサオ機に襲いかかるキリエ機。だがずば抜けた技量のイサオに屈し、致命的な被弾……

▶イケスカ上空に空きかけている〝穴〟を潰すために、羽衣丸に4トン以上の爆薬を搭載して突っ込ませる作戦に出る。憤るイサオ

◀コトブキ飛行隊の面々も、1機、また1機と落とされていく。レオナは決死の操縦で執事の乗るキ六四に体当たり。見事撃墜に成功した

で、みんなにもそういうのを作ってほしいというか。もちろんキリエの機体とかを作るのも楽しいですけれど、『コトブキ』の空を飛ぶ機体を勝手に。それにはこの本、この対談が手助けになりそうな気がしているんですよね。

菊地／戦闘機以外の、働く飛行機みたいなのが広がるといいよね。一〇〇式輸送機とか、あれはアニメの予算の都合上一〇〇式しかいないけど、ほかにも。あれは中型輸送機だから、本当は小、大くらい欲しかったですね。

佐々木／街と街の間で物資を運ぶなら、小回りが効くやつがいいというか。

菊地／イメージ的には海外航路的な大規模輸送は飛行船で、大きいハブ（※19）街とハブ街を飛行船でつないでいて。そこから周辺に広がる街には一〇〇式とか通常の飛行機ではないかと。またその中間的輸送業はいろいろあったりして、稼ぎは多くても空賊に狙われやすかったりとか。もうちょっと働く飛行機がもっとあると面白いかなって。

佐々木／ぜひ『月刊モデルグラフィックス』の誌面で「働く飛行機」を（笑）。

二宮／ギュウギュウランドの雷電も、なぜそんなものがいるのか理由を考えたんです。

佐々木／なんなんですかギュウギュウランドって（笑）。

二宮／おそらく広大な土地に牛が放牧してあって、きっと第1話で羽衣丸が運んでいたミルクの調達先だったりする。そして空賊が泥棒しに来たり、巨大陸棲アノマロカリスが牛を食べに来るとか。それを迎撃するために、高速で飛ぶために雷電がいるんじゃないかと（笑）。

時浜／だけど、イサオはギュウギュウランドの雷電を狙っていない。なんでなのかっていうと、本当に高高度を迎撃できる雷電はラハマの一機だけなんじゃないだろうか、って。ほかは戦後のイジツ製レプリカで、高高度に上がれるような性能を発揮するエンジンとかはない、みたいな。

菊地／見た目はユーハング製でもイジツ製でもあんまり変わらないけれど、イジツ製はエンジンスペックとかが全部低空仕様になっている。で、ラハマの雷電は純血種で、整備的にもまあ、裏ではエンジン的なもののメンテはちゃんとしている。ご神体だから価値が全然違うっていうのはありだよね。

佐々木／量産機カラーが効いていますね。

時浜／「飛行船のバリエーションを出してくれ」と言われて、そのなかの一機が採用になって、その艦載機として出てきた機体で。ギュウギュウランドって名前も後付けなんですが（笑）。

二宮／だからギュウギュウランド塗装のほかの機体も多分あります。

菊地／スペックはともかく、肥沃な土地で資金はいっぱいあるっていう。

中野／だからイサオになびかないんですよね（笑）。

菊地／街のあいだの農業を仕切ってるくらいの貫禄はある、みたいな。

佐々木／サクラガオカ騎士団でしたっけ。堅物そうでイヤな名前（笑）。

中野／あの名前はGEMBAの住所から持

▲ギュウギュウランドは第11話に所属機の雷電が多数登場。ただ、街の詳細は劇中で語られない

※19／航空輸送用語の「ハブ&スポーク方式」のこと。地域大型拠点同士を大規模輸送で結び、大型拠点と周辺の小型拠点との間はより小規模な輸送手段でつなぐ。各地点それぞれを直接つなぐ「ポイント・トゥ・ポイント方式」よりもルートがシンプルになり、効率がよい。

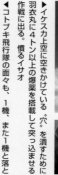

第12話 小ネタ集

●予備の機体

第11話で撃墜されてしまった隼だが、ナツオは混戦になることを予見し予備の機体を用意していた。コトブキの面々が無茶をしてしまうことまでお見通しだったのかもしれない。整備班長は、機体だけでなくパイロットのことも気にかけてくれているようだ。

●決死の最終作戦

第11話でイサオ陣営に大敗を喫した羽衣丸らユーリア同盟軍。正面からの戦いではなく、一矢報いるため“穴”の破壊を最終目標とした。ナオミらが陽動第一陣、コトブキ飛行隊が単身中心部に切り込むがこれも陽動の第二陣。本丸は穴へ向かう羽衣丸そのものだった。

●羽衣丸による破壊

今回の作戦立案は、第10話で“穴”の特性に気付いたアレンによるもの。破壊に必要な火薬量も計算されている。4トン以上の膨大な火薬が積まれているが、これには第8話のハイジャック犯が置いていった爆弾も含まれている。

●イケスカの街

イジツ最大の都市であるイケスカ。イジツでは珍しい巨大な湖をバックに、巨大な建造物が所狭しと並んでいる。近代的なビルも多いが、屋根の形などにユーハング文化の名残がある。最終決戦の舞台となったイサオタワーは今なお建築中で、巨大化を続けている。

●イジツの食べ物 その③

最後の発進前にキリエたちが食べているのは、全て今回の拠点としているロータの空の駅にある自販機のもの。小さなパンケーキ、ハンブルグサンド、カレーうどんと、第4話で食べ損ねたそれぞれの好物にありつくことができている。

●サブジーの教え

イサオのとの最終決戦にて撃墜されかけたキリエは、サブジーの言葉を思い出す。操縦技術の高さ故に意外性がないと言われていたが、最後の最後に隼の動きに身を委ねた。結果、全弾命中し、イサオを撃墜できるところまで追いつめた。

●謎の迷子戦闘機

以前、一瞬だけ“穴”が空いたときにイジツに迷い込んできたジェット戦闘機。“穴”の技術の独占を目論むイサオは、迷子戦闘機を保護したのち、外部に情報を出さず、研究を進めていたようだ。本人が駆る震電改の完成にも大きく寄与しているのは間違いない。

『荒野のコトブキ飛行隊 完全版』有澤P一問一答 Part10

Q44 ／エンディングでは3機の赤とんぼが登場しますが、1機はドードー船長とサネアツ、もう1機はナツオ整備班長とエンマ、そして残りの1機は誰なのでしょうか?

A／鋭いところにお気づきに!! あの赤とんぼでは、羽衣丸整備員が撃墜されたショウト自警団のパイロットを乗せています。イケスカ乱戦の中、可能な限り救助に向かっていたのです。ナツオもその救助役を買って出ていたんですね。

Q45 ／エンディングで一番記憶に残るイラストと言えばお風呂シーンですが、アンナとマリアのスタイル、性格、嗜好などの設定を作る際に重要視したことがあれば教えてください。

A／「強気なアンナと弱気なマリア」正反対なのに仲がいいというところがポイントでした。その点をデザイン面でも左さんが非常に上手に表現してくださいました。スタイルに関しては……皆さんが喜んでくれるように……と思って……。

Q46 ／エンディングのキリエたちが寝ているシーンですが、ケイトは目を開けて寝ているのでしょうか?

A／ケイトはそもそも非常に寝つきが悪いので、起きています。逆に、隣のキリエとチカがあんな寝相なのに、ぐっすり寝ているエンマもすごいですよね。

Q47 ／ 2期の有無は関係なく、もしもコトブキの展開が今後も続く場合、イジツの世界観、戦闘機のバリエーション、登場キャラクター、臨場感溢れる空戦シーン、のどれにもっともフォーカスを当てた作品にしたいと有澤プロデューサーは思われますか?

A／やっぱりなんと言っても空戦シーンですね! 何度見ても飽きない空戦。もっともっと観たくなります。もちろんキャラクターたちの色んなエピソードや、新たな戦闘機の活躍も見てみたいです。

Q48 ／ズバリ、“穴”は再び空くのでしょうか?

A／いつかどこかで、前触れもなくいきなり空くかもしれませんし……それはわかりません。いつ空いてもいいように、キリエ達のことを忘れずにいて、たまに空を見上げてみてください。

◀▼その瞬間、サブジーの幻を見るキリエ……。幻覚から戻ったキリエはサブジーの言葉の真意をさとり、イサオ機に肉薄。多数の銃弾を浴びせることに成功

飛行機は飛ばすもんじゃない。自然に飛ぶんだ……

◀撃墜されかかってもなお〝穴〟に固執するイサオ。爆発する〝穴〟に自ら突っ込んで行く。イサオの乗る震電改は、煙を噴きながら消滅していく〝穴〟に吸い込まれ、消えていった……。〝穴〟の消滅とともに、イサオに味方していた空賊たちは機を見るに敏、いっせいに撤退していった。戦闘、終結

▶〝戦後の未来〟に思いを馳せる面々。なんとナオミはアドルフォ山田のプロポースを受けるかのような発言を! まさかの大逆転! これは意外!!

◀ユーハングの言葉である「コトブキ」の意味を皆で確認しつつ、未来に目を向ける6人。これからも飛び続けると言い、ラハマの街へと帰還していった

ってきて（笑）。

時浜／GEMBAのコーポレートマークがついた飛行船もデザインしてくれって言われましたけど、でもちょっとロゴが現代的すぎるので（笑）。

◆

佐々木／イジツが惑星として丸いとしたら、日本にあたるところからブラジルにあたるところでは、さすがに飛行船は届かないわけですよね。

時浜／でもそこにも〝穴〟は空いていて、海外機が。

佐々木／イサオが富嶽を量産してすれば、そういう場所と交流する未来があったかもしれないという。

時浜／本来だと飛行船でやるべきかもしれないけれど。極地探検的な何か。

佐々木／世界一周くらいできる計算の、超長い航続距離がある機体で。

二宮／あの、イジツの世界っていうのはそういう余裕がなくて。

菊地／そういう学術的なのは弱い、生きるので精一杯なのかもしれない。飛行船使った、探検隊もの的なのとかも見たいな。得体のしれないところに行って、そこで艦載機を展開して、みたいな。

有澤P／では、そろそろ締めに入っていければと思うのですが。

中野／……雑談でしたね!（笑）。

佐々木／でもまあ、この雑談というのが『コトブキ』を象徴するというか。空白の部分がすごく多い。世界がまだまだ、空がまだまだ広いことを見せつけられる作品というか。今回お話しただけじゃなく、それぞれで（笑）。第2、第3と手元に隠し球があると思うので、この本が売れて次につながるように、引き続きこの「イジツ」という世界で遊んでいきたいと思います。ご協力の程よろしくお願いいたします。

一同／よろしくお願いいたします。

（'21年6月、バンダイナムコアーツにて）

荒野のコトブキ飛行隊 大空のテイクオフガールズ！

荒野のコトブキ飛行隊外伝 大空のハルカゼ飛行隊

“イジツ” では、コトブキ飛行隊とそれをとり巻く人々だけでなく、さまざまな人々が飛行機とともに生きている。そんな人々を描いたのがスマートフォン向けアプリゲーム『荒野のコトブキ飛行隊 大空のテイクオフガールズ！』だ。アニメには登場しなかったキャラクターの生きざま、ときにアニメ登場キャラクターと交流したり、もちろん飛行機もユーハング由来の機体を中心に、こちらもアニメ未登場機体がいくつも実装され、さまざまな面でアニメだけでは語りきれない “イジツ” の広さを見せてくれたのだ。（※アプリゲームは'20年12月でサービス終了）

スマートフォン上で綴られた白熱の空戦と魅力的なキャラクターたちのストーリー

ティザービジュアル

キービジュアル

1周年キービジュアル

ユーカ

EUKA

CV：本渡 楓

ハルカゼ飛行隊の陽気な隊長。困っている人を見ると放って置けない性格で、トラブルに巻き込まれることも多い。もっと広い世界に出ることを夢見ている

■アプリゲーム
2Dイラスト／表情差分

■ハルカゼ飛行隊マーク

■パーソナルマーク

■ガデン商会マーク

■SDイラスト

■2D設定画

■2D設定画／表情集

■原案

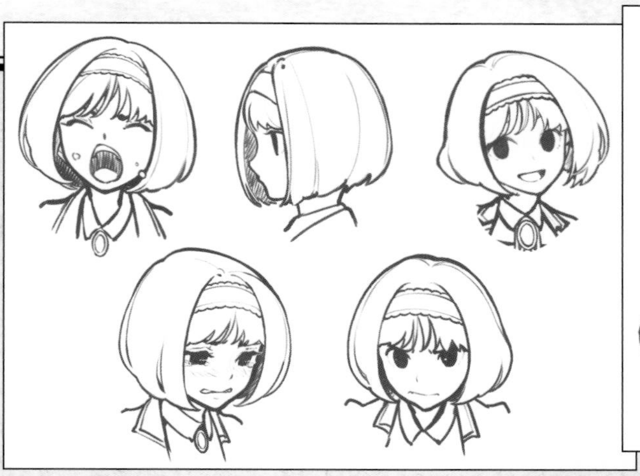

■【運命の出会い ユーカ】

■アプリゲーム
3Dモデル

■【一機団結 ユーカ】

隼三型 一式戦闘機三型 ユーカ仕様

九七式 九七式戦闘機 ガデン商会所属

■アニメ『荒野のコトブキ飛行隊外伝
大空のハルカゼ飛行隊』 EDイラスト

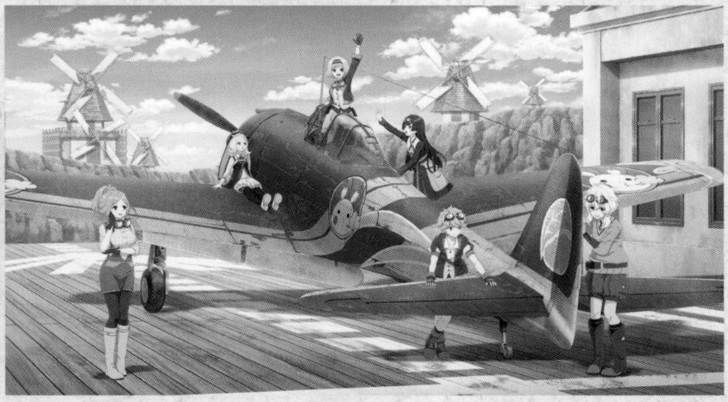

エリカ
ERIKA

CV：白石 晴香

頭脳明晰でいつも冷静なハルカゼ飛行隊の副隊長。人付き合いが苦手で言葉がきつくなりがち。ユーカとは孤児院からの幼馴染で付き合いも一番長い

■アプリゲーム
2Dイラスト／表情差分

■SDイラスト

■2D設定画／表情集

■パーソナルマーク

■原案

■【秘めた想い エリカ】

■【闇からの叫び エリカ】

■アプリゲーム
3Dモデル

隼三型 一式戦闘機三型 エリカ仕様

アカリ

AKARI

CV：七瀬 彩夏

やんちゃな性格のムードメーカー。イタズラ好きでユーカと一緒に仕事をサボることも多いが、一度見たものは忘れない瞬間記憶力の持ち主でもある

■アプリゲーム
2Dイラスト／表情差分

■SDイラスト

■2D設定画／表情集

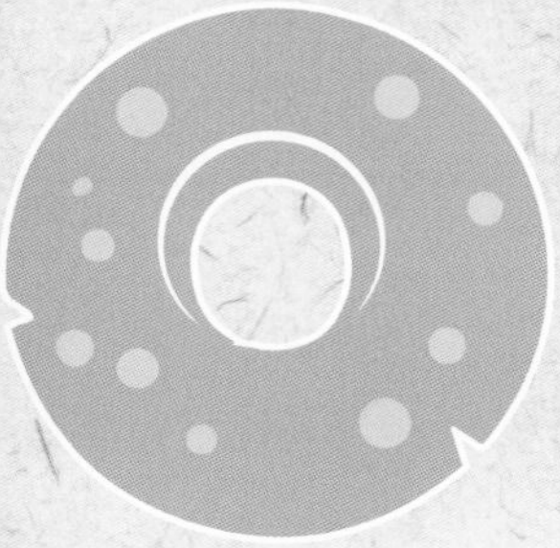

■パーソナルマーク

アカリ #5
修正後
修正前

■原案

ゴーグルなし
アカリ
髪の流れが分かり
辛くて申し訳ありませんが
シルエットはこんなイメージです。

■【記憶の糸 アカリ】

■アプリゲーム
3Dモデル

■アプリゲーム未実装カードイラスト

隼三型 一式戦闘機三型 アカリ仕様

ベル

BELL

CV：石見 舞菜香

穏やかで包容力のあるハルカゼ飛行隊のお姉さん。問題の多いユーカたちを温かく見守りながら影で支えている。お金の使いみちには厳しく常に節約節制を心がけている

■アプリゲーム
2Dイラスト／表情差分

■SDイラスト

■2D設定画／表情集

■パーソナルマーク

■原案

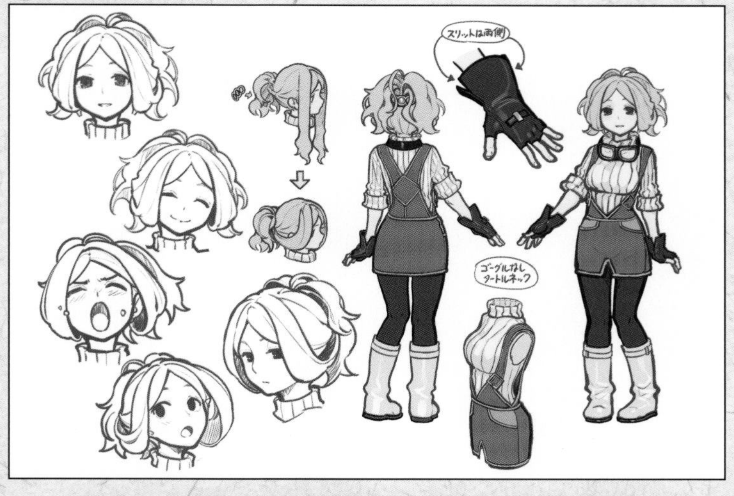

■【穏やかな風 ベル】

■アプリゲーム
3Dモデル

■【天までとどけ ベル】

隼三型 二式戦闘機 三型
ベル仕様

ダリア

DAHLIA

CV：黒沢 ともよ

気の弱い性格で小心者。反面、見栄っ張りで余計な嘘をついてしまうお調子者でもある。臆病な自分を変えたいと思い、ユーカたちと行動をともにしている

■アプリゲーム
2Dイラスト／表情差分

■SDイラスト

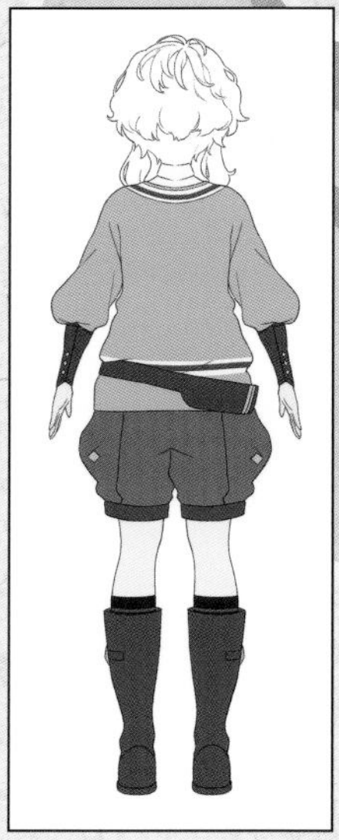

■2D設定画／表情集

■パーソナルマーク

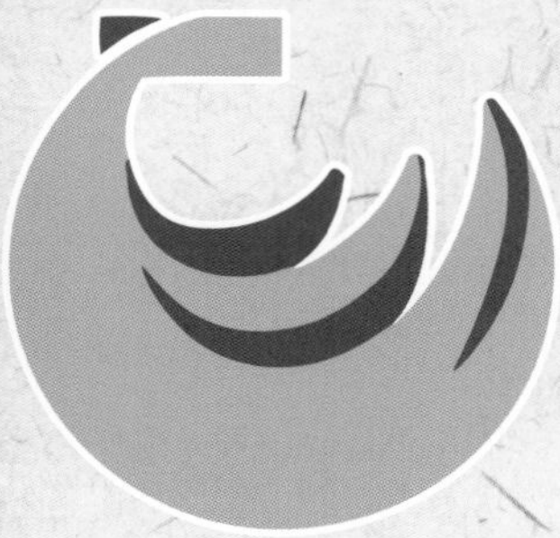

■アプリゲーム3Dモデル

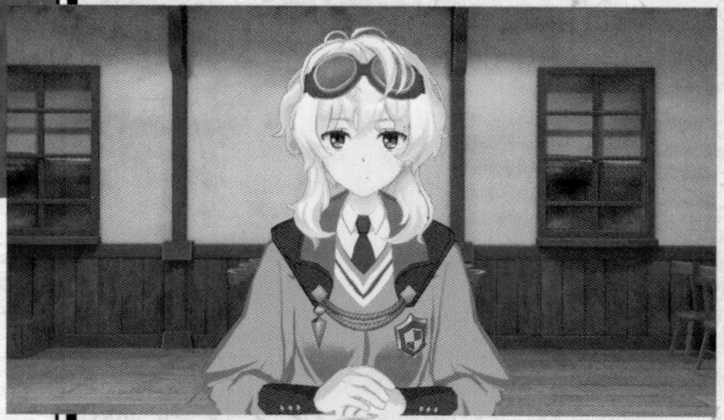

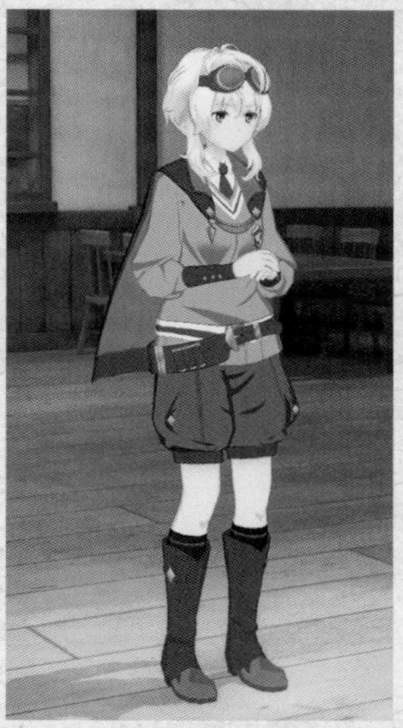

■原案

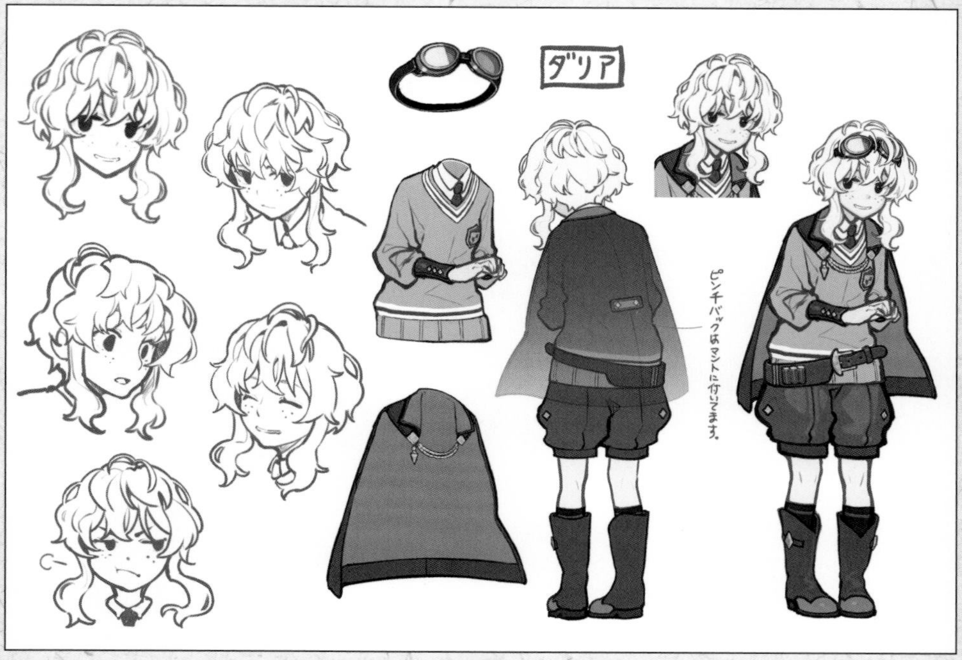

■【大切な仲間 ダリア】

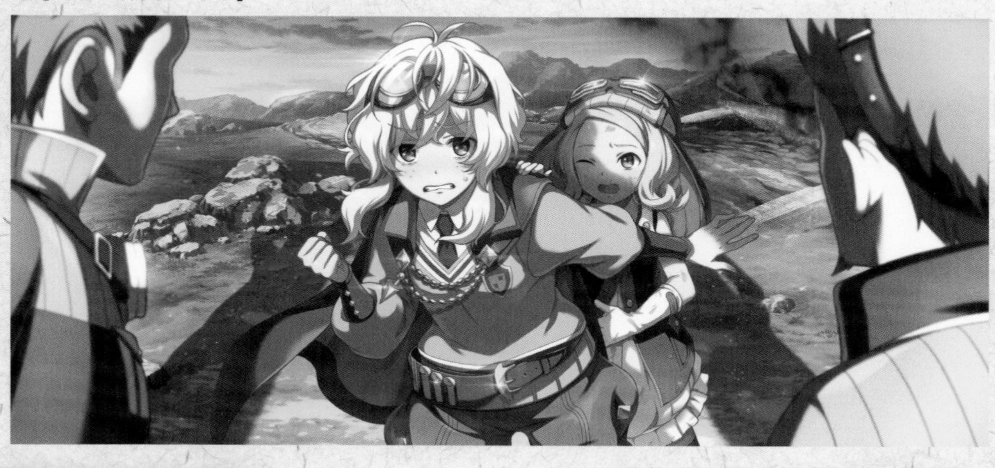

隼三型 一式戦闘機三型
ダリア仕様

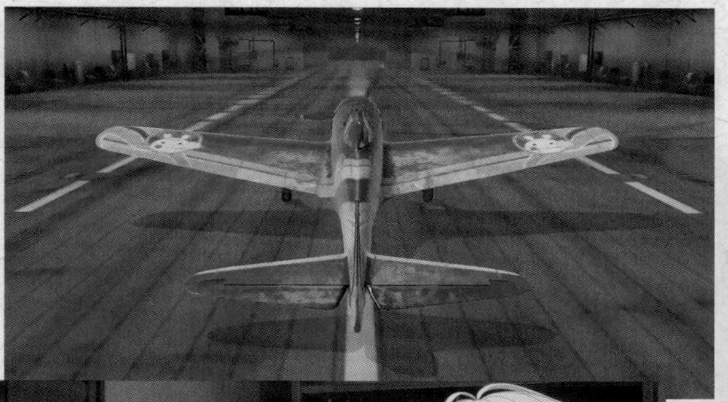

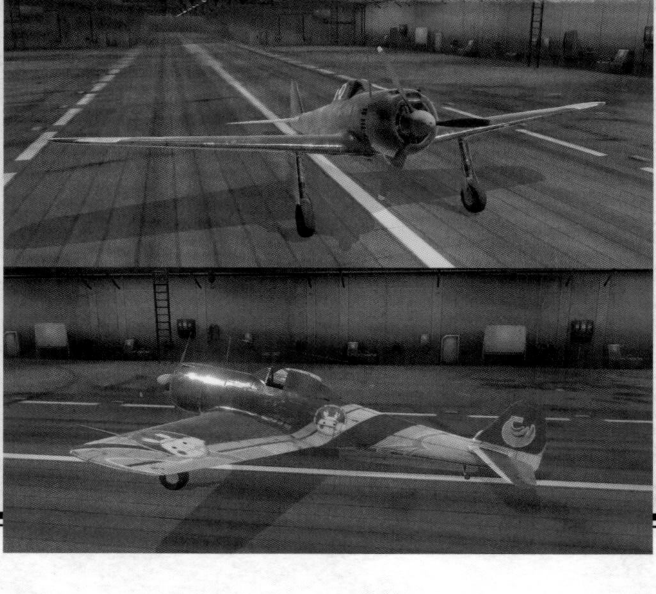

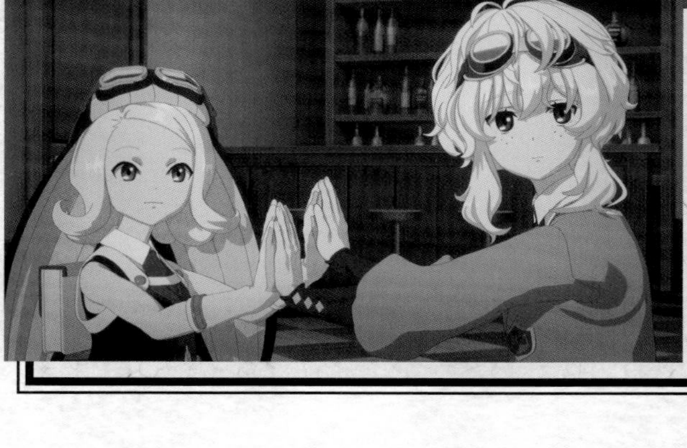

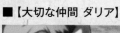

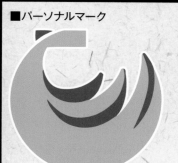

ガーベラ

GERBERA

CV：高野 麻里佳

天真爛漫な性格で見た目も幼いがどんな相手に対しても臆せずに向かっていく強気な姿勢の持ち主。戦闘機の操縦も得意で機体を体の一部のように操ることができる

■アプリゲーム
2Dイラスト／表情差分

■SDイラスト

■2D設定画／表情集

■原案

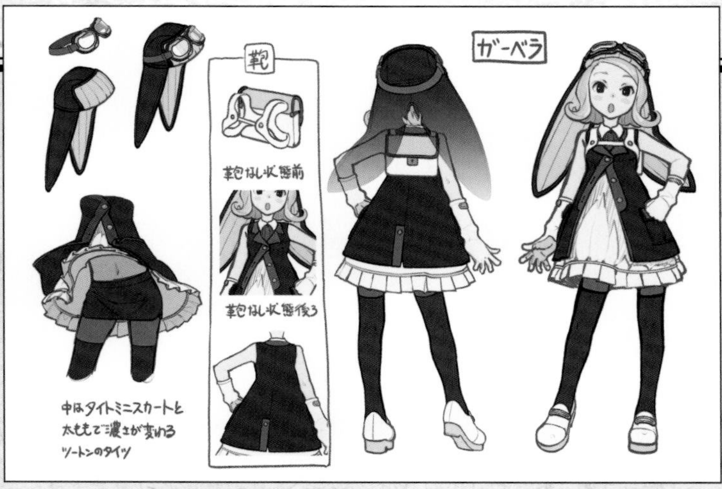

■【ただいま！ ガーベラ】

■【不思議な遭遇 ガーベラ】

■アプリゲーム
3Dモデル

■パーソナルマーク

隼三型 一式戦闘機三型 ガーベラ仕様

ロイグ

ROIG

CV:高橋未奈美（現:高橋ミナミ）

■2D設定／表情集

ロマンを求める怪盗団アカツキのリーダー。陽気な性格で大胆不敵。パイロットとしてのあらゆる能力が高く、どんな機体でもすぐに乗りこなせる。予告状を出すのが趣味

■SDイラスト

■【月夜の怪盗 ロイグ】

■【妖艶なる怪盗 ロイグ】

■【華麗なる変装 ロイグ】

■パーソナルマーク

鍾馗
二式単座戦闘機
ロイグ仕様

■アプリゲーム3Dモデル

華装仕様

モア

MOA

CV：関根 瞳

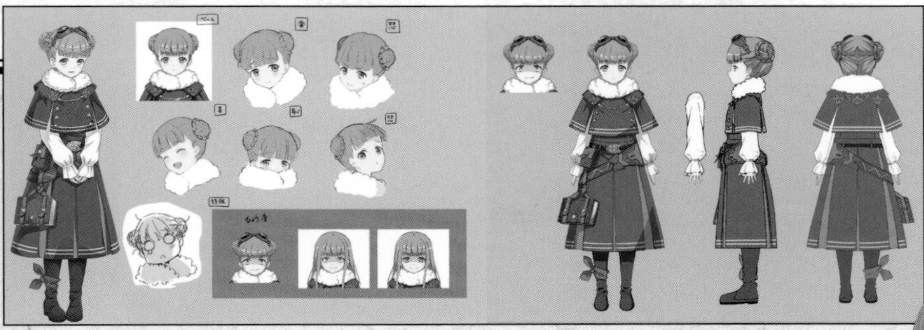

■2D設定／表情集

内気な性格で怪盗団アカツキの良心的存在。ロイグの相棒として陰で支えている。過去のトラウマから機銃の音を聞くと凶暴な性格に豹変する

■【花びらの雨 モア】

■【味覚の怪盗 モア】

■SDイラスト

■パーソナルマーク

鍾馗
二式単座戦闘機
モア仕様

■アプリゲーム
3Dモデル

レンジ

RENJI

CV：藤原 夏海

■2D設定／表情集

野生味あふれる女怪盗。普段は一匹狼として活動するが、目的によっては怪盗団アカツキと行動をともにする。考えるより先に手が出るタイプだが情に厚く仲間想いな一面もある

■【野生の嗅覚 レンジ】

■【喧嘩師の挑発 レンジ】

■SDイラスト

■パーソナルマーク

隼一型

一式戦闘機一型

レンジ仕様

■アプリゲーム3Dモデル

リガル
REGAL

CV：大西 沙織

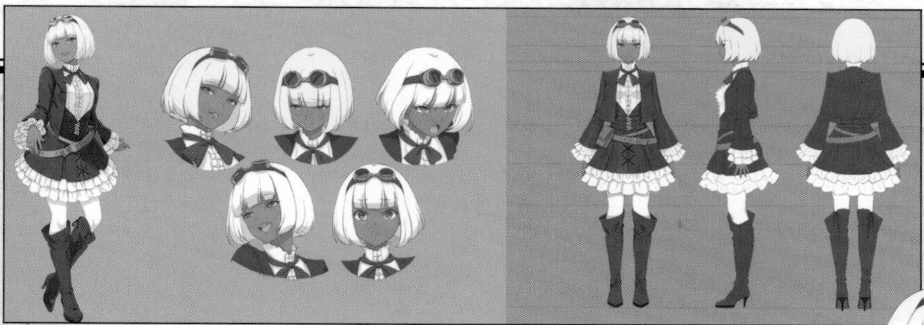

■2D設定／表情集

美しいものに目がない女怪盗。美貌を武器にした潜入捜査が得意。高慢に思われがちだが弱者に対しては見返りを求めず行動するなど情熱的で優しい性格。レンジとは犬猿の仲

■【美しき輝き リガル】

■『荒野のコトブキ飛行隊外伝 大空のハルカゼ飛行隊』より

■パーソナルマーク

飛燕
三式戦闘機
リガル仕様

■SDイラスト

■アプリゲーム
3Dモデル

ベッグ

BEGG

CV：赤尾 ひかる

■2D設定画／表情集

怪盗団アカツキの凄腕整備士。機械いじりが好きでさまざまな潜入道具を開発する。戦闘機の特性も熟知しており操縦の腕も一流。相当な自信家でときどき子供っぽい一面も見せる

■【勝負師の勘 ベッグ】

■パーソナルマーク

飛燕
三式戦闘機
ベッグ仕様

■SDイラスト

■アプリゲーム
3Dモデル

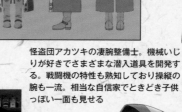

カラン

CALAN

CV：涼本 あきほ

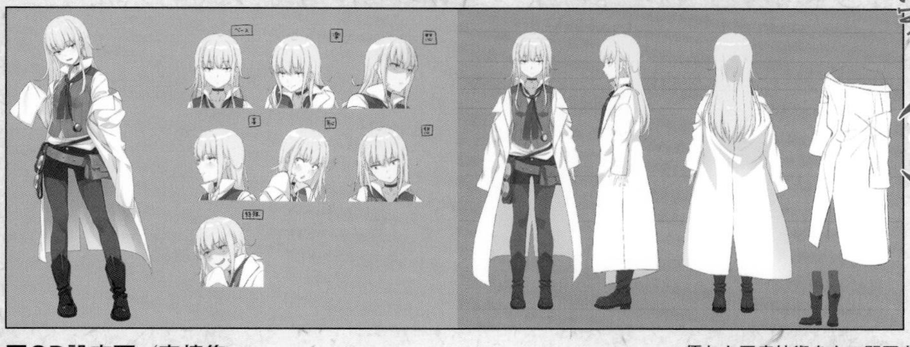

■2D設定画／表情集

■【孤高の闇医者 カラン】

優れた医療技術をもつ闇医者。腕は確かだが代価に高額な治療費を請求することで有名。時折、怪しい薬品を作っては怪盗団の仲間を使って人体実験を行なっている

■パーソナルマーク

隼三型
一式戦闘機三型
カラン仕様

■SD
イラスト

■アプリゲーム
3Dモデル

■2D設定画／表情集

フィオ

FIO

CV：朝井 彩加

「狂犬」の異名を持つゲキテツ一家の幹部。正面から敵に突っ込む命知らずのマフィア。義理と人情を重んじる昔かたぎの親分肌だが、背の低さを馬鹿にされると見境なくキレる

■【狂犬喝采 フィオ】

■【弾ける水滴 フィオ】

■【月下の晩餐 フィオ】

■SDイラスト

■パーソナルマーク

紫電 局地戦闘機「紫電」一一型

フィオ仕様

■アプリゲーム3Dモデル

イサカ

ITHACA

CV：諏訪 彩花

「冷血」の異名を持つ一家の幹部。時間に厳しく少しの無駄も許さない徹底した完璧主義者。それゆえ予定に狂いが生じると突然パニックに陥ってしまう

■2D設定画

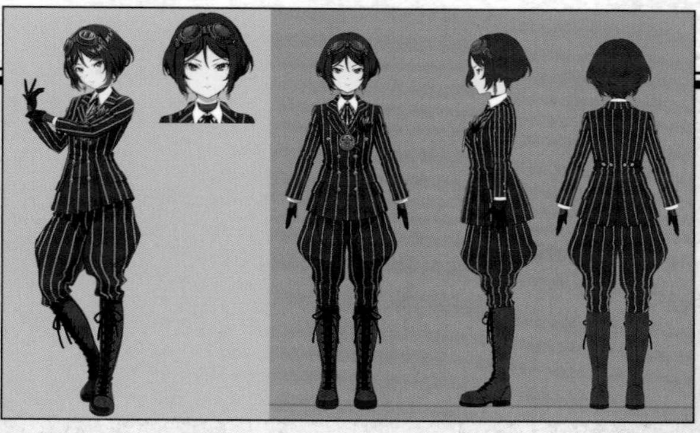

■【冷血な指導者 イサカ】

■【夜風に吹かれて イサカ】

■SDイラスト

■パーソナルマーク

零戦二一型

零式艦上戦闘機二一型

イサカ仕様

■アプリゲーム
3Dモデル

レミ

REMI

CV：田辺 留依

「流れ雲」と呼ばれるゲキテツ一家の幹部。何ものにも縛られない自由気ままな性格だが、裏では敵対組織の諜報や工作活動を行なうなど一家の中で特殊な役割を担っている

■2D設定画

■SDイラスト

■【流れ雲の如く レミ】

■【恐怖の蜘蛛屋敷 レミ】

■アプリゲーム未実装カードイラスト

■アプリゲーム3Dモデル

零戦五二型
零式艦上戦闘機五二型
レミ仕様

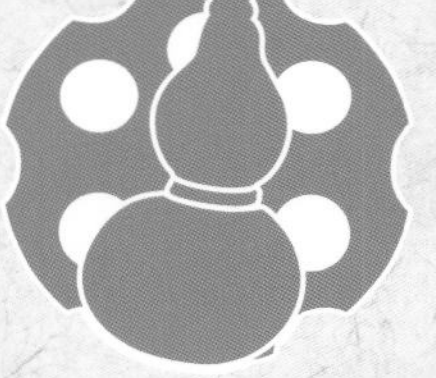

■パーソナルマーク

ニコ

NICO

CV：石上 静香

「不死身」と呼ばれるゲキテツ一家の幹部。堂々とした風格があり、黙っていても相手に威圧感を与える凶悪なマフィアだと思われているが、内面は可愛いものが大好きな乙女

■2D設定画

■【虚像の魔王 ニコ】

■パーソナルマーク

零戦五二型

零式艦上戦闘機五二型

ニコ仕様

■SDイラスト

■アプリゲーム
3Dモデル

シアラ

CIARA

CV：花守 ゆみり

「魔性」の異名を持つゲキテツ一家の幹部。愛らしい容姿とは裏腹に敵をいたぶることや服従させることに喜びを感じる快楽主義者。負けん気の強いフィオをいじめるのが趣味

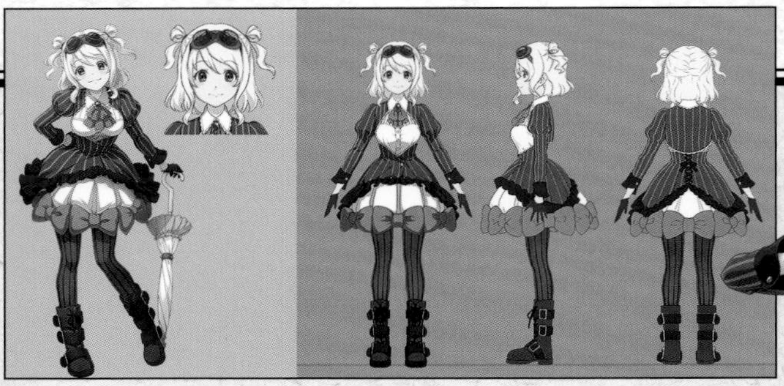

■2D設定画

■【悪女の報復 シアラ】

■【真夜中の悪戯 シアラ】

■アプリゲーム未実装カードイラスト【悪魔のくつろぎ シアラ】

■アプリゲーム3Dモデル

聖夜仕様

■SDイラスト

■パーソナルマーク

雷電 局地戦闘機「雷電」

シアラ仕様

ローラ
ROLA

CV：藤田 茜

「死神」の異名を持つゲキテツ一家の幹部。落ち着き払った性格で首領からの信頼も厚い一家のまとめ役。フィオとは幼馴染で姉妹のように育てられた

■2D設定画／表情集

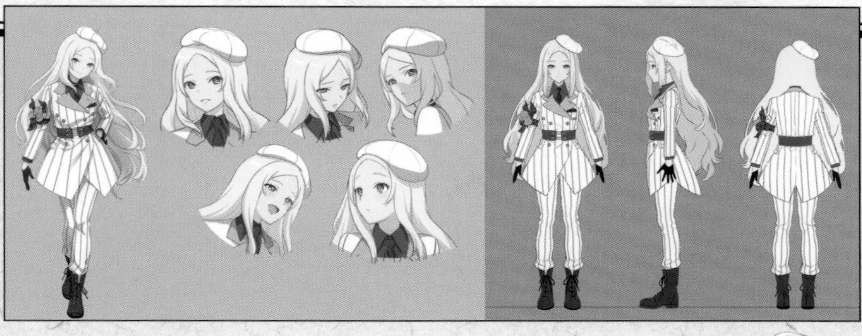

■【戦慄の死神 ローラ】

■【死神の狙撃手 ローラ】

■SDイラスト

■パーソナルマーク

零戦二一型
零式艦上戦闘機二一型
ローラ仕様

■アプリゲーム3Dモデル

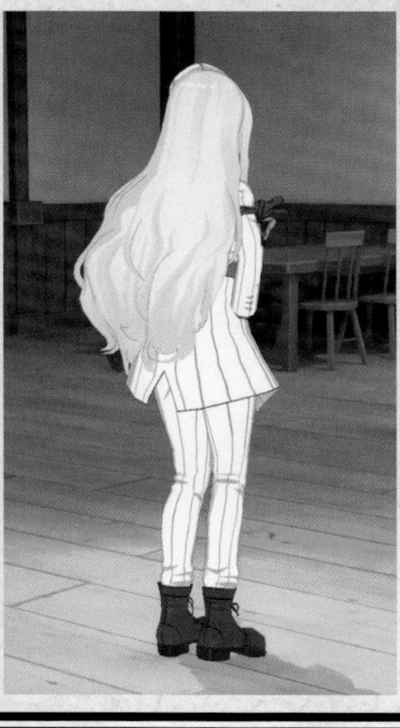

アコ

ACCO

CV：小澤 亜李

謙虚で真面目な性格。自警団のエースだった偉大な父親をもつことを理由に、ある日突然カナリア自警団の団長に任命されてしまう。その責任感から日々プレッシャーを感じている

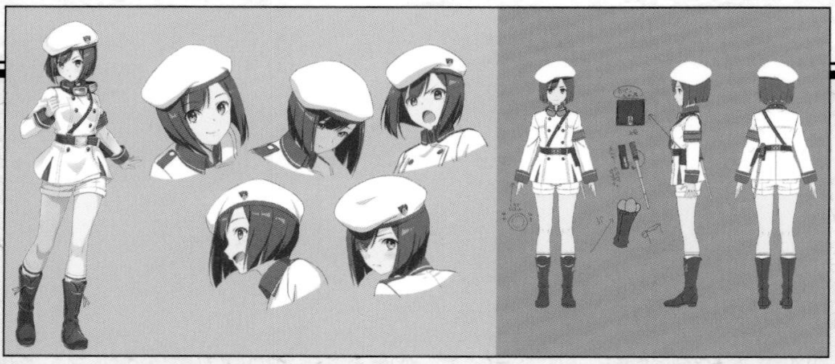

■2D設定画／表情集

■【夢を抱いて アコ】

■【晴天に舞う夢 アコ】

■【赤い衝撃 アコ】

■SDイラスト

■パーソナルマーク

紫電 局地戦闘機「紫電」一一型

アコ仕様

■アプリゲーム3Dモデル

エル

ELLE

CV：和氣 あず未

名家の出自で元ピアニスト。日常にスリルを求めており、親友のアコに誘われてカナリア自警団に加入した。男性に言い寄られることが多いがあしらい方を心得ている

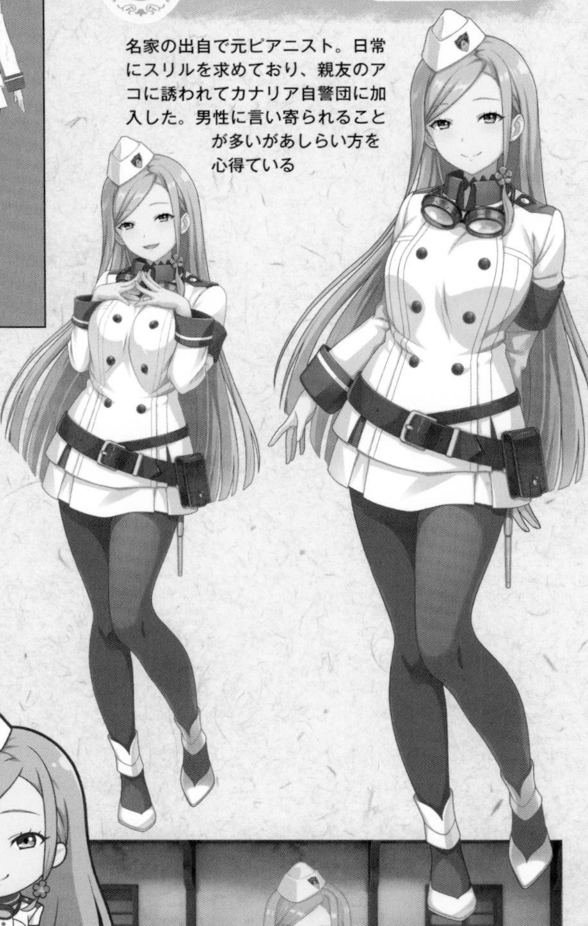

■2D設定画

■【令嬢の微笑み エル】

■パーソナルマーク

■SDイラスト

■アプリゲーム
3Dモデル

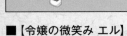

ヘレン

HELEN

CV：桑原 由気

カナリア自警団の団員。いつも眠そうにしているが表情ひとつ変えずに危険な飛行をする天才パイロット。恐怖心がなく、どんなときもマイペースを崩さない天然お姉さん

■2D設定画

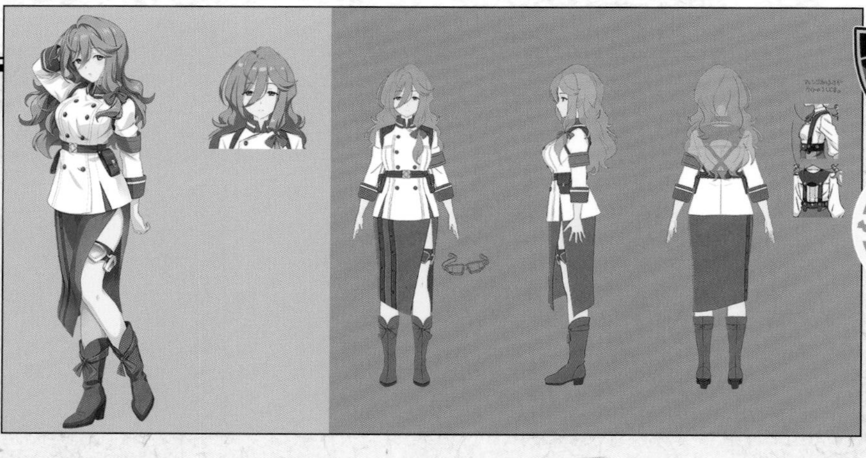

■【いねむり姫 ヘレン】

■【仮装披露会の夜 ヘレン】

■SDイラスト

■パーソナルマーク

紫電 局地戦闘機「紫電」一一型

ヘレン仕様

■アプリゲーム3Dモデル

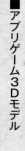

■2D設定画

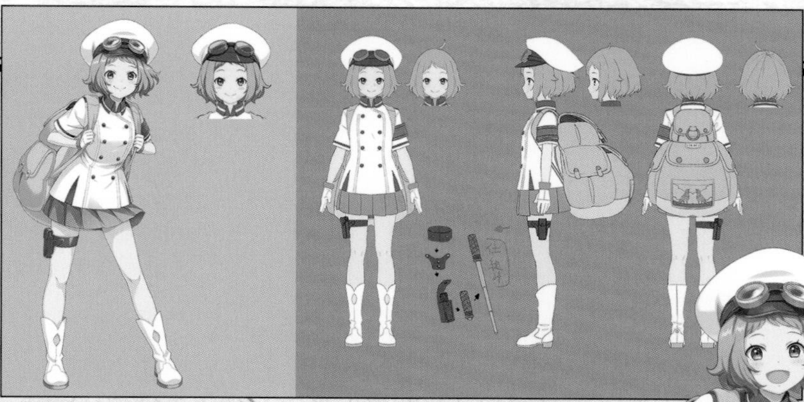

リッタ

RITA

CV：峯田 茉優

カナリア自警団の元気娘。実家の畑を荒らす鳥を赤とんぼで追い払ううちに独特の操縦を身につけた。戦闘機が大好きで一度語り出すと止まらなくなる

■【涙の大掃除 リッタ】

■【姉は強し リッタ】

■SDイラスト

■パーソナルマーク

紫電 局地戦闘機「紫電」一一型

リッタ仕様

■アプリゲーム3Dモデル

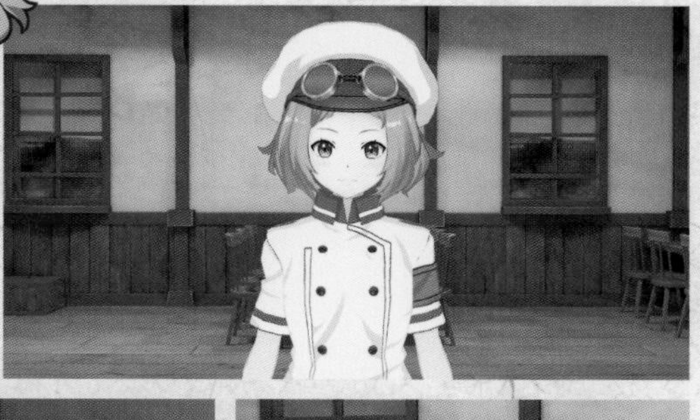

ミント

MINT

CV：近藤 玲奈

内気で人見知りなカナリア自警団の団員。自分を信頼してくれる団長のアコをお姉様と呼び心から慕っている。絵を描くのが趣味。実家は古武術の道場で本人も達人級の腕前

■2D設定画

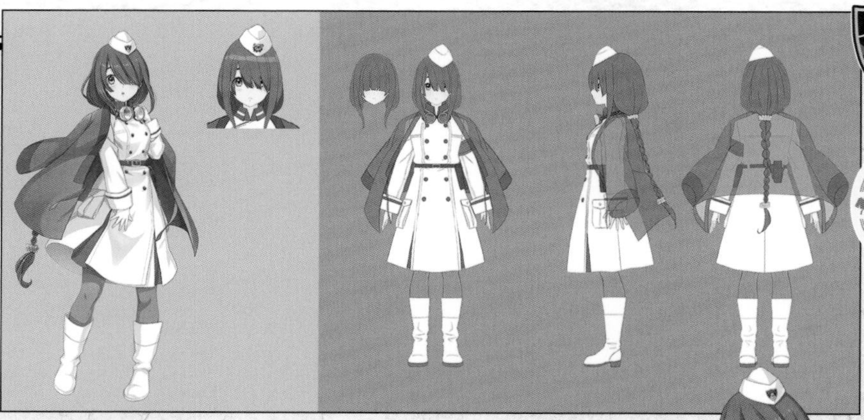

■【怒りの制裁 ミント】

■【お姉様への想い ミント】

■SDイラスト

■パーソナルマーク

紫電 局地戦闘機「紫電」一一型

ミント仕様

■アプリゲーム3Dモデル

■2D設定画

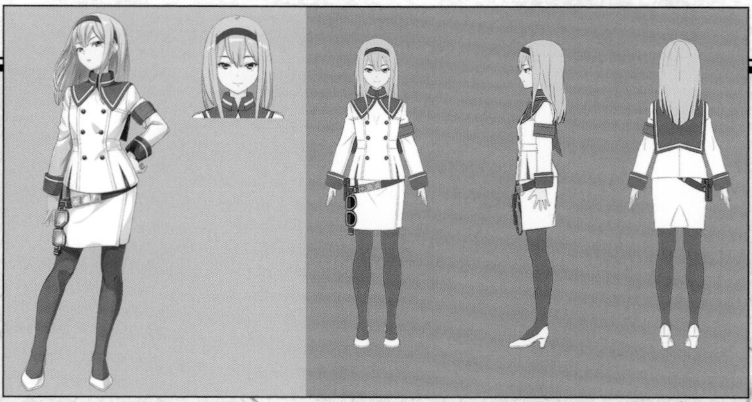

シノ

SHINO

CV：八島 さらら

クールビューティーな自警団のエース。妥協を許さないタフでハングリーな努力家。それゆえ親の七光で団長に就任したアコを何かと目の敵にしている

■【心の氷解 シノ】

■【ルージュの魔力 シノ】

■SDイラスト

■パーソナルマーク

紫電 局地戦闘機「紫電」一一型

シノ仕様

■アプリゲーム3Dモデル

クロエ

CHLOE

CV：井上 麻里奈

「雷電魔王」の異名を継ぐ、ムラクモ空賊団初代頭領の孫。冷静沈着で警戒心が強く、ぶっきらぼうな雰囲気だが、気を許した相手にはお人好しな一面も見せる

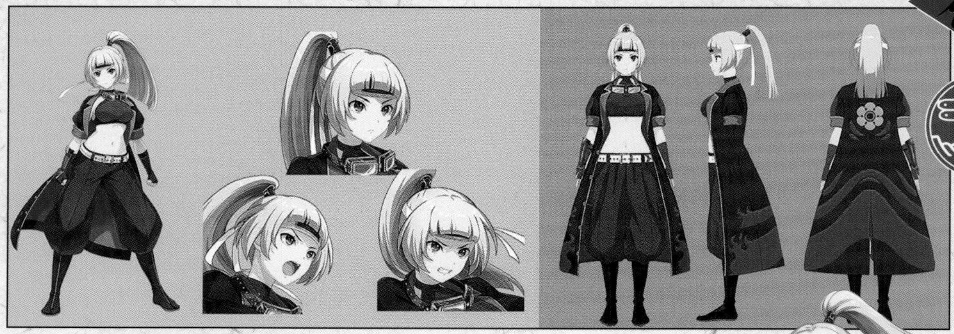

■2D設定画／表情集

■【雷電魔王 クロエ】

■パーソナルマーク

雷電

局地戦闘機「雷電」

クロエ仕様

■SDイラスト

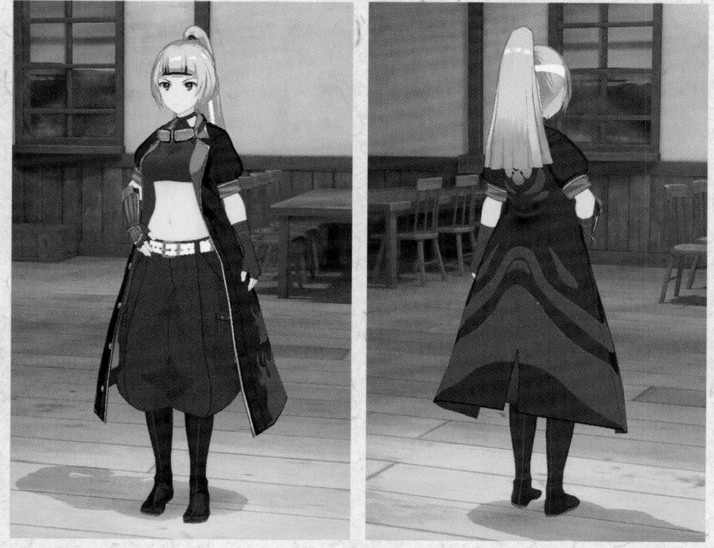

■アプリゲーム
3Dモデル

ミヤビ

MIYABI

CV：日笠 陽子

「零戦胡蝶」の異名を継いだムラクモの末裔で、理知的な自信家だが物腰は丁寧。自らの経営する「ミヤビ興業」の社員を率いて、夜は空賊として暗躍している

■2D設定画／表情集

■【零戦胡蝶 ミヤビ】

■パーソナルマーク

零戦五二型

零式艦上戦闘機五二型

ミヤビ仕様

■SDイラスト

■アプリゲーム
3Dモデル

ツバキ

TSUBAKI

CV：喜多村 英梨

天才肌で傍若無人な一匹狼の空賊。ムラクモ空賊団の祖父より「剃刀飛燕」の異名を継ぎ、理想の男性を探して各地を旅しているものの、フラれてばかりいる

■2D設定画／表情集

■【剃刀飛燕 ツバキ】

■パーソナルマーク

飛燕
三式戦闘機
ツバキ仕様

■SDイラスト

■アプリゲーム3Dモデル

オボロ

OBORO

CV：後藤 沙緒里

■2D設定画／表情集

■【鬼鍾馗 オボロ】

かつてムラクモで「鬼鍾馗」の異名を誇った祖父をもつ、貞淑でおしとやかな女性。兄を敬愛していて、常に兄を立てて行動する。他人の思考を読む能力をもっている

■SDイラスト

■パーソナルマーク

鍾馗
二式単座戦闘機
オボロ仕様

■アプリゲーム
3Dモデル

ホタル

HOTARU

CV：洲崎 綾

「竜巻疾風」の祖父に育てられたムラクモの末裔。過去のできごとが原因で、戦闘機が蝶に見える幻視を有するように。ふだんは明るく天真爛漫な性格で、人当たりもいい

■2D設定画／表情集

■【竜巻疾風 ホタル】

■パーソナルマーク

疾風
四式戦闘機
ホタル仕様

■SDイラスト

■アプリゲーム3Dモデル

ネム

NEM

CV：小岩井 ことり

「稲妻紫電」を継ぎ、ムラクモ空賊団だった祖父との約束を果たすため、空戦機動の研究を続けている。幼い見た目に反して達観した性格だが、しばしば感情的になることも

■2D設定画／表情集

■【稲妻紫電 ネム】

■パーソナルマーク

紫電改
局地戦闘機「紫電」二一型
ネム仕様

■アプリゲーム
3Dモデル

■SDイラスト

サクラ

SAKURA

CV：鈴木 絵理

■【熱血事件記者 サクラ】

■SDイラスト

特ダネを求めて飛び回るフリーの事件記者。好奇心旺盛で考えるより先に身体が動き、自ら事件に巻き込まれてしまうことも多い。現在は主にムラクモ空賊団を追っている

■アプリゲーム
3Dモデル

■アプリゲーム
2Dイラスト／
表情差分

鍾馗
二式単座戦闘機
サクラ仕様

■パーソナルマーク

『荒野のコトブキ飛行隊　大空のテイクオフガールズ！』
アプリ内バナーコレクション

キリエ
KYLIE

【パンケーキ キリエ】

【烈火の如く キリエ】

【荒野と大空 キリエ】

■ウェイトレス仕様

■アプリゲーム3Dモデル

■一周年仕様

■SDイラスト

■SDイラスト

■アプリゲーム3Dモデル

■水着仕様

エンマ
EMMA

【叱咤号令 エンマ】

【太陽の誘惑 エンマ】

アプリゲーム未実装カードイラスト

ケイト
KATE

【危険な賭け ケイト】

【兄妹の帰路 ケイト】

■アプリゲーム3Dモデル

■SDイラスト

レオナ REONA

■【一心不乱 レオナ】

■【笑顔の約束 レオナ】

■アプリゲーム3Dモデル

■SDイラスト

ザラ ZARA

■SDイラスト

■アプリゲーム3Dモデル

■聖夜仕様

■【魅惑の踊り子 ザラ】

■【星空に願いを ザラ】

■アプリゲーム未実装カードイラスト

チカ CHIKA

■【飛行機投げ チカ】

■【守るべき親友 チカ】

■アプリゲーム3Dモデル

■SDイラスト

隼一型 一式戦闘機一型 ルゥルゥ仕様

■【麗しのマダム ルゥルゥ】

■SDイラスト

マダム・ルゥルゥ MADAME LOULOU

零戦五二型 零式艦上戦闘機 五二型 マリア仕様

マリア MARIA

■【歓びの操舵士 マリア】

■SDイラスト

零戦二一型 零式艦上戦闘機 二一型 アンナ仕様

アンナ ANNA

■【祈りの操舵士 アンナ】

■SDイラスト

疾風 四式戦闘機 アディ仕様

紫電 局地戦闘機「紫電」一一型 ベティ仕様

紫電改 局地戦闘機「紫電」二一型 シンディ仕様

屠龍 二式複座戦闘機 サネアツ仕様

整 ナツオ
NATSUO

■【反撃の班長 ナツオ】

隼一型 一式戦闘機一型 ナツオ仕様

■SDイラスト

リリコ
RIRIKO

■【美脚一閃 リリコ】

■【恋のおみくじ屋 リリコ】

■SDイラスト

■振袖仕様

流星 艦上攻撃機「流星」 リリコ仕様

■SDイラスト

フェルナンド内海
FERNANDO UTSUMI

アドルフォ山田
ADOLFO YAMADA

紫電 局地戦闘機「紫電」一一型 ナサリン飛行隊仕様

ドードー船長
DODO

■SDイラスト

カミラ
CAMILLA
■SDイラスト
■【盛大なる転倒 カミラ】
キ六四 キ六四試作 重戦闘機 執事仕様
キ六四
執事仕様
流星 艦上攻撃機「流星」 イサオ仕様
五式戦 五式戦キ一〇〇 イケスカ所属 ヒデアキ仕様
■【夕陽の追想 ナオミ】
ナオミ
NAOMI
零戦三二型 零式艦上戦闘機 三二型 ナオミ仕様
■SDイラスト
鍾馗 二式単座戦闘機 ユーリア仕様
■SDイラスト
ユーリア
JUULIA
タミル
TAMIL
■【大空の警備人 タミル】
零戦二一型 零式艦上戦闘機 二一型 タミル仕様
■SDイラスト
姐さん
ANESAN
五式戦闘機 姐さん仕様
■SDイラスト
ムサコ&ヒガコ
MUSACO&HIGACO
■SDイラスト
鍾馗 二式単座戦闘機 ムサコ・ヒガコ仕様

疾風

鍾馗

隼三型

九七式戦闘機

■マガミウルフ 仕様

隼一型

■銀鱗三色 仕様

■雪降る夜に 仕様

■三日月・新月 仕様

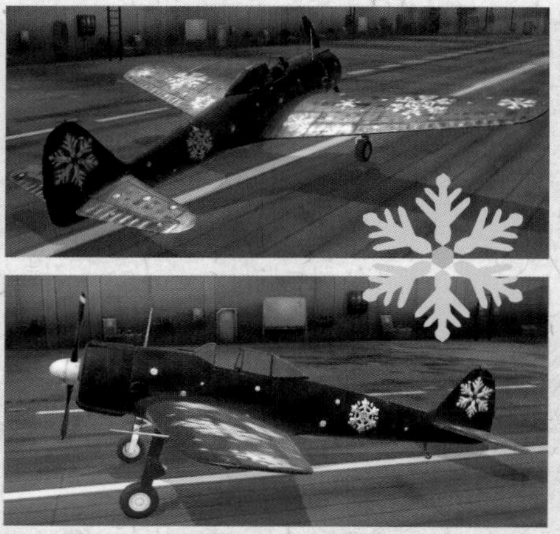

キ64

飛燕

屠龍

五式戦闘機

F6Fヘルキャット

Bf109E

赤とんぼ

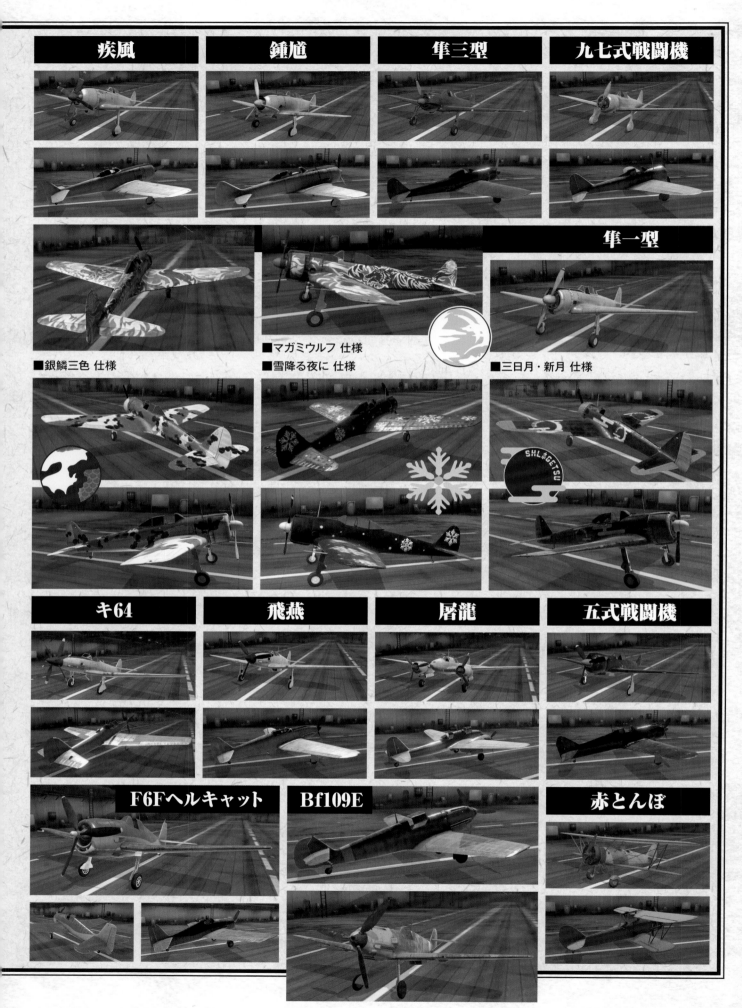

流星

零戦五二型

零戦三二型

零戦二一型

■背黄青鸚哥
仕様

紫電

■トウモロコシ
仕様

紫電改

雷電

■空音 仕様

■トパーズベア 仕様

XF5Uフライングパンケーキ

■食べかけ 仕様

■ユメトッタル 仕様

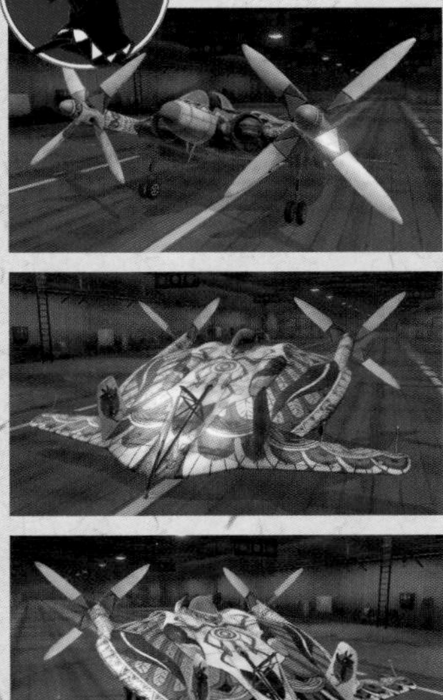

■北風ト太陽 仕様

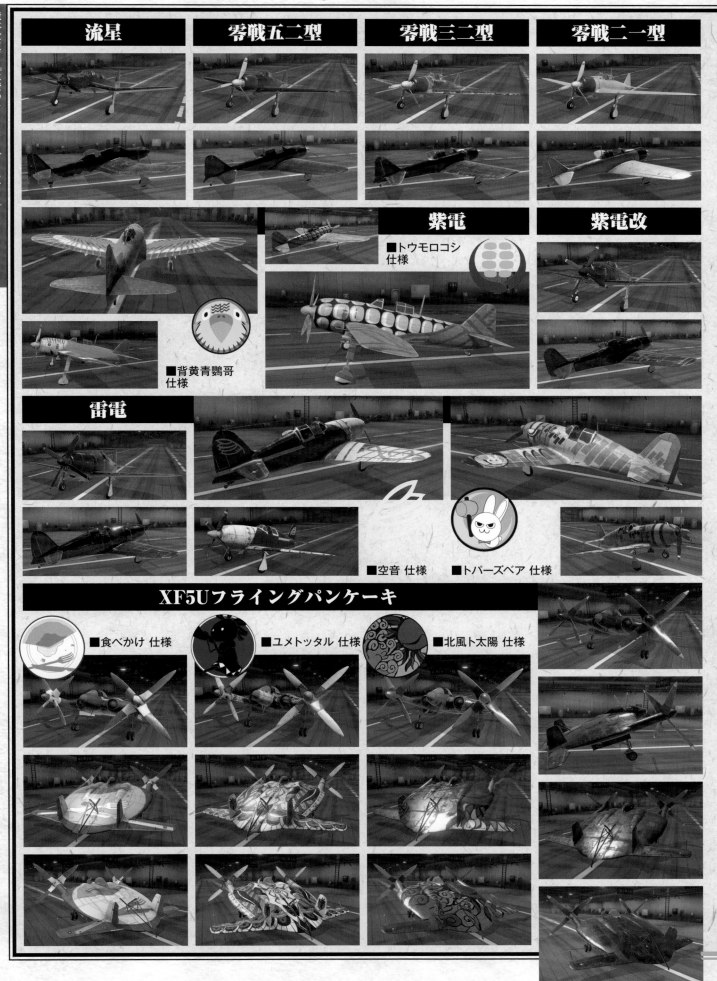

月光

震電

エンブレム

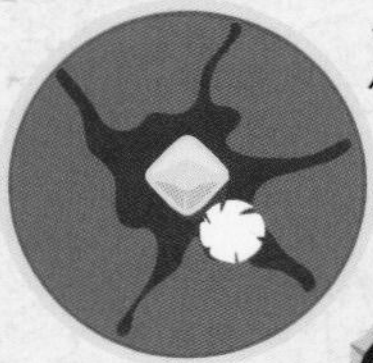

◀XF5U
パンケーキ 仕様

▼マヨナカ探偵団

▼半周年記念

▼一周年記念

◀一周年半記念

烈風改

■司令機・緑

富嶽 特別塗装

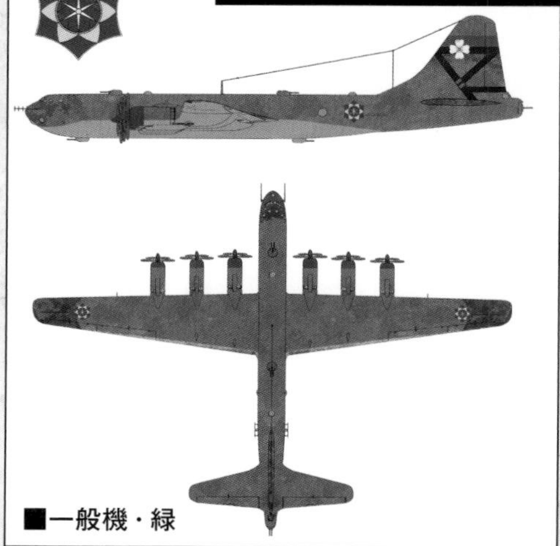

■一般機・緑

羽衣丸 特別塗装

■羽衣丸一周年記念仕様

■羽衣丸クリスマス風仕様

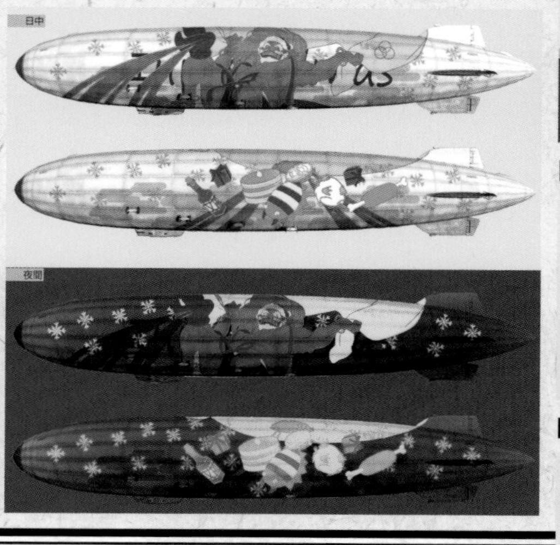

■羽衣丸ハロウィン風記念仕様

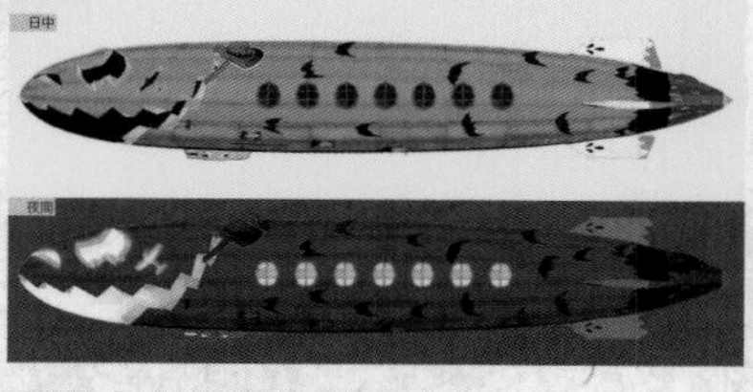

■羽衣丸半周年記念仕様

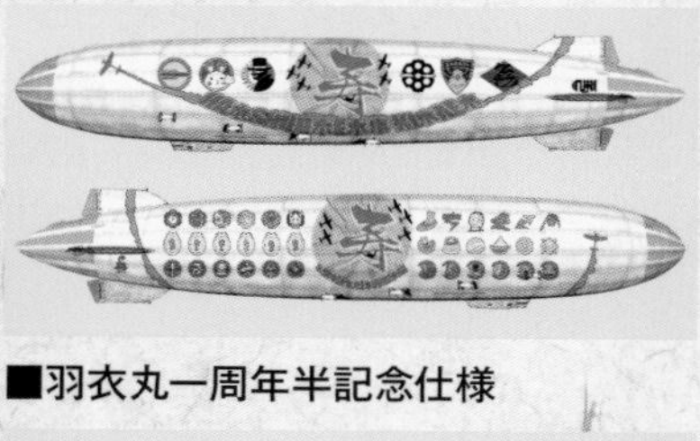

■羽衣丸一周年半記念仕様

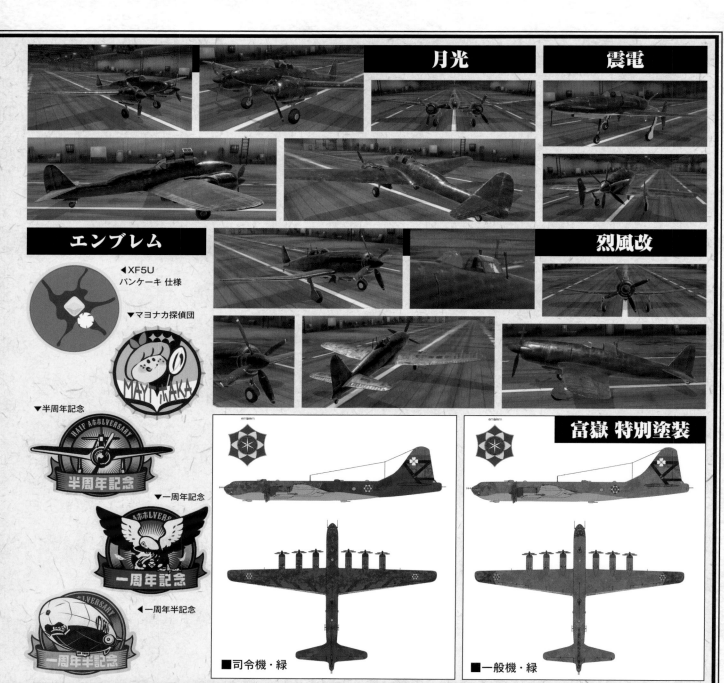

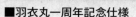

各種機体サムネイル用イラスト

コラボレーション特別塗装

●ゲーム中ではアニメ『ガールズ&パンツァー 最終章』および、ゲーム『ACE COMBAT 7: SKIES UNKNOWN』とのコラボ塗装隼一型も配布された。『ACE COMBAT 7』仕様機は劇中に登場する懲罰部隊になぞらえた三本線入りエンブレムも入っており、どちらもこだわりの仕上がりとなっていた

マルマジロ団

大団長　団長　副団長　幹部

トゲネズミ団

団長　副団長　幹部

スナラッコ団

大団長　団長　副団長　幹部

ハシビロス団

大団長　団長　副団長　幹部

ヒメギリス団

ドレミ　ガクト　ゴロス　ジンタ

ベニヤンマ団

マダム・クロード　ドロシー　ササ　スタコ

オトコブシ団

メグロ　カズヤ　イッペイ　ヒカル

ヨルノバラ団

大団長　団長　副団長　幹部

オハラ歌劇団

▼オハラ
カットイン

オハラ　キララ　ウララ　ホテル支配人

オハナミ商事

会長　社長　副社長　部長

ネコババ族

▼サモンジ
カットイン

サモンジ　グンペイ　ムツロウ

ドラネコ怪盗団

▼ミケ
カットイン

ミケ　シャム　ノーラ

スゴロク劇座

大座長　座長　副座長　幹事

カグラ一座

▼カグラ
カットイン

カグラ　シシヨ　ミズチ

マツナガとその一味

▼マツナガ
カットイン

マツナガ　タツミ　ネウシ

ツバクロ団

▼ジュウザ
カットイン

ジュウザ　カイト　アマギ

モモノキ団

▼ヒナノ
カットイン

ヒナノ　マドカ　チヨ

ゴリオシ一家

▼モンド
カットイン

モンド　タイガ　テツヲ

水着博愛連合

ドレミ　オハナミ商事会長　ミケ　ヒナノ

オニシゲ一門

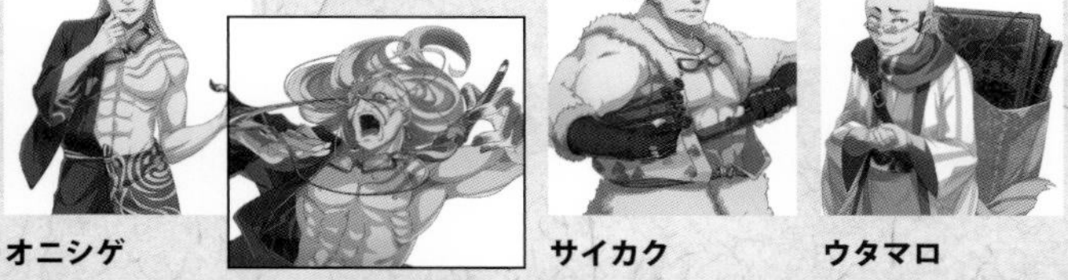

▼オニシゲ
カットイン

オニシゲ　サイカク　ウタマロ

地上げ屋

クマギリ　タツマサ　トラマル

初代ムラクモ空賊団

オードリー

キリン　リュウ　ビャッコ　ゲンブ　スザク

怪盗紳士ミカヅキ

▼ミカヅキ
カットイン

▶ミカヅキ（アカバナ族仕様）

ミカヅキ　コンゴウ兄　コンゴウ弟　ゴーリキ兄　ゴーリキ弟　アカバナ族長

孤児院の先生

■スタッフスペシャルイラスト

■ありがとうイラスト

イラスト

背景

荒野のコトブキ飛行隊
プラモデルガイド
『完全版』／『大空のテイクオフガールズ!』編

P62のTVシリーズプラモデルに続き、こちらではハセガワの『大空のテイクオフガールズ！』仕様キット、プラッツ／プレックスの『完全版』『大空のテイクオフガールズ！』仕様キット、および限定販売されたスペシャルなニッパーをご紹介。

発売元：株式会社 プレックス 製造元：有限会社 プラッツ
この商品は株式会社プレックスの商品を有限会社プラッツが販売するものです

プラッツ／プレックス 1/144

■GPSP-6　隼一型 あんこうチーム仕様
（1/144　税込3300円）

●『大空のテイクオフガールズ！』に登場したあんこうチーム仕様やナツオ機仕様の隼一型が製作可能なキット。ボーナスデカールも多数付属している

『ガールズ&パンツァー』とのコラボキット

■KHK144-K3
鍾馗&飛燕セレクト
“鍾馗 空賊チカ 仕様”など
4機セット
（1/144　税込4620円）

プラッツ／プレックス 1/144

■KHK144-K2
雷電&零戦五二型セレクト
“雷電 ラハマ所属機 仕様”など
4機セット
（1/144　税込4620円）

プラッツ／プレックス 1/144

■KHK144-K1
隼一型 コトブキ飛行隊 6機セット
キリエ機／エンマ機／ケイト機
／レオナ機／ザラ機／チカ機
（1/144　税込7480円）

プラッツ／プレックス 1/144

■KHK72-K2 飛燕
ショウト自警団所属機 仕様
“空賊シロクマ団所属機 仕様
アレシマ市立飛行警備隊所属機 仕様
マーキング付属”
（1/72　税込2750円）

プラッツ／プレックス 1/72

■KHK72-K1 彗星
エリート興業所属機 仕様
“ガドール評議会所属機 仕様
マーキング付属”
（1/72　税込2750円）

プラッツ／プレックス 1/72

■KHK144-K4
零戦二一型&零戦五二型セレクト
“零戦二一型 タミル機 仕様”
など 4機セット
（1/144　税込4620円）

プラッツ／プレックス 1/144

ハセガワ 1/48

■SP433 局地戦闘機 紫電 一一型 フィオ機 仕様
（1/48　税込3960円）

ハセガワ 1/48

■SP430 九七式戦闘機 ガデン商会 仕様
（1/48　税込3960円）

ゴッドハンド

『荒野のコトブキ飛行隊』限定仕様
究極の切れ味を誇るニッパー

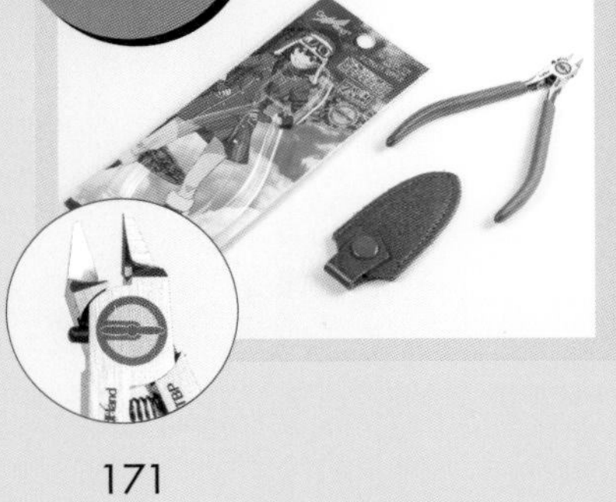

■GH-SPN-120-KTBK
アルティメットニッパー
コトブキ飛行隊公認
（税込6600円）

●職人がひとつひとつていねいに刃付けをし、究極の切れ味を誇ることでモデラーに人気な「アルティメットニッパー」の限定コラボ製品。ニッパー本体にはコトブキ飛行隊マークがレーザー彫刻され、革製保護ケースも付属（販売終了）

ハセガワ 1/48

■SP437 二式単座戦闘機 鍾馗 ロイグ機 仕様
（1/48　税込3960円）

2

1

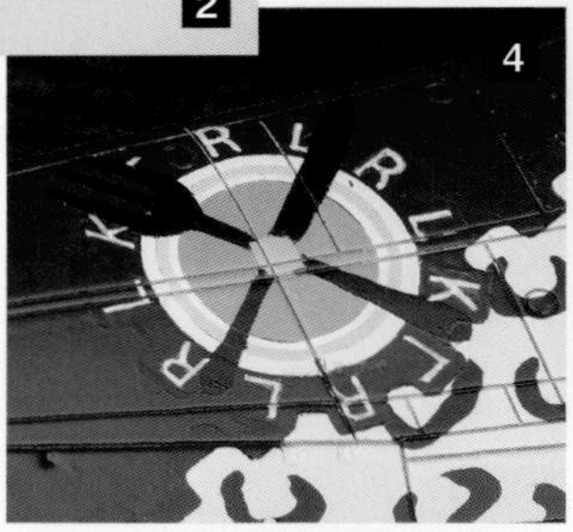

4

3

5

6

1リリコをイメージして選ばれた「ユキヒョウ」のマーキング。ヒョウ柄はマーキングプロッターを使用しマスキング塗装。最終的には手描きでヒョウの顔を精密に描いて完成
2濃い色にヒョウ柄の白いラインがリリコのミステリアスなイメージを表す。パンケーキのマークとベルトのバックルのようなピンクの差し色がかわいらしさもプラス。機体各所に彼女を象徴するモチーフが散りばめられているので、探してみてほしい
3ソードのキットはモールドが浅めなので、今回はすべて彫り直した。主脚格納部は青竹色。内側のディテールはキットそのままでキレイに再現されている。ちなみに二宮氏は片渕須直が本誌で連載する「色のいろいろ」に影響を受け、主脚の一部を黒く塗装してみたとのこと（鋼製骨格を黒く塗装していたという話題の詳細については本誌'20年1月号「色のいろいろ」を参照されたし）
4機体各所で目をひくパンケーキのマークもバッチリ再現。周囲をぐるっと回って刻まれたリリコの名前は二宮氏による手書きだというから驚き。パンケーキはGSIクレオス Mr.カラー XKC03 パンケーキブラウンで塗装
5プロペラの付け根やエンジンまでていねいに塗り分けてある
6「流星」とコトブキ飛行隊メンバーの機体「隼一型（写真はキリエ機）」は大きさにかなり差があることが一目瞭然
7垂直尾翼には足技の得意なリリコにぴったりの赤いハイヒールがデザインされている

リリコ機誕生秘話

「アニメに引き続きゲームも監修や機種選定などでお手伝いをさせていただいておりました。そのなかで「女性キャラからイメージされる飛行機を話し合うシーンがあるので、それぞれの機体を選定してほしい」との依頼が。マダムとユーリア女史はそのダイナマイトボディな迫力から「富嶽」とあらかじめ運営さんが決定しており、そんなカンジでリリコにもイメージされる機体を……と言われ「流星を」と提案。リリコは戦闘技術を含めてさまざまなスキルを持っているのに「ただのウェイトレス」であり、過去もよくわからないミステリアスな人物。そこから連想して、水平爆撃、急降下爆撃に加え雷撃も可能な万能機でありながら大戦末期に登場したせいか写真や資料が少なく戦闘の実態もあまりよくわかっていない「流星」がイメージに合うのではないかと思ったわけです。実際にゲーム内に登場させるので、マーキングの原案を考えてほしいとの依頼も、「リリコはネコ科っぽい。でもライオンやトラじゃなさそうだ」と、「ユキヒョウ」をモチーフにしたデザインを考えました（言葉の響きもなんとなく女性っぽい気がして）。運営さんのほうでさまざまなディテールを足して完成したのが、ゲーム内に登場した「流星」リリコ仕様のデザインなのです。」（二宮）

アプリゲーム『荒野のコトブキ飛行隊 大空のテイクオフガールズ！』に登場する「流星」リリコ仕様です。今回の作例に使ったのはSwordの1／72キット。'14年に発売、日本では2機セットで販売されました。主要パーツはプラスチック製で機銃やループアンテナなど一部のパーツはレジン製です。先発のフジミを大いに参考にしているようですがプロポーションはこちらのほうが好きですね。意外にパーツ同士の合いはよいですが、ダボが小さかったり短かったりで主翼や水平尾翼は補強が必要でしょう。今回、パネルラインは全面的に彫り直しました。排気管もあいまいな造形で、左右対称になっていたのでいったん削り取ってプラ板で作り直しました。カウルフラップも後端を削り込んで隙間を表現しています。キャノピーはすべて分割されていますが合いは悪くありません。

さて塗装です。今回はマーキングを含め、ほぼすべてマスキングシートを切り出しての吹き付け塗装です。マスキングシートの切り出しはRoland DG製のカッティングプロッターiDecoraで行なっています。すでに生産終了していますが、割り切れば工夫次第で充分に使える性能で価格も手ごろだったので再販、あるいは類似品がほしいところですね。

塗装はまず基本色としてタミヤ・ラッカー系塗料の白を全面に塗装。次はパンケーキ周囲の、色の明るい部分（生焼け部分？）が最初です。パンケーキ本体の色はGSIクレオス Mr.カラー「コトブキカラー パンケーキブラウン」がピッタリ！ これをそのまんま塗っています。それからマスキングシートをカットして、貼って吹いてはがして……を、根気よく続けます。全色吹き終わったらはみ出しなどをリタッチして、翼と胴体のマークにイジツ文字で「リリコ」と手描きで入れてからスミ入れ。デザイン当初からエアレーサーのようなピカピカした機体をイメージしていたので、汚しは入れずにGSIクレオス Mr.プレミアムトップコート（半光沢）を吹き付けてフィニッシュです。■

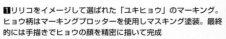

二宮茂幸が作る『荒野のコトブキ飛行隊』

流星［リリコ仕様］

惜しまれつつもサービス終了した『荒野のコトブキ飛行隊　大空のテイクオフガールズ！』。ロスを嘆くリリコファンに朗報。作品の機体監修担当・二宮茂幸氏による「流星［リリコ仕様］」作例をお届け！　模型誌史上初の本作例、マスキングをフルに駆使したクールなマーキングが主役です。

流星［リリコ仕様］
ソード　1/72　インジェクションプラスチックキット
「日本海軍 海上攻撃機 流星改（2機入り）」使用
税別2800円
出典／アプリゲーム『荒野のコトブキ飛行隊　大空のテイクオフガールズ！』
㈲ビーバーコーポレーション　●https://beavercorp.jp/
製作・文／**二宮茂幸**

Model Graphix
'21年3月号
掲載

●単色塗装となる機体下面は強めに汚れを加えて、見せ場とした

❶機体のうちコクピット左側面あたりは乗降で触れることが多い場所のため、ほかの部位より強めにウェザリングを加えた
❷垂直尾翼付け根は青デカールの辻褄合わせがしづらい場所。垂直尾翼のマークを先に貼ってから機体上面の青帯を貼り、不自然な部分をカットしたり塗り足して自然に繋げた
❸各マークはデカール軟化剤や、蒸しタオルで熱を加えるなどしてしっかりリベットに馴染むよう気を遣いたいところだ
❹後継機である隼一型にも搭載された環形冷却器は、九七式戦闘機の場合左右が直線形状となっている。これはシリンダーの間に配置された機銃との干渉を避けるため。キットの環形冷却器はタミヤのラッカー系塗料メタリックオレンジで塗装した
❺タイヤは上2/3が見えないので、接着、基本塗装後にゴム部分を塗り分ける方法が楽だ

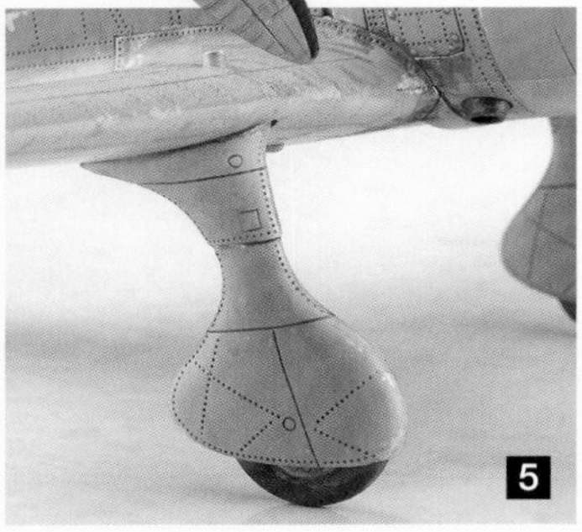

Model Graphix
'20年4月号
掲載

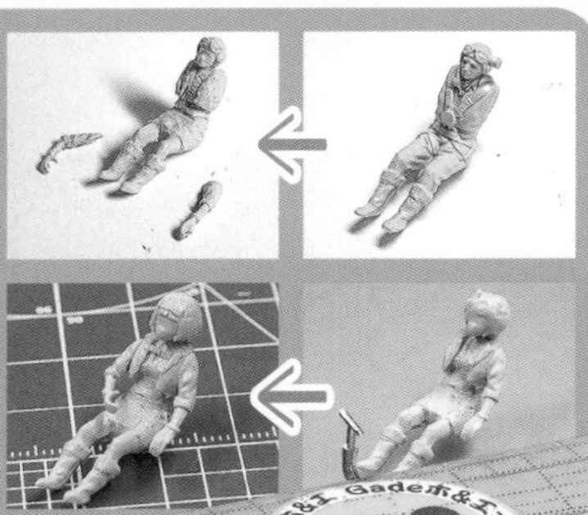

[The Magnificent KOTOBUKI]
Ki27 Type97 Fighter (Nate)
GADEN COMPANY
HASEGAWA 1/48
Injection-plastic kit
Modeled and
described by
Koichi INAI

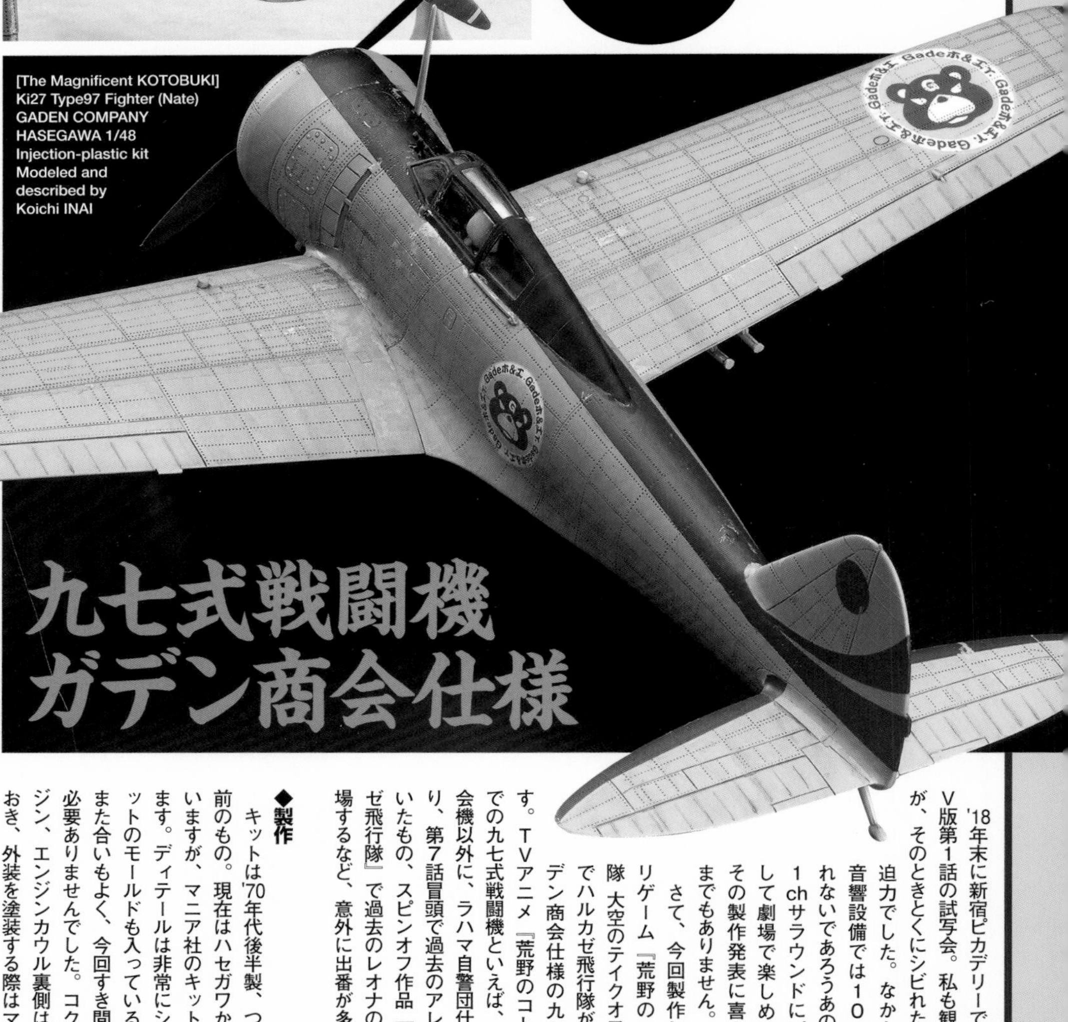

九七式戦闘機
ガデン商会仕様

●ユーカはエアフィックス製1/48スピットファイアの付属パイロットを改造、製作している。改造には「正月に実家でも作業できるように」(by稲井)ということで、デザインナイフ、紙やすり、ランナーパテ（ランナーをスチロール樹脂用流し込み接着剤で溶かしたもの）という、最小限の工具、材料しか使っていない。塗装はファレホを使用した

ユーカを製作……

'18年末に新宿ピカデリーで行なわれたTV版第1話の試写会。私も観に行きましたが、そのときとくにシビれたのは効果音の迫力でした。なかなかご家庭の音響設備では100％堪能しきれないであろうあの音響が、7・1chサラウンドにパワーアップして劇場で楽しめる『完全版』、その製作発表に喜んだのはいうまでもありません。

さて、今回製作したのはアプリゲーム『荒野のコトブキ飛行隊 大空のテイクオフガールズ！』でハルカゼ飛行隊が搭乗する、ガデン商会仕様の九七式戦闘機です。TVアニメ『荒野のコトブキ飛行隊』での九七式戦闘機といえば、このガデン商会機以外に、ラハマ自警団仕様機であったり、第7話冒頭で過去のアレンが搭乗していたもの、スピンオフ作品『大空のハルカゼ飛行隊』で過去のレオナの乗機として登場するなど、意外に出番が多い機体です。

◆製作

キットは'70年代後半製、つまり40年以上前のもの。現在はハセガワから発売されていますが、マニア社のキットに源流をもちます。ディテールは非常にシャープでリベットのモールドも入っているよいものです。また合いもよく、今回すき間埋めのパテは必要ありませんでした。コクピットやエンジン、エンジンカウル裏側は先に塗装しておき、外装を塗装する際はマスキングして進めます。主脚タイヤ収納部内側はそのままでも大丈夫かとは思いますが、ツヤ消し黒で塗っておくと、覗き込んだときの違和感は少なくなるかと思います。なおコクピットまわりやエンジン、環形冷却器の位置決めだけはやや曖昧なので、組み立て説明書や塗装図、ボックスアートなどを参考にしながら組み立てていきます。キャノピー、プロペラ以外の組み立てが終わったら合わせ目を消し、コクピット前後をツヤ消し黒で塗り、キャノピーを接着して窓をマスキング、塗装に備えます。

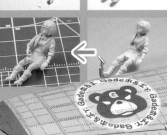

ハルカゼ飛行隊、きょうも頑張ります!

'20年２月に開催された『立飛のコトブキ航空祭』にて『完全版』が制作発表となった。そんなタイミングで製作されたのがこのハルカゼ飛行隊 ユーカの機体。スピンオフ作品『荒野のコトブキ飛行隊外伝 大空のハルカゼ飛行隊』主人公で、アプリゲーム『荒野のコトブキ飛行隊 大空のテイクオフガールズ！』にも登場するキャラクターだ。

◀ハセガワ製キットにはアクリルフィギュアのほかユーカのデカールも付属したので、透明プラ板に貼ってキャラフィギュアを自作

▶ユーカフィギュアは照準器と目線の高さが合うように調整してコクピットに配置した

「荒野のコトブキ飛行隊　大空のテイクオフガールズ！」
九七式戦闘機 ガデン商会仕様
ハセガワ　1/48　インジェクションプラスチックキット
発売中（'19年11月発売）　税別3600円
出典／『荒野のコトブキ飛行隊　大空のテイクオフガールズ！』
㊞ハセガワ　http://www.hasegawa-model.co.jp/

製作・文／**稲井蛟一**

同スケールのパイロット（おじさん）からハルカゼ飛行隊隊長。

◆塗装

まずはキャノピーをGSIクレオス Mr.カラーのツヤ消しブラックで塗ってマスキング、機体全体を明灰白色で塗りつぶしたら、次はオレンジです。ガイアノーツのエヴァンゲリオンカラー エヴァイエローと、同じくガイアノーツ製のバーチャロンカラー マイルドオレンジを塗り重ねることで、透けやすい黄色系の色をしっかり発色させています。プロペラも機体と同時に塗装を進めておき、最後にタイヤをファレホモデルカラーの暗いゴム色で筆塗り、基本塗装は完了。青はキット付属デカールを使用し、部分的にGSIクレオスのガンダムカラー MSブルーでレタッチしました。

青以外のデカールも貼ったらウェザリング。まずはタミヤのラッカー系塗料 フラットアルミで塗装剥がれを描き込んで、スミ入れ塗料（ダークグレイ）でスミ入れ。スミ入れ塗料の顔料が銀粒子の隙間に残ることで「剥がれたあとにさらに汚れた」という表現になります。銀塗装は塗膜が弱く、はみ出したスミ入れ塗料を拭き取る過程でかなり落ちてしまうので、剥がれの描き込みはやや過剰気味に行なっています。乾燥したら全体をMr.カラーGX スーパースムースクリアー〈つや消し〉で保護。その後GSIクレオスのMr.ウェザリングカラー グランドブラウンで油汚れ、同サンディウォッシュでホコリ汚れを入れ、ガイアノーツのエナメル系塗料 ススで排気汚れ、オイルで油染みを描き込んで完成です。

◆パイロットフィギュア

'19年5月号どろぼうひげ氏の隼一型チカ機仕様作例、'19年10月号さたまみ氏の隼一型レオナ機仕様作例ではいずれもパイロットフィギュアを自作して乗せていたので、対抗意識バリバリでユーカを製作しました。1／72より1・5倍サイズとなるので手は抜けません。しかも、パテ代わりにランナーをスチロール樹脂用流し込み接着剤で溶かしたものを使ったので乾燥に時間がかかり、パイロットだけで3週間かかりました。■

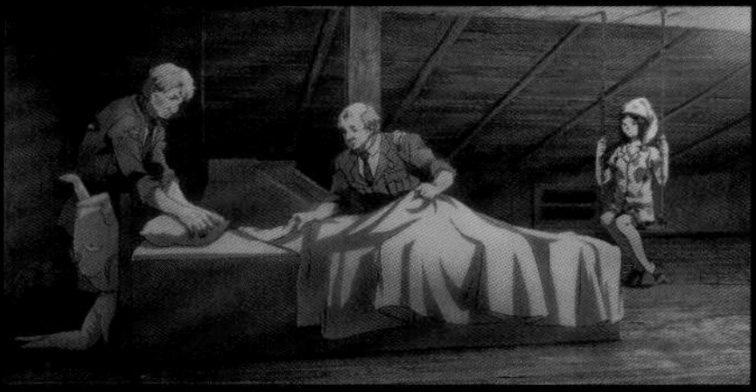

荒野のコトブキ飛行隊

荒野のコトブキ飛行隊 完全版

荒野のコトブキ飛行隊 大空のテイクオフガールズ!

荒野のコトブキ飛行隊外伝 大空のハルカゼ飛行隊

荒野のコトブキ飛行隊 設定資料集&モデリングガイドブック

編　集：モデルグラフィックス編集部
撮　影：ENTANIYA
装　丁：丹羽和夫（九六式艦上デザイン）
DTP：小野寺徹
レイアウト：丹羽和夫（九六式艦上デザイン）
レイアウト：梶川義彦

SPECIAL THANKS
株式会社AIR AGENCY
株式会社QualiArts
株式会社GEMBA
株式会社GSIクレオス
株式会社集英社
株式会社デジタル・フロンティア
株式会社 ハセガワ
株式会社BANDAI SPIRITS
株式会社バンダイナムコアーツ
株式会社バンダイナムコエンターテインメント
有限会社プラッツ
株式会社プレックス
株式会社 メガハウス

発行日　2022年1月10日　初版 第1刷

発行人：小川光二
発行所：株式会社 大日本絵画
〒101-0054　東京都千代田区神田錦町1丁目7番地

Tel.03-3294-7861（代表）　FAX.03-3294-7865
URL. http://www.kaiga.co.jp

編　集　人：市村弘
企画・編集：株式会社アートボックス
〒101-0054　東京都千代田区神田錦町1丁目7番地
錦町一丁目ビル4F
Tel.03-6820-7000（代表）　FAX.03-5281-8467
URL. http://www.modelkasten.com

印　刷：大日本印刷株式会社
製　本：株式会社ブロケード

内容に関するお問い合わせ先：03（6820）7000　（株）アートボックス
販売に関するお問い合わせ先：03（3294）7861　（株）大日本絵画

定価はカバーに表示してあります。

Printed in Japan
ISBN978-4-499-23324-8　C0076

Publisher/Dainippon Kaiga Co., Ltd.
Kanda Nishiki-cho 1-7, Chiyoda-ku, Tokyo 101-0054 Japan
Phone 03-3294-7861
Dainippon Kaiga URL; http://www.kaiga.co.jp
Editor/Artbox Co., Ltd.
Kanda Nishiki-cho 1-7, Chiyoda-ku, Tokyo 101-0054 Japan
Phone 03-6820-7000